专业视野下的主题班队会设计案例研究

李继秀 徐翠银 ◎ 主编

北京师范大学出版集团
BEIJING NORMAL UNIVERSITY PUBLISHING GROUP
安徽大学出版社

图书在版编目(CIP)数据

专业视野下的主题班队会设计案例研究/李继秀,徐翠银主编. —合肥:安徽大学出版社,2017.12
ISBN 978-7-5664-1499-1

Ⅰ. ①专… Ⅱ. ①李… ②徐… Ⅲ. ①班会—活动课程—课程设计 Ⅳ. ①G455

中国版本图书馆 CIP 数据核字(2017)第 239955 号

专业视野下的主题班队会设计案例研究 　　李继秀　徐翠银　主编

出版发行:	北京师范大学出版集团
	安 徽 大 学 出 版 社
	(安徽省合肥市肥西路 3 号 邮编 230039)
	www.bnupg.com.cn
	www.ahupress.com.cn
印　　刷:	合肥添彩包装有限公司
经　　销:	全国新华书店
开　　本:	170mm×240mm
印　　张:	19
字　　数:	300 千字
版　　次:	2017 年 12 月第 1 版
印　　次:	2017 年 12 月第 1 次印刷
定　　价:	39.00 元

ISBN 978-7-5664-1499-1

策划编辑:姜　萍　　　　　　　装帧设计:李伯骥
责任编辑:姜　萍　　　　　　　美术编辑:李　军
责任印制:陈　如

版权所有　侵权必究

反盗版、侵权举报电话:0551—65106311
外埠邮购电话:0551—65107716
本书如有印装质量问题,请与印制管理部联系调换。
印制管理部电话:0551—65106311

主　　编	李继秀　徐翠银
副　主　编	蔡　敏　汪曙红　吴莉莉　陆嵘嵘 范丽娟
编　　委	丁　芳　卫凤琪　王育红　邓春丽 车　倩　史金元　刘让宏　许红琼 刘芳芳　阮　泓　刘菊珍　阮雪莲 吴正华　杜　娟　陆海慧　邵雪晴 张颖丽　张潇悦　杨燕群　李璐璐 林祥梅　范晓燃　敖　惠　荣　蓉 徐红菊　高　群　徐寒梅　彭小玲 谢晓萍

前言

2012年,教育部印发的《关于加强中小学少先队活动的通知》(教基二〔2012〕3号)在充分认识加强少先队活动的重要意义的基础上明确:"少先队活动要作为国家规定的必修的活动课,小学一年级至初中二年级每周安排1课时。"这是少先队活动由活动走向课程的重要里程碑,由此,学校在辅导员队伍建设上有了课程这一重要抓手。2015年9月全国少工委在充分采纳各方面意见、建议的基础上,形成了《少先队活动课程指导纲要(试行)》,纲要的形成与下发无疑为广大辅导员开展少先队活动课程的实践研究提供了一个专业指南,它从政治性、儿童性两个维度论述了少先队活动课程的性质,对少先队活动课程的目标与内容、途径、实施方式、评价激励、实施要求等方面作出了专业的要求。

少先队是中国共产党创立并领导的少年儿童群众组织,是少年儿童学习中国特色社会主义和共产主义的学校。长期以来,少先队通过开展一系列主题鲜明、生动活泼、丰富多彩、独具特色的教育实践活动,在引导学生树立远大理想、形成坚定信念、提升综合素质等方面发挥了不可替代的作用,成为中小学教育的重要组成部分。在学校里,班队工作从来不分家,班主任既是班级的组织者、领导者和教育者,同时又是以班级为单位的中队辅导员,是队员们的亲密朋友和指导者。正是由于具有这样一个双重身份,班主任身处一线,每天忙于应对班级里的日常琐碎事务和繁重的教学工作,他们更多的是关注孩子们的学习和安全方面的具体行为,极少有时间去思考:怎样从儿童视野和组织特点的结合上做一个有专业技能的班主任和辅导员。

本书在研究儿童成长规律的基础上,遵循全国少工委《少先队活动课程指导纲要(试行)》，精心设计了围绕孩子们学习、生活、交往、娱乐等方面成长需要的六个主题板块，形成六个单元。分别是：好习惯伴我行、红领巾心向党、手拉手共成长、知民俗承传统、安全记心间、童眼看未来。六个单元体现了对孩子组织意识、道德养成、政治启蒙、成长取向的培养，同时每个单元又分年级设计了六个小主题，形成了建立在各年级儿童身心发展特点基础上的既相互独立，又相互联系、相互递进、螺旋上升、顺势而为的系列主题班队会。为了便于教师们学习、使用和研究，各单元还设有单元分析，包括：单元目标、单元设计构想、活动建议。

本书是2016年安徽省教育厅人文社会科学重点研究基地合肥师范学院教师教育研究中心委托项目（2016jsjyyjzx02），是基础教育学校与高师院校合作的成果，还是合肥师范学院"双真教学"课程（群）建设项目《公共教育学》（2017jy54）成果。旨在尝试从专业的角度研究制订一套主题班队会课程，帮助年轻的教育工作者学会如何召开主题班队会，同时引导广大从事一线工作的老师们学会生成自己的教育成果，从实践者向研究者前行，也期待引发更多的老师能够关注班队工作、研究少先队工作。

感谢一批长期在一线工作的班主任和辅导员，他们是第一单元"好习惯伴我行"蔡敏、敖惠、邵雪晴、荣蓉、史金元、刘菊珍；第二单元"红领巾心向党"汪曙红、许红琼、阮泓、张颖丽、高群、彭小玲；第三单元 "手拉手共成长"徐翠银、丁芳、车倩、邓春丽、王育红、杨燕群；第四单元 "知民俗承传统"吴莉莉、阮雪莲、李璐璐、吴正华、林祥梅；第五单元 "安全记心间"陆嵘嵘、卫凤琪、杜娟、陆海慧、张潇悦、徐寒梅；第六单元 "童眼看未来"范丽娟、刘让宏、刘芳芳、范晓燃、徐红菊、谢晓萍。

本书在写作过程中参考、引用了国内外有关研究成果和文献资料，在此对这些著作权人和作者表示感谢！由于我们水平的限制，本书的不足和问题一定存在，敬请各位同仁和读者提出宝贵意见和建议。

主　编
2017年5月10日于合肥

目录

好习惯伴我行　　　　　　　　　1

- 5　我是时间小主人　　　　　　〔敖　惠〕
- 11　我是劳动小能手　　　　　　〔邵雪晴〕
- 16　我是学习小达人　　　　　　〔荣　蓉〕
- 22　文明礼仪小先锋　　　　　　〔史金元〕
- 27　诚实守信小公民　　　　　　〔刘菊珍〕
- 35　阳光少年我能行　　　　　　〔蔡　敏〕

红领巾心向党　　　　　　　　41

- 44　国旗国旗我爱你　　　　　　〔阮　泓〕
- 51　我为红领巾添光彩　　　　　〔高　群〕
- 59　党是太阳我是花　　　　　　〔汪曙红〕
- 67　队礼献给解放军　　　　　　〔张颖丽〕
- 74　祖国富强我成长　　　　　　〔许红琼〕
- 82　敬礼！辅导员　　　　　　　〔彭小玲〕

手拉手共成长　　　　　　　　91

- 95　我是你的好朋友　　　　　　〔邓春丽〕
- 101　夸夸我的好朋友　　　　　　〔杨燕群〕
- 108　城乡孩子手拉手　　　　　　〔车　倩〕

118　相亲相爱一家人　　　　　　　　　　　　　　〔丁　芳〕
128　伸出爱的手　　　　　　　　　　　　　　　　〔徐翠银〕
137　同在蓝天下　　　　　　　　　　　　　　　　〔王育红〕

知民俗承传统　　　　　　　　　　　　　　　　　147

150　欢天喜地过新年　　　　　　　　　　　　　　〔吴正华〕
159　端午情　粽飘香　　　　　　　　　　　　　　〔吴莉莉〕
166　欢欢喜喜闹元宵　　　　　　　　　　　　　　〔李璐璐〕
173　菊花飘香话重阳　　　　　　　　　　　　　　〔阮雪莲〕
182　中秋月下话团圆　　　　　　　　　　　　　　〔林祥梅〕
190　清明时节祭先烈　　　　　　　　　　　　　　〔吴莉莉〕

安全记心间　　　　　　　　　　　　　　　　　　197

201　我是快乐小交警　　　　　　　　　　　　　　〔徐寒梅〕
207　火眼金睛识骗局　　　　　　　　　　　　　　〔陆海慧〕
214　小鬼当家话安全　　　　　　　　　　　　　　〔陆嵘嵘〕
224　安全连着你我他　　　　　　　　　　　　　　〔杜　娟〕
234　红领巾救护我能行　　　　　　　　　　　　　〔张潇悦〕
245　争做知法懂法小公民　　　　　　　　　　　　〔卫凤琪〕

童眼看未来　　　　　　　　　　　　　　　　　　253

257　我是"科学小眼睛"　　　　　　　　　　　　　〔刘芳芳〕
263　亮眼笑脸看科技　　　　　　　　　　　　　　〔徐红菊〕
271　我是实验小能手　　　　　　　　　　　　　　〔范丽娟〕
277　变废为美巧手秀　　　　　　　　　　　　　　〔刘让宏〕
283　点赞创意小发明　　　　　　　　　　　　　　〔谢晓萍〕
289　互联网＋你我他　　　　　　　　　　　　　　〔范晓燃〕

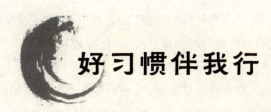

好习惯伴我行

主题一　我是时间小主人
主题二　我是劳动小能手
主题三　我是学习小达人
主题四　文明礼仪小先锋
主题五　诚实守信小公民
主题六　阳光少年我能行

单元目标

1. 认识到时间的宝贵,知道在有限的时间里可以完成许多有意义的事情,懂得珍惜时间的重要性,学会有效利用时间,合理安排时间,做时间的小主人。

2. 观察身边劳动者,从他们身上看到劳动给环境带来的变化,懂得在班级中认真值日是爱劳动的表现,也体现出对班集体的热爱,学习简单的劳动技能,展示家务劳动小技能,在中队值日劳动、集体劳动实践中体会劳动的光荣与快乐。

3. 从学习中的点滴入手,关注学生上课专心听讲、积极动脑,作业认真、仔细、按时完成,课余阅读课外书等行为习惯。说身边的好习惯事例,激发人人争夺学习习惯之花的行动,促进良好班风和学风的形成。

4. 懂得讲文明、懂礼貌是中华民族的优良传统,是做一个新时期队员的必备美德;使学生认识到文明礼仪就在我们身边,体会到文明用语的重要性。在生活中正确运用礼貌用语,从一点一滴做起,努力提高自己的文明、礼仪修养,做一个讲文明、懂礼貌的小学生。

5. 知道诚实的表现及作用,不诚实的表现和危害,理解什么是"诚实守信",进一步认识诚信的深刻内涵,懂得诚实是做人的基本道德,引导队员在现实生活中如何做到诚实守信,培养真诚待人的意识与行为,培养"诚信"的优良品质。

6. 了解"阳光少年"的含义,养成健康的生活、学习等好习惯,培养乐观向上的精神,明确争当理想远大、团结友爱、体魄强健、活泼开朗的好少年是未来社会接班人和建设者的要求。

单元设计构想

美国心理学家威廉·詹姆士说过一句话:播下一个行动,收获一种习惯;播下一种习惯,收获一种性格;播下一种性格,收获一种命运。习惯可以决定人的命运,好习惯对于小学生来说尤为重要。养成良好的习惯能让人终身受益。

"习"是"学过后再温熟,反复地学使熟练"的意思,"惯"的含义是"习以为常的,积久成性的","习"与"惯"相结合,意思是"长期重复地做,逐渐养成的自觉的行为"。"习惯"是一把双刃剑,良好的习惯将伴随学生快乐成长。

　　现代社会生活节奏越来越快,信息互联网技术也越来越发达,人们已经习惯于用机器、用网络代替人的行动。高科技有益于社会的发展与进步,但它也是一把双刃剑,技术的发达也使得人,特别是少年儿童失去了许多认识自我、加强锻炼的机会,出现许多行动上、交往上的障碍,形成许多不良习惯。基于这样的认识,本单元板块以"好习惯"为主线设计了针对不同年级的活动主题,分别是:一年级:我是时间小主人;二年级:我是劳动小能手;三年级:我是学习小达人;四年级:文明礼仪小先锋;五年级:诚实守信小公民;六年级:阳光少年我能行。这六个主题如同好习惯的六片花瓣,分别侧重于孩子们的学习生活、集体生活、社会生活以及个人的健康成长等,这六朵花瓣缺一不可,只有关注到这些好习惯,我们才能成长为个性、阳光、博彩、向善的阳光少年。

　　本单元设计体现出这样的思考:

　　1.确立主题,以小见大。在一个侧面或一个点上具体深化,达到以一点反映全面的教育效果。本单元主要着眼于孩子们的日常生活、学习生活中一些好习惯的养成,让孩子们有生活体验,有生活素材,真正使孩子们有情可感,有情可议。

　　2.教师引导,学生主体。本单元设计力图达到"自我教育"的目的,在主题班队会活动中,通过故事、名人名言、游戏、小品、评选等形式,让孩子们深刻体会到行为习惯、学习习惯等的重要性。整个班队会过程自始至终都有孩子们的参与,孩子们在活动中接受了教育。

　　3.晓之以理,动之以情。好习惯的养成不是说教,教学过程首先要"晓之以理"。把道理跟孩子们讲清楚、讲透彻,要让他明白什么是好习惯,什么不是好习惯,我们要从现在做起,从身边做起,从小事做起,养成良好的行为习惯,之后才能做到知行统一。

　　本单元各主题内容可以与学校的行为规范一日常规评比、绽美少年评

比、星级班级评比、心理健康课程恰当整合，分年级段对孩子们进行好习惯的教育和培养，低年级学生学会自己管理时间、知晓时间的概念、养成时间观念、学会基本的劳动技能，能为班集体出份力；中年级学生养成良好的学习习惯，学会自主学习，同时在校园里为低年级弟弟妹妹作行为规范的示范、榜样；高年级学生学会与人诚信相处，处理好学习与兴趣、爱好的关系，既会学习，又有健康的体魄、阳光的心理。建议本单元内容可以持续进行，通过活动开展，在校园里形成良好的氛围。

队会实施前需要查阅大量资料，针对本班学生情况，形成方案，同时要调动孩子们的积极性和主动性，中高年级可以把任务布置给孩子们，教师引导排练；低年级任务的分配，则以教师为主导，逐步培养孩子们的能力。

我是时间小主人

(合肥市青年路小学 敖惠)

【背景分析】

现如今,不管是城市还是农村,独生子女较多,孩子们有着优越的物质条件,有着家长无微不至的关怀,他们做事拖拉、懒散,没有时间观念。如果在启蒙阶段就教育孩子学会珍惜时间,这将对他们以后的学习生活起着举足轻重的作用。一个孩子会不会珍惜时间、会不会合理安排时间可以从许多方面看出来:学习、吃饭、穿衣、游戏等,都需要合理安排时间。对于一年级学生来说,他们不会抓紧时间,不会运用时间,常常让时间在不知不觉中悄悄溜走,自己却一无所知。每天写作业都需要老师不停提醒和催促,许多家长也反映孩子回家做作业边做边玩,上学迟到也不着急,似乎学习和自己没什么关系。面对这些问题,我认为开展"我是时间小主人"主题班会很有现实意义。

【班会目标】

通过开展主题班会活动,让学生知道时间如流水,一去不复返。从小就要树立珍惜时间的观念,讲究效率,勤奋学习,做时间的小主人。

【前期准备】

1. 每位学生课前搜集珍惜时间的名言。
2. 下载动画片《寒号鸟》片断。
3. 学唱歌曲《时间像小马车》。
4. 准备名人珍惜时间的故事。
5. 请家长录一段视频。

6. 制作班会PPT和布置教室。

【班会过程】

班长宣布"我是时间小主人"班会开始,有请主持人(以下分别用甲、乙代替)

活动一 表演《三句半》

甲:杨柳枯了,有再青的时候。

乙:桃花谢了,有再开的时候。

甲:燕子飞了,有再来的时候。

乙:然而有一样东西却是一去不复返。你们知道是什么吗?

答:时间。

甲:古人云:"一寸光阴一寸金,寸金难买寸光阴。"

乙:现代人说:"浪费时间就等于慢性自杀。"

甲:由此可见,时间是多么的宝贵,是多么的重要!

乙:对啊,时间是非常宝贵的。一分钟时间说长不长,说短不短,都能做些什么事呢?(课件展示)

银行工作人员一分钟能数300张人民币;

铅笔厂一分钟能制造1600支铅笔。

甲:短短的一分钟,居然可以做这么多事啊!所以,同学们,在这大好的时光中,我们应该珍惜每分每秒,努力学习,而不是把宝贵的时间浪费在一些不必要的事上。下面请欣赏《三句半》表演,反思自己浪费时间的现象。

三句半

班会正式开始了,我们三个台上站。有锣有鼓三句半,添乱!
清早铃响广播叫,不去做操睡懒觉。最后还是要起床,懒汉!
打开书包一阵翻,才知作业没做完。偷偷看看班主任,好惨!
英语就像听天书,干脆来把游戏玩。想想开学许的愿,遗憾!
猛然听到音乐响,赶快就往操场跑。伸伸胳膊踢踢腿,好玩!
课间就是我地盘,追打嬉闹叠罗汉。东边吵吵西边闹,大王!
午休更是我天堂,天南地北任我闯。休息看书写作业,笨蛋!
下午上课没精神,课桌正好来做床。昏昏欲睡下课了,好烦!
卫生从来我不搞,扣分与我又无关。到时实在逃不了,帮忙!

一天一天又一天,时间就快打发光。成绩不好表现差,怎么办?

齐:凉拌炒鸡蛋!

活动二　分享故事,向榜样学习

甲:从同学们表演的《三句半》中,你是不是找到自己的影子呢?古往今来,取得突出成就的人都是珍惜时间的人。我们一起来听听他们是怎么珍惜时间的吧!

故事一　战国时,有个名叫苏秦的人,想干一番大事业,便刻苦读书。每当深夜读书时,他总爱打盹。于是,他就在自己打盹的时候,用锥子往大腿上刺一下,以提精神。

故事二　一天,爱迪生在实验室工作,他递给助手一个没上灯口的灯泡:"你量量灯泡的容量。"过了半天,他问:"容量多少?"他转头看见助手拿着软尺在测量灯泡的周长、斜度,并拿了测得的数字计算。他说:"怎么费那么多时间呢?"爱迪生拿起空灯泡,斟满水,交给助手,说:"里面的水倒在量杯里,马上告诉我它的容量。"助手立刻读出了数字。爱迪生说:"这是多么容易的测量方法啊,它又准确,又节省时间,你怎么想不到呢?还去算,那岂不是白白浪费时间吗?"爱迪生喃喃地说:"人生太短暂,太短暂了,要节省时间,多做事情啊!"

乙:看来,先人们之所以能成为伟人,让我们后人敬佩,主要是他们能合理安排时间,充分利用时间,珍惜时间。

甲:珍惜时间是一种良好的习惯。我们身边也有许多珍惜时间的同学,你认为我们班哪些同学懂得珍惜时间。最好通过具体的例子说一说。(生畅所欲言)

乙:大家看到的是这些同学在学校的表现,那他们在家又是怎样做的,值得我们学习的呢?我们来看看他们的家长是怎么说的。(播放家长的录音)

活动三　欣赏《珍惜时间拍手歌》

甲:我们小朋友一定要把握现在的好时光,勤奋学习,做一个好的读书郎,请欣赏《珍惜时间拍手歌》。

珍惜时间拍手歌

你拍一,我拍一,人生苦短要牢记。

你拍二,我拍二,光阴黄金是伙伴。

你拍三,我拍三,年华一去不复返。

你拍四,我拍四,珍惜时间有价值。

你拍五,我拍五,人生苦短不虚度。

你拍六,我拍六,光阴一去不回头。

你拍七,我拍七,时间分配应精密。

你拍八,我拍八,枯木逢春犹再发。

你拍九,我拍九,时间丢失不再有。

你拍十,我拍十,浪费时间最可耻。

活动四 观看动画片《寒号鸟》片断

乙:我们大多数同学能抓紧时间完成自己该做的事情,可有的同学却养成了做事一拖再拖的坏毛病。在动物界,也有一种动物特别爱拖拉,那它拖拉的下场是什么呢?请欣赏动画片《寒号鸟》。

甲:同学们,你们看,寒号鸟因拖拉丢了性命,我们可千万不能向它学哦!

乙:是呀,"明日复明日,明日何其多!我生待明日,万事成蹉跎。世人若被明日累,春去秋来老将至。"

活动五 讨论、制订公约

甲:同学们,时间就像一辆小马车,我们要学会和时间这辆马车赛跑,做时间的小主人。为了使我们能学会合理地利用时间、珍惜时间,我们应该怎么做呢?小组讨论。

小组讨论后,制订班级珍惜时间公约:

(1)每节课前都要认真做好课前准备。

(2)上课要专心听讲,积极思考发言,不走神。

(3)进入校园后就进班级看书。

(4)排队做到快、静、齐。

(5)回家以后先做作业再休息。

(6)按时休息,早睡早起,不赖床。

乙:"人多力量大""众人拾柴火焰高",大家制订的珍惜时间公约非常合理。让我们牢记我们班的珍惜时间公约,一起大声地读出来吧!

甲:我是时间的主人,我的时间我设计,希望大家今天回家后给自己设计一个合理的时间表,按照时间表来规划自己每日的学习、锻炼、游戏等,如果你能坚持下去,一定是一个"珍惜时间小达人"。

活动六 聆听班主任讲话

同学们,朱自清先生曾经在他的《匆匆》一文中说过:"洗手的时候,日子从水盆里过去;吃饭的时候,日子从饭碗里过去;默默时,便从凝然的双眼前过去。我觉察他去的匆匆了,伸出手遮挽时,他又从遮挽着的手边过去,天黑时,我躺在床上,他便伶伶俐俐地从我身上跨过,从我脚边飞走了。"时间流逝如此之快,让我们从现在开始,做时间的小主人,对自己的时间精打细算,好好珍惜我们相处的时光,好好珍惜我们学习的时光,好好珍惜我们美好的时光!同学们,大胆向前冲吧!老师准备了一些珍惜时间的名人名言书签,希望大家把这些书签贴在自己的时间表上,时刻提醒自己,珍惜时间。

新课程标准指出:"在教学中,要面向丰富多彩的社会生活,开发和利用学生已有的生活经验,选取学生关注的话题,围绕学生在生活实际中存在的问题,帮助学生理解社会生活的要求和规范,提高社会适应能力。"在这一标准指导下,我在设计这次班会课时,希望把教学内容融入学生的生活实际,关注学生的情感体验,以丰富多彩的节目来激发学生的学习兴趣,丰富教学内容的情境性和生活性,学生的参与度高。

请学生讲述身边同学珍惜时间的事例,两相对比,形成强烈的反差,用学生身边看得见、摸得着的真实事例,以激发学生强烈的情感体验,使学生改有方向、学有目标,为下一步真正落实行动提供情感基础。动画片《寒号鸟》吸引了孩子们的眼球,学生在观看时热情高涨,动画片展现的寒号鸟因懒惰、浪费时间而命绝于寒冬的场景给孩子们留下了深刻的印象,同时也让他们明白只有勤劳,抓住时机才能获得幸福。

通过这次主题班会课,我深切感受到调动学生积极性的重要,让学生不仅做参与者,而且做组织者、主持者,在增强他们责任感和担当感的同时,让他们体会到整个班级"荣辱与共"。相信学生的潜力,老师要多给孩子机会,学会放手,多鼓励,他们带给我们的惊喜也就越多。

点评

从这节主题班会中,我感受到老师必须重视学生能力的培养,如搜集处理信息的能力、组织能力、听说能力及表演能力。增强学生的参与意识,他们的主动性、创造性就会得到充分发展。整个活动充分体现了新课程理念:课堂以学生为主体以及自主、合作、探究的学习方式。如果在活动中能融入与时间赛跑的趣味游戏,或者创设情境邀请时光老人等与主题有关的人物,课堂会更有趣,学生的积极性会更高。

(点评人:合肥市青年路小学 邵雪晴)

我是劳动小能手

(合肥市青年路小学　邵雪晴)

【背景分析】

本次队会是针对二年级学生进行的主题活动。从孩子们的心理特点与认知程度来看,二年级小学生对自己在集体生活中应该怎样做,已有一定的认知基础。但从学生的社会环境与生活基础来看,个别孩子可能因个人卫生习惯较差、自律性不够,从而影响教室环境卫生。而且在参与集体劳动时,他们的分工与合作能力还有待提高。

因此,本课针对以上的学情分析,通过讨论怎么做值日,引导学生在参与集体劳动过程中,学习分工与合作的方法;交流讨论怎样做个认真负责的值日生,使学生明白做值日,为集体服务,是每个同学应尽的责任;确立起责任意识,激发孩子们对劳动的热爱之情。

【队会目标】

1.使学生懂得认真值日是爱劳动的表现,也是对班集体尽职尽责。

2.知道值日生的任务和做值日的顺序。

3.使学生懂得当好值日生的意义,知道怎样认真做值日,争取成为劳动小能手。

【前期准备】

第一组情景表演值日时分工明确的场面、第二组情景表演分工不明确的场面。

【队会过程】

(一)中队长宣布二(5)中队"我是劳动小能手"主题队会准备开始

1.各小队整队、报数

(小队长:第一小队立正、报数!队员:1、2、3……)

2. 小队长向中队长报告人数

（小队长小跑面向中队长立正、敬礼:报告中队长,第一小队应到队员11人,实到队员11人,报告完毕！中队长面向小队长回礼:接受你的报告！各小队依次报告……）

3. 中队长向中队辅导员报告人数

（中队长转身面向中队辅导员立正、敬礼:报告中队辅导员,二(5)中队应到队员46人,因病请假1人,实到队员45人,主题中队会"我是劳动小能手"准备完毕,请您批准！并邀请您参加！

中队辅导员佩戴红领巾面向小队长回礼:接受你的报告,批准你们召开"我是劳动小能手"主题中队会,并预祝队会圆满成功！）

（二）中队长宣布主题中队会开始

中队长:我宣布二(5)中队"我是劳动小能手"主题中队会现在开始,全体立正！

（三）出旗！敬礼

（礼毕,请坐下）

（四）齐唱《中国少年先锋队队歌》

（五）队会主要内容

1. 激趣导入明主题

主持人甲（以下简称甲）:同学们,我们每天都坐在干净、整洁的教室里学习,心情怎么样呢？

生答:很舒服。

主持人乙（以下简称乙）:为了给大家提供良好的学习环境,我们的劳动小能手们付出了辛勤的汗水。今天我们二(5)班队会主题就是"我是劳动小能手"。同学们,准备好了吗？

2. 情景表演辨是非

甲:下面有请两个小组给我们展示他们平时劳动的情景。

第一组劳动的同学们表演:一下课就在组长的带领下分工明确,认真劳动,需要上厕所的上完厕所就立刻回来加入劳动的行列。先摆好桌椅,然后捡起地上纸屑,再拖地,最后把工具放整齐。

第二组劳动的同学们表演:劳动没有分工,有不知道劳动任务的,有想干什么就干什么的,有边扫边玩的,有上完厕所磨磨蹭蹭到了上课的。

乙:同样是做劳动但效果却不一样,大家想学第一组还是第二组?

生答:……

3.讨论当好值日生

(1)小组讨论。

甲:第一组为什么做得好?我们向他们学习哪些方面呢?小组讨论,组长执笔。

(生开始讨论)

乙:哪一组说说你们讨论的结果?

生1:……

甲:还有哪一组来说一说?

生2:……

(2)集体汇报。

甲:以上同学说得都很棒,我们总结为以下几点:一是第一组按时劳动;二是劳动时分工明确;三是劳动时团结合作;四是劳动时认真负责。

乙:刚才我们第一组值日时大家分工合作,可第二组则出现组长没有分工、大家想干什么就干什么的情况,结果有的同学干得多有的干得少,有的事情没人干,值日很长时间都做不好。如何分工合作我们得学习第一组。现在让第一组的组长说一说如何分工合作。

生答:……

甲:值日时有的同学扫地扫不干净,还有的同学不认真负责,值日时我们怎样才能做到认真呢?

生答:……

4.制订细则争能手

乙:看来当我们面对值日问题的时候同学们都能明辨是非,那在我们班级内如何更好地劳动来保持教室干净和整洁呢,不妨让每个值日小组集思广益,制订咱们班争当"劳动小能手"勋章的细则,好吗?

甲:咦!这个主意不错,让我们一起开动脑筋,想出"金点子"吧!

(1)组长检查制:每天值日结束后,组长都要按照值日分工进行检查,发现卫生死角,及时打扫,组长检查合格后,值日生方可结束任务。

(2)小组评优制:每天由班主任、班干部组成检查评优小组,利用每周的班会课评选出优秀劳动小组,优秀劳动小组再推选出一位"劳动小能手",佩戴"劳动小能手"勋章一周。

(3)监督激励制:如果各值日小组中有不认真值日的同学,我们给予帮助,请他们每天课间维护班级卫生。

乙:从今天起我们就按照大家制订的争当"劳动小能手"细则去做。自从有了人类,劳动就没有离开过我们。我们的祖先正是通过不断劳动才从古猿进化成今天的我们。没有劳动就没有我们这个美丽可爱的世界。

甲:让我们人人争当劳动小能手,因为劳动最光荣!现在全班齐唱《劳动最光荣》。

乙:下面有请中队辅导员讲话。

(六)中队辅导员讲话

同学们,你们今天表现得太棒了,你们都明确了自己的责任和义务,相信你们会说到做到,继续坚持。因为我们是劳动者,我们是未来世界的小主人。让我们用心去感受世界,用劳动去美化世界!

(七)呼号

(八)退旗!敬礼!奏乐

(九)中队长宣布主题中队会结束

这个班的学生,我已带了一年半,我是看着他们一点点进步的。在一年级初,他们都不会劳动,也不知道值日生要做些什么。喜欢赶热闹,哪里人多就到哪里凑热闹,哪里好玩就聚在哪里。我下课到教室经常发现他们将黑板擦了一遍又一遍,而教室里桌椅还是不整齐,地面也能看到纸屑。所以,一开始我就跟他们一起劳动,手把手地教他们,慢慢地他们能自己做了,但是我仍然要在一旁督促他们,因为他们做完了一件事,就不知道接下来做什么了。一年级下学期,学生基本能完成值日工作,但是仍要老师再检查一下,因为他们做得不够细致,经常会丢三落四的。二年级开始,我要求学生能自觉主动地完成值日,虽然他们在劳动方面比以前进步多了,但是他们的责任心还不够强,完成值日的时间比较长,拖拖拉拉的,需要老师监督和检查。在这种情况下,引导学生在值日时互相帮忙,团结合作,把值日做得既好又快,是非常必要的。

　　于是这节队会课我从激趣导入明主题、情景表演辨是非、讨论当好值日生、制订细则争能手四个方面让孩子们循序渐进地去努力争当劳动小能手。这次中队会让学生感受到劳动的快乐,激发了劳动的兴趣,锻炼了学生的劳动能力,培养了劳动习惯,使学生在学校、家庭和社区都有参与劳动的机会,并体验到劳动的快乐,以逐步培养劳动的自觉性,养成良好的劳动习惯。

　　当然这节课也有不足之处,关于劳动技能铺的面还不够广和大,还可以延伸到家庭和社区。

点评

　　通过此次活动,主要使学生懂得认真值日是爱劳动的表现,也是对班集体尽职尽责。纵观整个队会过程,较好地实现了此目标。活动分四个部分:激趣导入明主题、情景表演辨是非、讨论当好值日生、制订细则争能手。形式丰富,内容清晰,层层递进,循序渐进地让学生感受到劳动的重要性,争当劳动小能手的必要性。整个活动中学生积极性高,小组讨论热烈,制订的争当"劳动小能手"细则切实可行。本次队会活动深入孩子的内心,是一次教育,一次引导,更是一次锻炼与展示。当然美中也有不足之处,学生想出的"金点子"没被主持人过多评点和应用。

(点评人:合肥市青年路小学　荣蓉)

我是学习小·达人

(合肥市青年路小学 荣蓉)

【背景分析】

好习惯就像是我们生命的枝上盛开的一朵美丽小花,学生能否养成良好的学习习惯,对他们以后能否取得成功有着重要影响。在这个竞争的时代,家长都希望自己的孩子能"成龙""成凤",有良好的学习习惯是学生获得成功的重要因素。因此,为了学生的健康成长和终生幸福,教师需高度重视学生良好学习习惯的培养。针对三年级学生的特点,着重培养学生上课专心听讲,积极动脑,作业认真、仔细、按时完成,有了错误能主动订正,课余能多看点课外书等良好学习习惯。

【队会目标】

1.通过这次活动,培养学生上课专心听讲,积极动脑,作业认真、仔细、按时完成,有了错误能主动订正,课余能多看点课外书等良好学习习惯。

2.通过表扬有良好学习习惯的同学,在班内掀起人人争夺学习习惯之星的热潮,进而形成良好的班风和学风。

3.让学生掌握学习的技巧和方法。

【前期准备】

1.让两位能干的学生当主持人。

2.请每位学生仔细观察班中哪些同学有良好的学习习惯,并把班级中具有良好学习习惯的典型事例编成小品。

3.准备一些小星星。

4.课件。

【队会过程】

(一)中队长宣布三(2)中队"我是学习小达人"主题队会准备开始

1.各小队整队、报数

(小队长:第一小队立正、报数!队员:1、2、3……)

2.小队长向中队长报告人数

(小队长小跑面向中队长立正、敬礼:报告中队长,第一小队应到队员8人,实到队员8人,报告完毕!中队长面向小队长回礼:接受你的报告!各小队依次报告)

3.中队长向中队辅导员报告人数

(中队长转身面向中队辅导员立正、敬礼:报告中队辅导员,三(2)中队应到队员49人,因病请假1人,实到队员48人,主题中队会"我是学习小达人"准备完毕,请您批准!并邀请您参加!中队辅导员佩戴红领巾面向小队长回礼:接受你的报告,批准你们召开"我是学习小达人"主题中队会,并预祝队会圆满成功!)

(二)中队长宣布主题中队会开始

中队长:我宣布三(2)中队"我是学习小达人"主题中队会现在开始,全体立正!

(三)出旗!敬礼

(礼毕请坐下)

(四)齐唱《中国少年先锋队队歌》

(五)队会主要内容

活动一 争戴大红花

甲:同学们,喜欢听故事么?我来给大家讲个故事《学弈》。

乙:听完了故事,你们有什么感受?

学生交流。

甲:跟同一个老师学下棋,效果却不一样,是由于前者养成了良好的学习习惯,后者则没有养成良好的学习习惯。

活动二 养成良好的学习习惯

乙:同学们,一开学我们就开展了争夺学习习惯之星活动,效果不错。我们怎样才能得到更多的小星星呢?那就要养成良好的学习习惯。

甲:怎样做才能养成良好的学习习惯呢?

学生同桌交流。

(课件出示:上课专心听讲,积极举手动脑,作业认真仔细,按时上交不拖拉,有错主动订正,课余做些有意义的事……)

乙:这么多的小星星,到底应该送给谁呢?

甲:当然是送给学习习惯好的同学,对不对? 只是……

乙:只是什么呀?

甲:只是到底哪些同学有好的学习习惯呢?

乙:这还不简单。听听大家的介绍,就知道哪些同学有好的学习习惯了。(请班里有好的学习习惯的曹××同学作介绍)

甲:好,只要一直这样认真,她成绩肯定会越来越好。我想先送给她一颗小星星,当作鼓励,你们说好不好?

乙:当然好。(齐鼓掌。主持人甲给曹××同学戴上小星星)

乙:我们班已经有同学获得了许多小星星。你们是怎样养成这么好的学习习惯的,可以告诉大家吗?

(杨××同学表演儿歌)

乙:原来你有这个秘诀呀!难怪你获得那么多小星星!

甲:请大家想一想,也可以讨论一下,在我们班还有哪些同学有这方面的好习惯,最好能举个例子,大家如果同意的话,就边拍手边说:"对,对,对! 我同意,他有这个好习惯。"(对着乙)你就拿一颗小星星送给这位同学;如果不同意,大家就不要拍手,让老师来当裁判,你们说好不好?

(四人小组讨论3分钟)

甲:好,同学们讨论得都很热烈。下面请同学们举手发言。

同学C:××同学上课很认真,老师经常表扬他,而且他总是积极地开动脑筋,举手发言。(赞同的小朋友边拍手边说:"对,对,对! 我同意,他有这个好习惯。")

举手的小朋友越来越多。同学们踊跃介绍别人的好习惯。

乙:刚才大家介绍得很好,原来我们的同学有那么多好习惯。有了好的学习习惯,还要有好的学习方法,请我们的王××同学介绍她的学习方法。

甲:有这么好的学习方法,学习起来就得心应手。我们要不要掌握这种

学习方法？（要）

活动三　告别不良的学习习惯

乙：下面我们来看小品表演。

上课时，老师在上课，学生D开始做小动作，学生E则认真地听讲。

下课时，作业本发下来，学生D胡乱翻一下，有错但没订正。学生E则把作业订正好后，再去玩。

周末，两人一起回家，学生D说："我们去打游戏机，怎么样？"学生E说："我要做作业。"学生D说："家庭作业随便做。"学生E说："不管什么作业都要认真做。"

学生E的父亲说："儿子，明天爸爸出差到杭州，给你带些什么？"E说："帮我带些书，还有字帖。""家里不是有那么多书吗"？"我已经看过了。""好吧，儿子。"爸爸拍拍儿子的头亲切地说。

甲：你们猜猜学生E像我们班的哪一位同学。（学生七嘴八舌议论）

乙：我来告诉你们吧，他就是我们班的××同学，他不仅在学校认真学习，在家里，也总是像在学校一样，认真完成作业。剩下的时间，他总是做一些对学习有益的事情。

甲：我们年纪小，学习劲头高，给他送上小星星，好不好？（好！学生掌声起，好多小朋友都盯着他，露出羡慕的目光）

活动四　拓展延伸

甲：在学习中大家积累了许多名言，想一想，有哪些名言可以激励大家养成良好的学习习惯。

学生交流。

课件出示。

（六）中队辅导员讲话

管得住自己，你是习惯的主人，管不住自己，你是习惯的奴隶。良好学习习惯的培养不是一朝一夕之功。良好学习习惯的养成越早越有效，让我们培养良好的学习习惯，争当"学习小达人"。

(七)呼号

中队长:全体起立！右手握拳！请辅导员领呼！

辅导员:准备着,为共产主义事业而奋斗！

队　员:时刻准备着！

(八)退旗！敬礼！奏乐

(九)中队长宣布主题中队会结束

(中队长:我宣布三(2)中队"我是学习小达人"主题中队会到此结束,欢送各位领导和嘉宾)

这次队会主要是让学生学会学习,热爱学习。通过表扬有良好学习习惯的同学,在班内掀起人人争夺学习习惯之星的热潮,进而形成良好的班风和学风。同时让学生掌握学习的技巧和方法。

队会采用自我介绍、讨论、小品等多种形式,激发学生的学习兴趣。我们班的学生大都有自己独立的思想,从他们自己或小伙伴口中讲出来的道理比老师的说教更容易为他们所接受。从内容环节上看,整堂队会分为四个部分,一是明确养成良好学习习惯的重要性,二是如何养成良好的学习习惯,三是如何告别不良的学习习惯,四是拓展延伸。因为前期做了充分准备,队会能紧密围绕主题进行,所以对学生产生了较大的影响。队会结束,我发现学生们对如何培养良好的学习习惯有了更深刻的了解。

这节队会课还存在一些不足之处,比如,有的学生敬队礼不够规范,队会结束我就对学生作了指导。有的学生发言有些胆怯,声音不够洪亮。今后,我会努力学习来提高自己的业务能力,争取更大的进步。队会以外,我会时刻注意落实学生学习习惯的培养,让他们成为爱学习、会学习的小达人。

点评

　　这节队会课集中围绕爱学习展开,通过表扬有良好学习习惯的同学,在班内掀起争夺学习习惯之星的热潮,进而形成良好的班风和学风。队会设计方案突出主体性,在中队辅导员的指导和中队委员的筹划下,发动全体队员自己设计活动内容,充分发挥了学生的主动性。队会的设计方案充分考虑趣味性,不仅有自我介绍、讨论,还有小品等多种喜闻乐见的形式吸引全体学生积极参与队会。队会设计合理,层次清晰,便于操作。活动过程中队员情绪高涨,参与意识强,活动效果好。

(点评人:合肥市青年路小学　史金元)

文明礼仪小·先锋

(合肥市青年路小学 史金元)

【背景分析】

中华民族有五千多年的历史,长久以来我们就有"礼仪之邦"的美称。作为生活在这个"礼仪之邦"的每一个炎黄子孙都应该为之感到自豪和骄傲。然而,如今却有不少人早已忘记了对这些优良传统的继承。我所任教的四年级学生处于小学的中年级学段,学生文明礼仪习惯正处于形成和发展期,因为来自不同的家庭、不同的地方,所以每个孩子的文明习惯养成程度也存在着差异,为了使学生们能更好地规范自己的言行,做一个"崇尚美、发现美、实践美"的"绽美少年",本次主题队会以"文明礼仪小先锋"为主题,以礼仪、礼貌、礼节教育,培养学生良好的文明礼仪习惯为重点内容,以遵守校园规范、遵守公共场合规范为突破口,着眼于全面提高学生的思想道德素质和文明礼仪素养。通过主题宣传教育实践活动,使班级成为文明礼仪的宣传阵地和示范窗口,使学生成为文明礼仪行动的先锋队,树立学生健康向上的形象。

【队会目标】

1.通过主题队会活动,使学生懂得,讲文明懂礼貌是中华民族的优良传统,是一个新时期小学生的必备美德。

2.通过主题队会活动,使学生认识到文明礼仪就在我们身边,体会到文明礼貌用语的重要性。

【前期准备】

1.召集班委讨论、决定队会程序,构思队会主题、内容,确定主持人。

2.组织学生准备有关文明礼仪的节目。

3.制作相关内容的PPT课件。

【队会过程】

(一)中队长宣布四(1)中队"文明礼仪小先锋"主题队会准备开始

中队长:全体起立,稍息、立正,各小队整队、报告人数。

1.各小队整队、报数

小队长:第一小队长跑到小队前面:

"稍息、立正、报数!队员:1、2、3……"

2.小队长向中队长报告人数

小队长跑步到中队长面前,互相敬队礼后,"报告中队长,第一小队应到队员8名,实到队员8名,报告完毕!"

中队长:"接受你的报告,请回!"

第二小队……

第三小队……

第四小队……

3.中队长向中队辅导员报告人数

(中队长转身面向中队辅导员立正、敬礼:报告中队辅导员四(1)中队应到队员32人,实到队员32人,主题中队会"文明礼仪小先锋"准备完毕,请您批准!并邀请您参加!中队辅导员佩戴红领巾面向中队长回礼:接受你的报告,批准你们召开"文明礼仪小先锋"主题中队会,并预祝队会圆满成功!)

(二)队会主要内容

中队长:让我们以热烈的掌声有请主持人上场。(主持人由男女两名队员担任,下文分别以甲、乙称呼)

甲:尊敬的老师

乙:亲爱的同学们

合:大家好!

甲:灿烂的朝霞托着红日,从东方冉冉升起。

乙:美好的日子映着希望,洒满大地的角落。

甲:春风吹,阳光照,语言美,行为美。

乙:尊师长,爱同学。

合:让我们从小讲文明,讲礼貌,四(1)中队争做"文明礼仪小先锋"队会现在开始。

活动一 文明礼仪家庭篇

甲：我国是世界四大文明古国之一，中华民族自古以来就有"礼仪之邦"的美称。

乙：中华民族源远流长，在五千多年的历史长河中，不但创造了灿烂的文化，而且形成了古老民族的传统美德。

甲：在我国古代，礼仪是中华文明重要的组成部分。在古代社会，更是形成了尊礼、守礼、重礼、行礼的风气。请欣赏同学们带来的快板《文明礼仪三字经》。

乙：同学们，你们还知道哪些文明礼仪的口诀？大家一起来交流交流。

甲：古人在礼仪上为我们作出了表率，一辈又一辈的精神成了民族的传统美德代代相传。请听故事《黄香诚心敬父母》。

乙：同学们，从故事中我们深受"孝"的教育，你们平常在家都有哪些孝敬长辈的故事？一起来分享。（请学生讲述自己孝敬长辈的故事）

活动二 文明礼仪校园篇

甲：黄香温席、孔融让梨、程门立雪，一个又一个熟悉的故事如群星般璀璨，为我们指引文明礼仪的方向。

乙：作为21世纪的接班人我们应该接过先人文明的旗帜，高高举起！让我们一起从身边的校园礼仪开始吧！请欣赏诗朗诵《文明礼仪之歌》。

甲：同学们，听完《文明礼仪之歌》，你们觉得在学校里应该怎样做，才能成为一个文明的学生？请大家谈谈自己的看法。（各小队学生纷纷畅言）

乙：是的，文明是优雅的举止，是礼貌的言行。请欣赏相声《礼貌用语说》。

甲：欣赏完相声，让我们一起来推荐"我心中的校园文明礼仪之星"，你为什么要推荐他，说说理由。（请被推荐的同学上台，颁发"文明礼仪之星"奖状）

乙：听了同学们的发言，我感觉校园里正在刮起一股文明礼仪之风，让我们手拉手把校园文明礼貌永记牢！

活动三 文明礼仪社会篇

甲：你给别人一个微笑，别人给你一个春天。

乙：你给别人一份温暖，别人给你快乐无限。

合：文明，让社会更加和谐；礼仪，让生活更加美好。请欣赏三句半《大家一起做》。

甲：我们每个人生活在社会上，都不是孤立的，每天都在扮演不同的角色，你是如何做好这些角色的？（学生上台，指着PPT中出现的照片里的角色和同学交流）

乙：做一个文明的好少年，是我们共同的心愿。可是在公共场所仍然有很多同学的文明礼仪很是欠缺，请欣赏小品《让座风波》。

甲：看完这个小品，你们认为这个小品里的哪一个角色做得是最好的，如果是你，你会怎么去做？（队员发表自己的见解和想法）

是啊，"勿以善小而不为，勿以恶小而为之"。让我们从身边的小事做起，争做新时代的文明礼仪之星吧。

活动四　文明礼仪践行篇

甲：文明，是璀璨的明珠。

乙：礼仪，是民族的希望。

甲：文明，是情感沟通的桥梁。

乙：礼仪，是社会腾飞的翅膀。

甲：请同学们齐读《文明礼仪宣誓词》。

乙：同学们，让我们践行自己的诺言，争做文明礼仪小先锋。文明在哪里，文明就藏在你我身边；文明在哪里，从我来做起，人人都来讲文明，世界将会变得更美丽。请大家一起合唱《文明在哪里》。

甲：同学们，一粒种子虽小，却可以长成参天大树；一滴水虽微不足道，却可以折射出太阳的光辉；一个不被人注意的礼节虽小，却拉近了人与人之间的距离，让人与人之间更有默契。下面有请辅导员老师讲话。

(三)辅导员总结

同学们，首先祝贺这次队会取得了圆满成功。你们是21世纪的小主人，你们要做21世纪的文明人。希望通过这次活动，能让我们把文明礼仪之花播撒到生活的每一个角落！同学们，让我们记住这些要求，时刻注意遵守，做一个有教养的学生，为班级为学校增光添彩，也为建设文明社会贡献一份力量！

(四)呼号

辅导员：准备着，为共产主义事业而奋斗！

全体学生：时刻准备着！

(五)退旗

(奏退旗曲,请全体少先队员敬队礼)

(六)宣布队会结束

四(1)中队"文明礼仪小先锋"主题队会到此结束,谢谢大家!

此次主题队会总体来说是比较成功的。这次队会的活动目的是通过活动,使学生懂得中华民族是世界文明的"礼仪之邦",讲文明、懂礼貌是中华民族的优良传统,是做人的美德;通过主题队会活动使学生继承优良传统美德,增强爱国情感,从小养成良好的行为习惯,初步树立社会责任感。主题队会中把校园礼仪贯穿到小品、相声、故事、诗歌等各种表演形式中,如:欣赏故事《黄香诚心敬父母》、诗朗诵《文明礼仪之歌》、三句半《大家一起做》等,欣赏完让学生谈谈自己的感受。同学们能结合自己的生活实际说出一些熟悉的礼貌用语,也能根据一定的场景正确使用一些礼貌用语。学生觉得主题队会的形式很好,乐意参与活动,队会气氛活跃温馨。当然这次活动也有一些不足和遗憾,由于容量过大,时间过紧,学生对于文明礼仪的认识深度还不够,部分同学仍停留在肤表,落实到行动中还有一定难度,需要不断提醒、强化!

此次主题队会的召开,使学生对文明礼仪有了更深层次的了解。队会从"家庭礼仪""校园礼仪""社会礼仪""践行礼仪"四个方面入手,活动环节紧密,层次清晰,目的性强,对学生多方面多角度文明礼仪行为规范的引领,加深了孩子们的印象,丰富了孩子们的情感,达到了预期效果。本次队会还充分利用多媒体形象直观的优势给学生以视觉、听觉上的冲击,极大地调动了学生参与的热情,使得队会氛围温馨浓烈!

(点评人:合肥市青年路小学 刘菊珍)

诚实守信小公民

(合肥市青年路小学 刘菊珍)

【背景分析】

诚实守信是中华民族的传统美德。"商鞅立木为信"的故事告诉我们诚信是立国之本;百年老店北京同仁堂,因尊"炮制虽繁必不敢省人工,品味虽贵必不敢减物力"的祖训不变而百年不衰,并获得"天下第一中药店"的殊荣,告诉我们诚信是立业之本;孔子的"人而无信,不知其可也",告诉我们诚信也是每个人的立身之本。十八大提出的社会主义核心价值观明确提到"诚信"二字,就是要求每个公民都要做一个诚信的人,强调公民之间应该真诚相待、互相尊重、彼此信任,形成相互信赖的良好人际关系,构建社会主义和谐社会。然而,在我们身边缺少诚信的事却仍然存在:虚假广告横行天下,假冒劣质商品充斥市场,食品安全问题愈演愈烈……"信用危机"阻碍了中国的经济发展,扰乱了正常的社会秩序,影响了社会的和谐发展。小学阶段是学生人生观、价值观和世界观形成的阶段,在这一阶段,对学生进行诚信教育显得尤为重要。本次队会,旨在使学生领悟诚实守信的深刻内涵,懂得诚实守信是做人做事的基本道德。通过队会培养学生诚实守信的良好习惯,在生活学习中讲求信用、忠诚待人、说老实话、办老实事、做老实人,提高学生的诚信意识,让诚信伴着学生成长。

【队会目标】

1. 通过本次活动,引导学生理解什么是"诚实守信",对诚信的深刻内涵有进一步认识,培养学生正确的道德观念。

2. 通过讲故事、说名人名言、朗诵诗歌、表演课本剧等多种形式让学生品味诚信,懂得诚信是中华民族的传统美德,是做人的基石,是社会发展的基础,增强学生弘扬诚信美德的责任感和使命感。

3.引导学生在现实生活中应如何做到诚实守信,激发他们践行诚信的意愿,增强他们以德治身、诚实守信的意识,培养他们诚信的优良品质。让学生从自身做起,从身边的小事做起,做一名诚信的好公民,为构建"讲诚信、守信用"的和谐社会而努力。

【前期准备】

1.查阅有关诚信的资料,收集有关诚实守信的名言,并做成精致的小书签。

2.读名人、伟人诚实守信的故事,并能有声有色地讲出来。

3.排练课本剧《九色鹿》、诗朗诵等。

4.出一期有关诚信的黑板报。

【队会过程】

(一)准备阶段:各小队汇报人数

1.中队长致发言词

亲爱的老师、同学们,下午好!五(5)中队"诚实守信小公民"主题队会,就要开始了,全体起立,稍息、立正,请各小队整队、报数。

(小队长:第一小队立正、报数!队员:1、2、3……)

2.各小队向中队长报告人数

小队长:全体起立,稍息!(向后转,跑步前进至中队长两步远的距离,立正、敬礼)报告中队长,第一小队应到12人,实到12人,报告完毕!

中队长:接受你的报告!(敬礼)

小队长:(回礼,向后转,跑步前进至座位,稍息)

(四小队依次报告)

3.中队长向中队辅导员报告人数

中队长转身面向中队辅导员立正、敬礼:报告中队辅导员,本中队应到队员47人,实到队员47人,主题中队会"诚实守信小公民"准备完毕,请您批准!并邀请您参加!

中队辅导员佩戴红领巾面向小队长回礼:接受你的报告,批准你们召开"诚实守信小公民"主题中队会,并预祝队会圆满成功!

(二)中队长宣布主题中队会开始

中队长:我宣布"诚实守信小公民"主题中队会现在开始,全体立正!

(三)出旗!敬礼

(旗手进场奏乐)

(礼毕,请坐下)

(四)齐唱《中国少年先锋队队歌》

(五)队会过程

(中队长报告开会的意义)

亲爱的少先队员们:诚实守信是中华民族的传统美德,为了弘扬这一美德,培养队员们"诚信"的优良品质,我们组织队员们收集了关于诚信名言、故事、诗歌,以及身边的诚信故事,开展自我教育。今天,我们在这里召开以"诚实守信小公民"为主题的中队会,我们要学诚信、讲诚信,把中华民族的传统美德发扬光大!下面让我们以热烈的掌声有请主持人上场。(主持人由男女两位队员担任,下文分别以甲、乙称呼)

活动一　感悟诚信

甲:同学们,你们知道"诚信"是什么意思吗?会前请队员们查找资料,了解"诚信"的含义。下面请大家说一说。

学生1:诚信包含"诚"和"信","诚"是尊重事实,真诚待人;"信"是忠于良心,信守诺言。诚实和守信是紧密联系在一起的,诚实是守信的基础,守信是诚实的具体表现。

学生2:诚信就是考试不作弊,作业不抄袭。

学生3:诚实是忠诚老实,不说谎话。《狼来了》的故事代代相传,告诉我们说谎话就会失去别人的信任,害人害己。

学生4:诚信是诚实、重信用、守承诺、讲信誉,说到做到。

学生5:诚信是中华民族的传统美德。

乙:诚信是人最美丽的外套,是心灵最圣洁的鲜花,诚实守信是中华民族传统文化的精华,是少年儿童的做人根本和基本的道德规范。自古至今,"诚信"一直都是人类弘扬的主题,也是人们必须坚守的道德底线。

活动二　品味诚信

甲:会前,各小队围绕"诚信"搜集了名言、故事,排练了诗朗诵和课本剧,下面请各小组展示一下自己的活动成果。首先有请第一小队讲诚信故事。

1. 诚信故事

学生1:讲"宋庆龄奶奶的故事"。

学生2:这个故事告诉我们宋奶奶是一个言而有信的人。一个信守诺言的人,才能获得别人的信任。

学生3:讲"一诺千金"的故事。

学生4:从这个故事中,我明白了要信守承诺,说到做到,才能获得别人的尊重。

学生5:讲"立木为信"的故事。

  春秋战国时,秦国的商鞅在秦孝公的支持下主持变法。当时处于战争频繁、人心惶惶之际,为了树立威信,推进改革,商鞅下令在都城南门外立一根三丈长的木头,并当众许下诺言:谁能把这根木头搬到北门,赏金十两。围观的人不相信如此轻而易举的事能得到如此高的赏赐,结果没人肯出手一试。于是,商鞅将赏金提高到50金。重赏之下必有勇夫,终于有人站起将木头扛到北门。商鞅立即赏了他50金。商鞅这一举动,在百姓心中树立起了威信,而商鞅接下来的变法就很快在秦国推广开了。新法使秦国渐渐强盛,秦最终统一了中国。

学生6:这个故事告诉我们,要想取得别人的信任和支持,就要做一个说话算数的人。

小队长总结:这一个个生动的故事都在告诉我们诚信的重要性,告诉我们坚守诚信的重大意义。

2. 诗朗诵《我们呼唤诚信》

乙:学习,因为诚信而进步;工作,因为诚信而成功;人生,因为诚信而精彩;社会,因为诚信而和谐。下面请欣赏第二小队给大家表演的诗朗诵《我们呼唤诚信》。

3. 说名言

甲:千百年来,人们讲诚信,推崇诚信,赞美诚信。有许多名人志士都是诚信的楷模,他们还给我们留下了许多关于诚信的至理名言。下面让我们

走进诚信名言录。(第三小队展示)

学生1:我国春秋时期的大教育家孔子说过:"言必信,行必果",它告诉我们无论什么时候,无论做什么事,都要说话算话。

学生2:我说的名言是"君子一言,驷马难追",这句话是说君子要言而有信,一言九鼎。

学生3:对我教育最深的一句话是"诚故信,无私故威",这是宋朝的张载说过的话,告诉我们要真诚对待别人,才能够取得别人的信任,秉公办事,所以能够树立威望,在生活中,我们一定要真诚地对待每一个人!

学生4:"言则忠信,行则笃敬"这句话是说,我们要真实可信,办事要严肃认真。

学生5:著名思想家顾炎武有句话说得好,他说"生来一诺比黄金,那肯风尘负此心",是告诉我们要把承诺看得比黄金还贵重,不能因为个人生活困难就说话不算话。

学生6:"人背信则名不达。"西汉文学家刘向的这句名言告诉我们人不守信用,别人也就不相信你了。你的名声、信誉在别人眼里就一钱不值了。

乙:诚信是一座桥,用真诚连接你和我;诚信是一首歌,传唱在世界每一个角落;诚信是品德的试金石,鉴别出人性的善恶。下面请欣赏课本剧表演《九色鹿》。

4.课本剧表演《九色鹿》(第四小队)

甲:诚信是生活的赤纯之金,是人生追求的目标,少先队员们,让我们追逐诚信,让我们拥有诚信吧!

活动三 体验诚信

乙:诚信的人会让我们觉得可靠,可以放心,也会给我们增添信心和力量。请看几个队员做的游戏。

1.游戏"勇敢的心"

三人一组,请两名同学手拉手,第三名同学背对这两名同学,绷直身体向后仰。向后仰的同学在做完游戏后谈谈自己的感受,分析担心的原因。请三组同学参与游戏。

学生1:我不敢仰下去,因为我担心他们的手拉得不紧,我会摔到地上。

学生2:我一直仰下去了,因为他们俩都是我的好朋友,都是我信任的人。当我的身体碰到他们拉紧的手的时候,特别开心。

学生3:开始的时候,我有点担心,所以慢慢往后仰,当碰到他们拉紧的手的时候,才放心。

甲:诚信能够赢得别人的信任,但是我们身边仍然存在很多不诚信的行为和事例,这些会给我们带来什么危害,我们又该怎样对待呢?

2.说说身边不诚信的行为和事例

学生1:有的同学做作业的时候,总是抄袭别人的作业,这样不能真正学会知识,长期下去,会养成懒惰散漫、厌恶学习的坏习惯。我觉得做作业时应该独立思考,认真完成作业。

学生2:一些商人为了利益,制造假冒伪劣商品,以假充真,以次充好,如假酒、假烟等,欺骗消费者,给消费者的身体健康和财产安全带来损失。他们将受到法律的制裁。

学生3:还有人生产销售假药,严重损害了病人的身体健康。

学生4:有的同学借别人东西不还,下次别人也不会再借给他了。

乙:不讲诚信,害人害己,不仅严重侵害到别人的利益,也会给自己带来损失,甚至会受到法律的制裁。

活动四　践行诚信

1.倡议书

中队长:为了养成诚实守信的美德,我们五(5)中队委员会提出如下倡议:

(1)对老师、家长不说谎,敢于向老师、家长暴露自己的缺点,敢于讲心里话。

(2)独立完成作业,考试不抄袭别人答卷。

(3)做错了事要敢于承认,并认真改正。

(4)老师在和不在同样遵守纪律。

(5)不说违心话,不奉迎他人。

(6)办事讲信用,答应别人的事要做到。

(7)借别人东西要按时归还。

(8)行动遵时守约,开会、参加活动、赴约、做客不迟到。

甲:希望同学们积极响应中队长的倡议,做一名诚实守信的好队员!

2.制作"诚信树"

中队长:下面请队员们把自己制作的诚信名言书签贴到教室后面的"诚信树"上。

(《诚信中国》歌曲响起,队员们一起制作诚信树)

(六)辅导员总结

今天的中队会在大家的努力下开得非常成功,达到预期的教育目的。活动之前,各小队通过种种途径查阅资料,并且通过名言、故事课本剧、诗朗诵等多种形式来汇报自己的活动成果,活动过程就是自我教育过程,我希望大家能以这次中队会为契机,都来说诚信,讲诚信,让真诚走进我们的生活,从自身做起,从身边的小事做起,做一名诚实守信的合格小公民。

(七)呼号

中队长:全体起立!右手握拳!请辅导员领呼!

辅导员:准备着,为共产主义事业而奋斗!

队　员:时刻准备着!

(八)退队旗

退旗!敬礼!奏乐!

(九)中队长宣布主题中队会结束

中队长:我宣布五(5)中队"诚实守信小公民"主题中队会到此结束。

诚信是中华民族的传统美德,是社会和谐有序发展的基石。但是,如今的社会缺失诚信,对人们的身体健康和生活秩序都造成了很大影响。在校园中,同样存在一些不诚信的行为,抄袭作业、考试作弊、不守信用……在一些孩子身上时有发生。小学阶段是学生人生观、价值观和世界观形成的阶段,在这一阶段,对学生进行诚信教育,培养他们的诚信品质,显得尤为重要。所以,在这节队会课前,我让孩子们做了大量准备工作。在查阅搜集有关诚信资料的时候,他们理解了"诚实守信"的深刻内涵。通过阅读理解诚信名言、聆听诚信故事、欣赏诚信诗歌、表演诚信课本剧等活动,深刻认识到诚信是每一个公民必须恪守的道德准则,一个人具有诚信这一品质,才能立足于社会，社会才能和谐发展。特别是体验活动"勇敢的心"游戏让队员们直观感受到缺乏信任的后果。而不诚信行为和事例的调查，更是让队员们感受到不讲诚信对人们生活的危害，让他们警醒和震撼，认识到为了自己和他人，必须做一个诚实守信的人。有了这些认识，最后环节的"践行诚信"也就水到渠成了。在齐读倡议书和制作"诚信树"的活动中，也把"诚信"二字记在心中，要求自己在今后的学习生活中讲求信用、忠诚待人、说老实话、办老实事、做老实人，成为一名合格的小公民。

本节队会主题鲜明，"诚实守信"这一美德无论对个人、企业还是国家，意义都非同寻常。小学阶段是学生的人生观、价值观开始形成阶段，诚信教育必然成为学生道德教育的一项重要内容。本次队会内容安排合理，活动环环相扣，对学生的教育效果较为显著。本次队会较为成功的地方主要体现在以下几方面：

(1)队会召开前的查阅资料、准备过程，以及队会召开时的各项活动都是以小组为单位，既调动了每个队员的主观能动性，又培养了他们的团结协作精神。

(2)队会活动形式多样、活泼生动：讲故事、说名言、演课本剧、朗诵诗歌、做游戏……符合小学生活泼爱动的特点，让他们积极参与和沉浸其中，寓教于乐，在轻松活泼的氛围中受到教育和感染。

(3)队会内容丰富多彩，生动翔实的故事、含义隽永的名言、朗朗上口的诗歌，让队员们入眼入心，生活中不诚信的行为和事例的调查更是让他们震撼，从而深刻认识到诚信的重大意义，并最终落实到行动上，取得了较好的教育效果。

（点评人：合肥市青年路小学　蔡敏）

阳光少年我能行

(合肥市青年路小学 蔡敏)

【背景分析】

在现代社会,学生的身心健康可以说是一个重要课题,被越来越多的人所重视和关注。强壮的身体是每一个人学习、工作和生活的本钱。对于正处在成长中的儿童、少年而言,健康的身体尤为重要。在教学活动中,教师要正确掌握学生的生理特点,对症下药地加强他们的体育锻炼,增强其体质。一个健康的学生,除具有健康的身体外,还应该具有健康的心理。所谓"健康的心理",就是指一个人的整个心理活动和心理特征都正常、充分、协调地发展,并与客观环境相适应、相统一。要让学生保持心理健康,教师需了解学生的心理特点,对他们加强心理健康知识的教育,学会用科学的眼光来对待成长中的每一个孩子,因人而异,因材施教,发展他们的智力,培养他们的情趣,锻炼他们的意志。这样,才能对孩子不健康的心理表现作出合理分析并及时加以纠正。

【队会目标】

1.通过学习,让学生了解"阳光少年"的含义。

2.懂得为什么要做一名阳光少年。

3.通过活动,让学生感悟、知道怎样做,才能成为一名阳光少年。培养学生从现在做起,从我做起,从一点一滴做起,用实际行动来践行社会主义核心价值观对新时期少年儿童的要求。

4.激发学生做"阳光少年"的愿望。

【前期准备】

多媒体课件、道具的准备、队形的布置。

【队会过程】

(一)中队长宣布六(1)中队"阳光少年我能行"主题队会准备开始

1. 各小队整队、报告人数

(小队长:第一小队立正、报数!队员:1、2、3……)

2. 小队长向中队长报告人数

(小队长小跑面向中队长立正、敬礼:报告中队长,第一小队应到队员8人,实到队员8人,报告完毕!中队长面向小队长回礼:接受你的报告!各小队依次报告……)

3. 中队长向中队辅导员报告人数

(中队长转身面向中队辅导员立正、敬礼:报告中队辅导员,六(1)中队应到队员46人,实到队员46人,主题中队会"阳光少年我能行"准备完毕,请您批准!并邀请您参加!中队辅导员佩戴红领巾面向中队长回礼:接受你的报告,批准你们召开"阳光少年我能行"主题中队会,并预祝队会圆满成功!)

(二)中队长宣布主题中队会开始

中队长:合肥市青年路小学六(1)中队"阳光少年我能行"主题队会现在开始。全体立正!

(三)出旗!敬礼

(礼毕)

(四)齐唱《中国少年先锋队队歌》

(可以请一名队员到台前担任指挥,唱完后,中队长宣布:请坐下)

(五)队会主要内容

中队长:让我们以热烈的掌声有请主持人上场。(主持人由男女两名队员担任,下文分别以甲、乙称呼)

甲:成长是快乐的旅程,快乐是成长的体验。花儿在阳光下微笑,鸟儿在蓝天中飞翔。

乙:鱼儿在自由中畅游,草儿在露水中坚强。我们在爱心中长大,我们在快乐中成长。

甲:鸟语花香,流水淙淙。

乙:山含厚意,水载深情。

合:今天就让我们用深情的朗诵、洪亮的歌声、健美的舞姿来表达争当快乐阳光少年的决心吧!

甲:那么,怎样的人才能称得上是阳光少年呢?对此,我们班四个小队有着自己的见解。我们就来听一听吧。

活动一　勤奋好学　全面发展

第一小队长:我们第一小队认为,阳光少年的首要条件就是要勤奋好学、全面发展。(全队齐读)

甲:是呀,阳光少年就是要勤奋好学、全面发展。让我们一起编织世界上最美丽的衣裳,把我们的童年打扮得更美,让梦飞起来,让快乐跳起来,请欣赏舞蹈《快乐指南》。

乙:相信大家欣赏完这支舞蹈,心里一定很快乐吧,那么其他几个小组对阳光少年还有什么见解呢?

活动二　兴趣广泛　博采众长

第二小队长:我们第二小队认为,阳光少年还要有健康的兴趣爱好。

甲:是啊,除了勤奋学习,广泛的兴趣爱好也会使人受益匪浅,同学们,我们在校内、校外都培养了许多兴趣爱好,下面让我们尽情展示我们靓丽的风采吧!

乙:展示课前收集的班级同学的兴趣爱好。

甲:看来我们班的同学都是多才多艺啊!这些健康的兴趣爱好,不仅充实了我们的业余生活,还给我们带来了快乐,感谢这几位同学!

乙:是啊,除了勤奋学习,广泛的兴趣爱好也会使人受益匪浅,咦,那边站起来几位紧锁眉头的同学,她们怎么啦?

请欣赏由禹××等同学带来的歌曲《小小少年》

甲:咦,原来是有了烦恼,是啊,随着年龄的增长,我们的烦恼会越来越多,其实每个人只要调整心态,烦恼就会越来越少,那么就让我们抛开心中的一切烦恼吧!

活动三　心理健康　阳光向上

第三小队长:所以我们第三小队认为,阳光少年必须要心理健康。

甲:心理健康的确重要,如果一个人光有知识,而没有健康的心理,那也等于是个不健全的人,我们的童年应该是无忧无虑的。

(情景表演《跳皮筋》)

跳皮筋

小欣、小芳、小英和小红跳皮筋,怎么不玩呢?小芳说:"我不和小英一组,她那么胖,笨死了!"听到小芳说自己笨,小英顿时火了,她指着小芳的鼻子:"你才笨呢!你又胖又蠢,活像一头小母猪!"小英听到小芳骂她,伤心地跑到一边,哭了起来。

乙:小芳她们为什么玩不到一块?小英又为什么会哭呢?谁来说说?

甲:小芳不合群,说别人。因为小芳说小英,嘲笑小英,小英受不了。

乙:面对这种情形,应该怎样解决呢?

甲:小芳不应该说别人的缺点,同学之间应该和和气气。

乙:这几个同学说得很对,同学之间就应该友好相处,不要嘲笑同学的缺点。要学会尊重别人,不侮辱他人,这是我们每个人做人的原则。

甲:咦,那边第四小队在干什么?

活动四　知文明　懂礼仪

第四小队齐背:(为人子　方少时　亲师友　习礼仪　香九龄　能温席　孝于亲　所当执　融四岁　能让梨　弟于长　宜先知)

第四小队长:同学们,这些话出自哪?(《三字经》)它告诉我们,一个人要懂礼仪,要尊重师长,还要孝敬父母,所以我们第四小队认为,阳光少年还得亲师友、习礼仪、敬父母。(齐读)

甲:刚才四个小队各自发表了他们的意见,那么我们还有哪一小队需要补充呢?

(采访)自由发言,阳光少年还得乐于助人、保护环境、爱护动物、拾金不昧、孝敬父母。

乙:亲爱的妈妈、爸爸,为了建设美好的家庭,你们都在忙碌地工作,我们也要帮你们做自己力所能及的事。瞧,我们可能干了!(欣赏孩子在家干家务活的图片、视频)

甲:劳动最光荣,我们是多么幸福、快乐呀!

生2:和煦的阳光,轻柔的春风,我们——阳光下的少年,像花儿一样,沐浴着春风茁壮成长。虽然我们的年龄还小,但是我们依然要坚强,做一个朝气蓬勃的阳光少年。最后,让我们一起朗诵一首诗歌,来表达我们争当阳光少年的决心吧!

诗朗诵《阳光少年》

(六)辅导员讲话

中队长：请辅导员讲话。

辅导员：同学们，首先祝贺你们的中队会取得了圆满成功，通过这次中队活动，同学们进一步认识了争当快乐阳光少年应做的，愿同学们从小树立阳光少年意识，让阳光快乐永远与你们相随，让幸福快乐永远与你们相伴！让我们每个人都做身心健康的阳光少年，好吗？

(七)呼号

中队长：请辅导员带领我们呼号，全体起立！面向队旗！

辅导员：请举起右拳，跟我呼号：准备着，为共产主义事业而奋斗！

全体学生：时刻准备着！

(八)退旗！敬礼！奏乐

中队长：全体立正，退旗！敬礼！礼毕！请坐！

(九)中队长宣布主题中队会结束

中队长：六(1)中队"阳光少年我能行"主题队会到此结束。谢谢各位家长和老师的光临！

本节队会课中同学们发言、朗诵、表演等都充分展示了各组的想法，精彩激烈，表现非常好。通过活动，学生更加深刻地认识到什么是"阳光"、怎样"阳光"，班会课上全班同学积极参与各项活动，形式丰富多样，突出了学生的主体地位，锻炼了学生各方面的能力，给他们留下了难忘的记忆。但还有许多不足之处。比如，没有给学生足够的时间进行排练，使得在表演时不够熟练；环节设计时细节考虑不周全，没有很好地计划，参与者不明确自己的任务，衔接不够流畅。

"阳光少年我能行"主题队会整个活动没有过于花哨的节目，没有刻意去雕琢排练，有的只是"清水出芙蓉，天然去雕饰"的纯朴与实在，率性自然地进行。以孩子喜闻乐见的形式贯穿始终,孩子们沉浸在欢乐的海洋里,回味着队会的意义。孩子们在游戏中体验着快乐,在快乐中感受着阳光,在阳光中梦想着成长。

(点评人:合肥市青年路小学　敖惠)

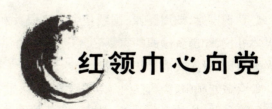

红领巾心向党

主题一　国旗国旗我爱你
主题二　我为红领巾添光彩
主题三　党是太阳我是花
主题四　队礼献给解放军
主题五　祖国富强我成长
主题六　敬礼！辅导员

单元目标

1. 认识国旗,知道国旗、国歌是中华人民共和国的象征,了解升国旗时的基本礼仪,知道我国的基本概况,感受祖国的伟大,培养对祖国的崇敬感,以及爱祖国、爱人民的思想感情。

2. 会戴红领巾,会行队礼,会呼号,会唱队歌,会提出入队申请,会念入队誓词;了解队礼的含义,准确掌握敬队礼的规范要求,体会行队礼的意义。了解中国人民解放军的艰苦朴素光荣传统,学习人民解放军严守纪律、勇敢顽强、不怕困难、全心全意为人民服务的优秀品质。对解放军叔叔产生敬佩、学习之情。

3. 知道党的名称、党的生日,能认识党旗、党徽;了解中国共产党的历史,知道中国共产党的成立和对祖国的建设产生的巨大作用,建立对党的亲近感,明白"没有共产党就没有新中国"的道理,表达热爱党的朴素感情。

4. 学习党和国家的历史故事与革命先烈、少年英雄的事迹,认识和感受党的关怀,牢记党中央、习近平爷爷提出的希望和要求,感受党的先进性和纯洁性,学习理解党的性质、根本宗旨和奋斗目标,学习理解中国特色社会主义,培养对共产主义的初步信仰。

5. 在小学六年的生活中,知道辅导员就像妈妈一样关心和关爱我们,了解辅导员老师的日常教学生活。把对辅导员的尊敬和爱化为奋发向上的学习动力。

单元设计构想

和平年代下生活的一代代少年儿童,他们每天伴着多姿多彩的生活、学习、娱乐活动,无忧无虑、不思由来、不知珍惜是当下孩子的普遍现象,但是培养社会主义接班人和建设者是教育的目标,因此要对孩子们加强爱国主义、集体主义、民族传统等教育,让一代代少年儿童成长为既有学识、技能,又有爱国情怀的中国人。基于这样的思考,本单元通过追溯祖国发展的历程,来了解党组织、解放军、祖国在战争及拨乱反正年代的艰难历程,重温党的光辉历程,歌颂党的伟大成就,珍惜现在的幸福生活。

通过歌曲、演讲、讲故事等活动形式,让学生感受伟大祖国的巨大变化,激发学生的爱国情感,增强民族自尊心、自信心和自豪感,培养学生从小树立远大理想,继承和发扬中华民族"立志勤学"的传统美德,为祖国的明天而努力学习。加强学生的爱国主义教育,引导他们从自己做起,从现在做起,引导学生扎扎实实努力实践,积极参加各项活动,全面提高自己的素质与能力。

本单元版块以国旗、党旗、军旗、团旗、队旗的认识、了解为主线,激发孩子的爱国之情。针对不同年级的活动主题,分别是:一年级:国旗国旗我爱你;二年级:我为红领巾添光彩;三年级:党是太阳我是花;四年级:队礼献给解放军;五年级:祖国富强我成长;六年级:敬礼!辅导员。同时争取做一名优秀的少先队员,为以后进入中学成为一名合格的团员做准备。这六个主题既独立成章,又相互衔接,递进式发展,学生们从认识国旗开始,了解少先队的来历,知道如何做一名优秀的少先队员。到中段,孩子开始了解中国共产党的光辉历程,明白党和我的关系犹如太阳与花儿的关系。使学生了解中国人民解放军的光荣传统,学习解放军的英勇斗争精神,继承革命遗志,增强爱国热情,从而更加勤奋学习。再到高段,懂得自己是祖国未来的建设者和接班人,要为中华民族伟大复兴而奋斗,自觉承担起社会主义接班人的重任。同时教会学生做人的基本规则。它的设计体现出这样的思考:

第一,紧扣重点,主题鲜明。围绕"红领巾心向党"的主题,增进队员对祖国、对党的了解,在歌颂祖国的氛围中培养学生爱国主义情感,知晓社会主义核心价值观,激励学生勇敢地担负起世纪的重托,将自己的理想同祖国、时代、人类的命运紧密结合起来,激发队员学好科学文化知识,积极进取,从小树立远大理想,争做新世纪合格的建设者和接班人。

第二,形式多样,表现力强。同学们充分利用多媒体资源,收集各种文字信息、数据案例等,以实际案例、数据分析等手段形象生动地表达主题,使活动的教育意义立体而又饱满。

第三,自编自导,集体参与。活动前准备阶段,辅导员尽量让学生自己动手去筹集资料,动脑去思考,并充分发挥自己的组织和协调能力,把整个活动安排得井井有条,情节环环相扣,内容丰富多彩,同时使学生的组织、表演、思考、语言等多种能力得到培养。

国旗国旗我爱你
（合肥市卫岗小学　阮泓）

【背景分析】

国旗是一个国家的象征，但是一年级的孩子由于年龄小，对于"国旗"没有深刻的认识，因而在每周一的升旗仪式时，总是有孩子动来动去和周围的同学说话，甚至还有打闹现象，眼睛也不注视着国旗。作为班主任，也经常提醒他们："升国旗是一件庄严的活动，应该严肃，不能嘻嘻哈哈，在升国旗时要立正站好，像解放军叔叔那样站得笔直，小手放两边，少先队员行队礼，非少先队员要行注目礼。"虽然多次提醒但收效总是不明显。这就说明，现在的学生对国旗的认识不够深入，觉得每周一次的升国旗是无所谓的、走个形式而已，根本不懂得升国旗的意义，也不了解国旗的重要性。

针对这样的现象，我思考抓住"升国旗"这一契机对学生进行热爱祖国的教育。我根据低年级学生年龄小、识字量有限、知识面窄、认识领域不宽的特点，设计了"国旗国旗我爱你"主题班会，将爱国情感集中在摸得着、看得见的具体形象——国旗上，逐步扩展学生的爱国思想认识，培养他们爱祖国的情感。

【班会目标】

1. 了解：认识国旗，了解国旗的来历，知道国旗是一个国家的象征。

2. 尊重：懂得升国旗的基本礼仪，能在升国旗时自觉遵守升国旗时的行为规范。

3. 学会：通过开展丰富多彩的班会活动，教育学生热爱、尊重国旗，激发学生对国旗的尊重与热爱，培养爱国之情。

【前期准备】

1. 在家长的帮助下，搜集一些国旗的相关知识。

2. 在辅导员或家长的帮助下,学生排练相关节目。

3. 制作班会PPT,布置教室。

4. 从班级内选男生、女生各一名,担任本次班会的主持人。

【班会过程】

(学生主持人上台)

主持人甲(以下简称甲):敬爱的老师们

主持人乙(以下简称乙):亲爱的同学们

合:大家好!(鞠躬)

甲:合肥市卫岗小学一(8)班"国旗国旗我爱你"主题班会

合:现在开始!

(一)识国旗 知来历

活动一 故事《第一面五星红旗》

甲:(播放升旗仪式音乐)听到这段音乐,你想到了什么场面呢?(升国旗)

乙:五星红旗是中国的国旗,它象征着我们伟大的祖国,你知道我们的国旗是怎么来的吗?一起来听听《第一面五星红旗》的故事吧。

活动二 展国旗风采

播放香港、澳门回归及奥运会场上升起国旗的光荣时刻。

甲:国旗的一次次升起向世人证明了中国的强大,作为中国人,看到五星红旗升起时,我们是多么自豪和骄傲!

乙:每一个中国人在看到鲜艳的五星红旗升起时,内心都会无比激动。

活动三 国旗知识大比拼

乙:你们爱国旗吗?(爱)现在,我们来进行国旗知识大比拼。

看看哪个同学对国旗的相关知识了解最多、反应最快。比拼的规则:当主持人说出题目时,谁能以最快的速度抢答正确,谁就赢。

(1)队员们,五星红旗是谁设计的?(曾联松)

(2)五星红旗的长与宽的比是多少?(3∶2)

(3)国旗上的五颗五角星一样大吗?(不一样,一颗大的,四颗小的)

(4)你知道我们的国旗为什么是红色的吗?你知道哪些革命烈士?

(国旗上的红色象征着革命,象征着新中国的诞生是革命先烈

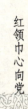

用鲜血换来的。革命烈士:董存瑞、黄继光、李大钊等)

(5)第一面五星红旗是谁升起的?(毛泽东)

(6)在什么时间,什么地点升起的?(1949年10月1日,北京天安门)

甲:看来同学们对五星红旗的知识了解得还不少呢!我们都知道,五星红旗是革命的旗帜,是胜利的旗帜、和平的旗帜,她代表着我们伟大的祖国不可侵犯的尊严。

(二)升国旗 明礼仪

活动四 播放动画视频《升国旗时的礼仪》

乙:作为小学生,爱国旗就应该从每周的升旗仪式做起,请大家一起看看在升旗仪式上我们自己是怎么做的吧?(播放升旗仪式时学生讲话、乱动等视频)

甲:视频中的同学做得对吗?你想对他们说什么?(生发表意见)

乙:国旗就是一个国家的象征。五星红旗是中华人民共和国的象征,它代表了我们的国家,爱祖国就要爱国旗。

甲:你知道在升国旗时我们应该怎么做吗?让我们一起来看看《升国旗时的礼仪》吧!

活动五　儿歌朗诵《赞国旗》

甲：我们的五星红旗多么美丽！我们的五星红旗多么耀眼！五星红旗您是我们的骄傲，五星红旗，我要赞美您。

赞国旗

什么红，国旗红。
国旗升起红彤彤。
什么亮，金星亮。
五颗星星闪金光。
国旗国旗红又红，
闪闪发光亮晶晶。
国旗国旗我爱你，
我们向你敬个礼。

活动六　歌舞《国旗国旗真美丽》

乙：国旗国旗真美丽，金星金星照大地，我愿变朵小红云，飞上蓝天亲亲您！请欣赏舞蹈《国旗国旗真美丽》。

(三)绘国旗　表心意

活动七　绘制国旗

甲：国旗在空中高高飘扬的时候，曾联松万分激动，让我们也来继承先辈遗志，自己动手绘制一面国旗吧！

乙:看着自己亲手绘制的国旗,你想对它说些什么呢?

活动八　齐唱《国旗国旗我爱你》

甲:作为一名中国人,看到大家亲手做出了一面面国旗,我感到无比骄傲!

合:让我们一起面对着自己制作的国旗,唱出我们对国旗的爱吧!

(四)辅导员讲话

小朋友们,这节课你们的表现真棒,此时此刻,老师和你们一样激动。老师相信通过这节班会活动课,大家对国旗有了更深刻的认识,也相信大家会从心底里更加热爱五星红旗。同学们,你们知道吗?我们胸前飘扬的红领巾,就是五星红旗的一角,它是革命烈士用鲜血染红的,让我们铭记历史,珍惜今天来之不易的幸福生活。你们是祖国的未来,也是祖国的希望,希望大家能从自己做起,从现在做起,认真对待每次的升旗仪式,好好学习,努力拼搏,为实现中华民族伟大复兴的中国梦而奋斗,让我们用自己的实际行动为国旗增光添彩!

为了弘扬民族精神,增强少年儿童的爱国主义意识,特召开本次班会,主要对一年级的小学生进行爱国主义的启蒙教育。现在的孩子对于每周升旗仪式的意义并不知晓,通过此次主题班会,学生不仅对五星红旗有了更深的了解,也增强了作为一个中国人的自豪感。班会课上,通过多种多样的活动,在他们幼小的心灵中播下一颗"爱国"的种子,激起他们的爱国意识、培养他们的爱国情感。但是由于本节队会面向的是一年级孩子,最后开展的"绘国旗"环节略有不足,因为孩子年龄小,动手能力参差不齐,因而绘制的国旗有明显差别,如果让孩子们提前绘制好,可能班会课在时间、纪律上会更好调控些。

开设班会课的目的是让学生受到一定的教育,爱是教育的灵魂,爱是教育生命力的底线,爱更是辅导员职业生存的至高境界。本节班会课主题鲜明,形式新颖、活泼,将班主任的主导作用和学生的主体地位充分发挥出来,通过精彩纷呈的系列活动,让学生参与其中。本节主题班会课能与品德教育课有机整合,围绕班会主题,设计了识国旗、升国旗、绘国旗等环节,层层递进,使学生通过听、看、唱、跳、画等方式体会到国旗的意义,爱国之情油然而生。

(点评人:合肥市卫岗小学　盛春玲)

【附】

第一面五星红旗

当见到作为国旗的五星红旗飘扬在空中的时候,你知道五星红旗是怎样诞生的吗?

那是1949年7月的一天,上海人民沉浸在刚刚解放的胜利喜悦之中。曾联松在上海现代经济通讯社任文书,得知要设计中华人民共和国国旗的消息。他想自己虽然不是专业画家,但有美术爱好的基础,决定投身到这很有意义的设计工作中。

7月的上海,炎炎夏日一片火热。曾联松为设计出最佳的国旗图案日夜挥汗伏案描绘,到了似痴如迷的程度。他为了方便设计国旗图案,特地去一家纸张店买来一大捆彩色油光纸。他根据启事的要求,每天构思、比画、画图案,拼画面,剪剪贴贴制作国旗草稿,废寝忘食,脑海里满是国旗的构图,画纸上画满国旗的图案,家中到处是国旗的草稿。

时间一天一天过去,在一个午夜,面对一堆画着各种图案的稿纸,他推开窗户呼吸新鲜空气稍作休息,抬头仰望窗外满天的繁星,忽然一个灵感在脑海里闪现:工人、农民、小资产阶级、民族资产阶级就像围着北斗的四颗小星。用红色作为国旗的基础色,代表解放、光明、热烈。想到这里,他赶快重新铺纸执笔,一遍遍重新构思,重新作画,重新剪贴……

他先剪出一个大的五角星,象征中国共产党。并以一颗大星导引于前,后剪出几颗小星环绕于后,像星拱北斗。小星象征广大人民。人民紧紧环绕在党的周围,团结战斗,走向胜利。

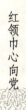

他还把五角星设计为三原色中最亮的黄色,这不仅与象征革命的红色旗面相协调,像在早晨彩霞一片中金光灿灿,色调简练而庄严大气,且表达了中华儿女的黄皮肤。但是,这组金星图案应放在红旗的什么位置呢?曾联松经过反复推敲,终于把五星挪向旗面的左上方,五个金黄色星居高临下,光彩闪耀,让人仿佛看到星光映照红色大地,灿烂而辉煌。

整个图案庄严而显华丽,简洁而不单调,雍容而具气势,明朗而不萧疏。曾联松终于觉得有了一个最佳的构图方案。高兴得手舞足蹈,兴奋不已。

曾联松前后经过一个月时间的设计构图,组织安排,最后以红色油光纸为旗帜,制成五星红旗。

1949年9月27日举行的中国人民政治协商会议第一届全体会议上,正式通过了曾联松设计的五星红旗为中华人民共和国国旗。

1949年10月1日,开国大典上,毛主席亲手升起了象征新中国诞生的国旗,这面新制特大国旗,长5米多,宽3米多。从此,五星红旗终日飘扬在天安门广场上。

我为红领巾添光彩

(合肥市卫岗小学　高群)

【背景分析】

进入小学二年级,学生基本都加入了少先队组织。但有相当一部分孩子对少先队的理解只局限于每天佩戴红领巾,大多数队员不能完整地回答出少先队的组织名称和意义,更不清楚红领巾的来历和佩戴红领巾的意义。在我们身边,经常看到这样的现象:许多队员随意取戴、戏玩红领巾,也听到少数学生抱怨佩戴红领巾麻烦等。此次队会,旨在让队员了解少先队的相关知识,激发队员对少先队的热爱之情,增强队员的光荣感和责任感,引导队员懂得从身边的小事做起,学会自理、自律和互助,争做优秀少先队员。

【队会目标】

1. 了解:了解少先队的相关知识,激发队员对少先队的热爱之情,增强队员的光荣感和责任感。

2. 践行:懂得从身边的小事做起,学会自理、自律和互助,争做优秀少先队员。

【前期准备】

1. 队员通过上网或查阅书籍等途径收集资料,了解少先队的相关知识,出一期手抄报。

2. 中队长组织、协调各小队分别排练队会活动节目。

3. 中队辅导员收集与活动相关的音乐、图片等资料,制作课件,带领队员布置教室。

【队会过程】

(一)中队长宣布二(5)中队"我为红领巾添光彩"主题队会准备开始

中队长:全体起立、稍息、立正,各小队整队、报告人数。

1. 各小队整队、报数

小队长:第一小队队长跑到小队前面:"稍息、立正、报数!"队员:1、2、3……

2. 小队长向中队长报告人数

小队长跑步到中队长面前,互相敬队礼后,"报告中队长,第一小队应到队员 12 名,实到队员 12 名,报告完毕!"

中队长:"接受你的报告,请回!"

第二小队……

第三小队……

第四小队……

3. 中队长向中队辅导员报告人数

(中队长转身面向中队辅导员立正、敬礼:报告中队辅导员,二(5)中队应到队员 51 人,实到队员 51 人,主题中队会"我为红领巾添光彩"准备完毕,请您批准!并邀请您参加!中队辅导员佩戴红领巾面向中队长回礼:接受你的报告,批准你们召开"我为红领巾添光彩"主题中队会,并预祝队会圆满成功!)

(二)宣布队会正式开始

中队长:下面我宣布合肥市卫岗小学二(5)中队"我为红领巾添光彩"主题中队会现在开始!

(三)出旗!敬礼

(全体立正!——礼毕)

(四)齐唱《中国少年先锋队队歌》

文娱委员到台前担任指挥,唱完后,中队长宣布:请坐下!

(五)队会主要内容

中队长:让我们以热烈的掌声有请主持人上场。(主持人由男女两名队员担任,下文分别以甲、乙称呼)

活动一　红领巾,我戴上

甲:队员们,当你看到今天的主题队会的题目时,你可曾记起我们入队时的情景?

乙:让我们一起跟随镜头去看一看吧!(课件播放队员们入队时的照片,配乐《红领巾胸前飘》)

甲:这些生动的照片一定勾起了大家的美好回忆,那一天是多么兴奋,多么难忘啊!我们戴上了鲜艳的红领巾,成为了一名光荣的少先队员,让我们一起分享戴上红领巾的喜悦与自豪吧!请欣赏诗朗诵《那天,我戴上了红领巾》。

那天,我戴上了红领巾

小喜鹊,喳喳叫,
红红的太阳当空照,
美丽的鲜花对我笑,
我的心儿乐开了花。
穿上漂亮的校服,
别上美丽的发卡,
带上五彩的气球,
我蹦蹦跳跳来到学校。
站在鲜艳的队旗下,
光荣地戴上了红领巾。
队旗迎风飘扬,
队歌整齐嘹亮,
鸽子从蓝天飞过,
红领巾的心儿飞向远方。

乙:队员们,幸福的时刻总是令人沉醉,让我们一同再次感受那幸福的时刻吧,请全体起立,立正!举起右手,紧握拳头放在耳边,一起重温入队誓词:我是中国少年先锋队队员。我在队旗下宣誓:我热爱中国共产党,热爱祖国,热爱人民,好好学习,好好锻炼,准备着,为共产主义事业贡献力量!

活动二　红领巾,我知道

甲:戴上了红领巾,就成为了中国少年先锋队的一员。中国少年先锋队具有光荣的革命传统,在中国共产党的领导下,在共青团的直接带领下,中国少年先锋队创造了六十多年的辉煌。

乙:让我们翻开历史,翻开那灿烂的篇章!

甲:请听少先队队史介绍。

第一小队队员:第一次国内革命战争时期,我们的名字叫劳动童子团,党领导的第一个少儿组织;第一把火炬在武汉、上海等地点燃。把剥削者、压迫者的轿子推翻!打倒帝国主义!打倒军阀!贫穷儿从此有了自己的家园。

第二小队队员:土地革命战争时期,我们的名字叫共产儿童团,给红军送柴、打水、擦汗、收集子弹,不怕困难,不怕牺牲,个个勇敢,打土豪,斗恶霸……红星闪闪放光彩,小小战士奔前方。

第三小队队员:抗日战争时期,我们的名字叫抗日儿童团,宣传抗日救国,侦察敌情捉汉奸,埋下地雷炸坏蛋,鸡毛信送情报,王二小的英名全国传。

第四小队队员:解放战争时期,我们的名字叫少先队和儿童团;解放区里救护伤员,国统区里散发传单,剪五星,做红花,迎接祖国解放的春天,小小报童再也不必唱忧伤的歌,因为我们推翻了三座大山。

合:1949年新中国成立了!10月13日中国少年先锋队成立了!星星火炬是我们的队旗,它引导我们为共产主义事业做好准备。烈士的鲜血染红了我们的红领巾,我们是社会主义建设的新一代,跟着共产党,跟着共青团,学习本领,磨炼翅膀,向着太阳勇敢飞翔!

乙:身为一名少先队员,你对我们的少先队有哪些了解呢?我们来进行少先队知识竞赛,大家要踊跃参与哟!

甲:下面我来说说比赛规则:当主持人说完题目后,喊开始才能抢答,否则视为犯规,请大家听好题目。

(1)少先队的创立者和领导者是谁?(中国共产党)

(2)我们的队名是什么?(中国少年先锋队)

(3)少先队的队旗是什么?(五角星加火炬的红旗)队旗有什么意义?(五角星代表中国共产党的领导,火炬象征光明,红旗象征革命胜利)

(4)少先队的队礼是怎样行的?(右手五指并拢,高举头上)它代表什么?(人民的利益高于一切)

(5)少先队的作风是什么?(诚实、勇敢、团结、活泼)

(6)少先队员的标志是什么?(红领巾。它代表五星红旗的一角,是由革命先烈的鲜血染成的。每个队员都应该佩戴它和爱护它,为它增添新的荣誉。)

(7)中国少年先锋队成立于哪一年?(1949年)

活动三　红领巾,我爱护

甲:作为一名少先队员,让胸前的红领巾更加鲜艳是我们应尽的责任。要想为红领巾增添光彩,我觉得光懂得少先队知识还远远不够,我们应该将知识付诸行动。赶快来看看下面这些同学的做法吧!边看边想:谁做对了?谁做错了?为什么?请欣赏小品《谁对谁错》,掌声欢迎!

谁对谁错

旁白:小红和小明都是新队员。(表演的两人先自己介绍一下。我是小红,我是小明。)

旁白:他们每天早上起来是这样做——

(两人表演)小红把红领巾系好后对着镜子进行检查;小明则匆忙地把红领巾塞进书包就出门。

旁白:晚上睡觉前,他们是这样做——

(两人表演)小红把红领巾摘下挂在椅背上才去睡觉;小明则把红领巾一扔了事。

旁白:课间的时候,他们是这样做——

(两人表演)小红见别人摔倒,马上过去把他扶起来。别人感谢她,她说:"不用谢,是红领巾叫我这样做的。"小明则玩球玩得满头大汗,扯下红领巾来擦汗。

乙:看了刚才的小品,你知道谁对谁错?我们该怎样爱护红领巾呢?那么我来现场采访一下。(随机采访3人)

甲:鲜艳美丽的红领巾,骄傲自豪的红领巾,我们要像珍爱自己的眼睛一样爱护它。

乙:现在就让我们来一场佩戴红领巾比赛吧,让我们比比谁是红领巾系得最快最好的队员!

甲:我来宣布比赛规则:(1)每小队派1名队员参赛;(2)在规定的时间内把红领巾佩戴好;(3)要求:戴得快,最规范、最美观。

乙:请我们的辅导员老师为我们评选出优胜选手并颁奖。

甲:胸前的红领巾,激励我们更加奋勇前进,让红领巾在我们胸前飘动得更红更艳!请欣赏诗朗诵《我爱红领巾》。

我爱红领巾

它那通红通红的颜色

听老师讲

它是红旗的一角

为了防止弄脏

我每周都要把它洗得干干净净

我戴着它

蹦蹦跳跳踏进撒满阳光的校园

欢欢喜喜迈向金灿灿的田野

如果路上遇到能帮忙的事

也会赶快冲上前

它系住我的脖子

似一面旗帜

我不感到任何束缚

只觉得有只手

一日日将我托起

好像要能够到那片蓝蓝的天

活动四 红领巾,我添彩

乙:在我们身边,有许多少先队员用自己的行动为红领巾增添了光彩,请看一组图片。(出示图片,配乐)

班务小帮手:把桌子摆整齐,把椅子放到桌子下,整理讲桌,擦黑板,整理书架。

同学好帮手:指导同学读书,辅导同学作业,帮扶摔倒的同学。

校园清洁工:捡拾校园内垃圾,还校园清洁。

校园小卫士：劝阻不良使用红领巾现象：用红领巾做游戏捉迷藏,用红领巾擦桌子,将红领巾塞在口袋里,红领巾戴歪了,红领巾掉地上了。

甲：以上这些队员,他们讲文明,懂礼貌,爱清洁,讲卫生,乐助人,为咱们的红领巾增添了光彩,是咱们学习的榜样。有一首歌,正好体现了咱们少先队员的优秀品质,赶快来听听吧！请欣赏歌曲《咱们从小懂礼貌》。

乙：亲爱的队员们,为了让我们胸前的红领巾更鲜艳,你可以为我们的红领巾做什么？（发红领巾添彩卡,记录下自己可为红领巾添彩所做的事）

甲：此时,你最想对胸前那鲜艳的红领巾说句什么话？

队员1：红领巾,我将会像爱护我的眼睛一样爱护你！

队员2：我会努力学习,让胸前的红领巾更加鲜艳、灿烂！

队员3：我会争取当一名文明的少先队员,讲卫生,守纪律。

队员4：我会尽我最大的努力,帮助有困难的同学。

乙：这是同学们发自内心的呼唤,更是对红领巾的承诺啊！

甲：红领巾是五星红旗的一角,是少先队员光荣的标志。让我们从身边的小事做起,为红领巾增添光彩！请大家合唱《红领巾之歌》。

(六)中队辅导员讲话

队员们,这次主题中队会开得非常成功。通过这次活动,我们对红领巾有了全新的认识,对少先队有了更深入的了解。希望大家从现在做起,从身边的小事做起,讲文明、懂礼貌、爱清洁、讲卫生,诚实守信、尊敬老师、团结同学、孝敬父母,在家里做一个好孩子,在学校做一个好学生,在社会上做一个好公民,为胸前的红领巾增光添彩！

(七)呼号

中队长：全体起立！右手握拳！请辅导员领呼！

辅导员：准备着,为共产主义事业而奋斗！

队　员：时刻准备着！

(八)退旗！敬礼！奏乐

(九)中队长宣布主题中队会结束

中队长：我宣布二(5)中队"我为红领巾添光彩"主题中队会到此结束,欢送各位领导和嘉宾！

队员们经常听到"红领巾是红旗的一角,是烈士的鲜血染红的"这句话,但缺乏真实的体验。现实生活中,不爱护红领巾的现象比比皆是:用红领巾擦汗,把红领巾当抹布,用红领巾打闹等。鼓励队员们热爱红领巾,明白红领巾是光荣的标志,首先就要让他们了解红领巾的来历。因此,我引导学生分小队搜集相应的少先队知识,并用自己的方式向队员们展示少先队的光荣历史,让队员们在了解红领巾的来历和学习少先队历史的过程中体验做一名少先队员的光荣与自豪感。再通过知识竞赛,进一步强化队员们对少先队的认识。如何让队员珍惜、爱护红领巾呢?仅凭空洞的说教收效甚微。我安排了小品表演、佩戴红领巾比赛、诗朗诵、歌曲演唱、图片展示、书写心声等活动,让学生在喜闻乐见的形式中,获得启迪,知晓今后努力的方向,懂得要从身边的小事做起,为红领巾增添光彩,争做优秀的少先队员。不过,改变部分队员不爱护红领巾的行为,仅仅依靠一次活动是不够的,不能忽视队会后续的教育过程,它是队会教育的进一步延续与发展。我们可以围绕"我爱红领巾"这个主题,开展多层次的教育活动,比如:学唱红领巾歌曲、讲讲红领巾故事、开展红领巾达标比赛等,真正使学生树立起"我是光荣的少先队员,我要为红领巾添光彩"的意识。

本次主题中队会针对二年级的学生,能注意学生的年龄特征,紧密联系学生的实际生活,形式多样,寓教于乐。回忆戴上红领巾的幸福时光、知晓少先队的光荣历史、爱护鲜艳的红领巾、努力为红领巾添光彩四个板块的设计,合理有序、层层深入。队员们在活动中了解了少先队的相关知识,懂得了做一名合格的少先队员就要从身边的小事做起,爱学习、讲文明、爱劳动、守秩序、尊敬老师、团结同学等行为都是珍爱红领巾的表现。队会从小处、实处着手,让队员们明白了怎样做才是为红领巾添光彩。

(点评人:合肥市卫岗小学　吴正华)

党是太阳我是花

(合肥市青年路小学　汪曙红)

【背景分析】

处在新时代的儿童,对党的认识和理解还不够充分。本次主题中队会活动,以了解党的历史、党的革命传统为入口,激发爱党爱国的热情,学习党的优良传统。力图通过多样化的方式让学生参与其中,让学生对党有基本的了解,体会今天的美好生活是中国共产党奋斗努力的结果,了解党与个人的关系犹如太阳与花儿的关系,逐步形成对党的基本认知和朴素感情,并能放眼未来,自强不息,积极向上,做新世纪的接班人。

【队会目标】

1. 了解中国共产党的基本知识,初步认识党旗、党徽。

2. 分享有关中国共产党党员或者中国共产党的故事,感受党的伟大与奉献精神,从中受到熏陶。

3. 明白党和我的关系犹如太阳与花儿的关系,形成对中国共产党的热爱之情。

4. 懂得珍惜今天来之不易的美好生活,从小事做起回报党的付出,为国家的富强贡献力量。

【前期准备】

1. 制作多媒体课件。

2. 两位主持人的主持稿准备。

3. 4人一小组查找语文书、课外书或向祖辈请教有关党员或者党的故事。

4.调查父辈、祖辈或更早时期人们的生活状况。

5.材料准备:党旗、音乐、背景、图片。

【队会过程】

(一)中队会仪式

1.出旗! 全体肃立! 敬礼

2.小队清点人数

报告中队长。

中队长:(敬礼)报告辅导员老师,××班应到×人,实到×人,我们今天举办"党是太阳我是花"的中队会活动,请求您的批准。(敬礼)

辅导员:(敬礼)接受你的报告! 活动可以开始,预祝这次活动取得圆满成功!

(二)开场白

主持人甲(以下简称甲):尊敬的老师

主持人乙(以下简称乙):亲爱的同学们

合:大家好!

甲:春天的花儿,娇艳芬芳。

乙:鲜红的党旗,飘扬向上。

甲:我们是祖国的花朵,沐浴着党的阳光,党就是我们的太阳。

乙:是啊,沐浴阳光,心怀感恩。我宣布××班"党是阳光我是花"主题队会

合:正式开始!

(三)队会主要内容

活动一 观看影片,回顾光辉历程

甲:同学们,中国共产党哪一年成立? 2016年是中国共产党成立多少周年? (95年)是啊,今年是党妈妈的第95个生日。

乙:95年,火红的旗帜,高高飘扬,党妈妈指引一代又一代的人奋力前进,无私地养育着祖国的花朵,在这特殊的日子里,我们要用最特殊的方式表达对党妈妈的感谢! 请大家仔细观看《开天辟地:中国共产党诞生》,看完视频进行知识抢答,到时我们会给表现突出的同学颁发小奖状哦!

(学生观看介绍党的基本知识的影片《开天辟地:中国共产党诞生》,对

党的诞生有个初步了解。)

活动二　知识抢答,党的知识知多少

甲:刚刚同学们看得很投入,影片看完了,课前老师也让同学们多渠道搜集、了解党的知识,敢接受挑战,进行党知识抢答吗? 辅导员老师当评委。

PPT 出题:

(1)中国共产党何时成立的?(1921 年 7 月 1 日)

(2)中华人民共和国国歌是什么?(《义勇军进行曲》)

(3)中国共产党的现任领导人是谁?(习近平)

(4)中国共产党的党旗是由什么组成?(镰刀、锄头)

(中国共产党的党旗是中国共产党的象征和标志。旗面为红色,缀有金黄色党徽图案。红色象征革命,黄色的锤子(榔头)、镰刀代表工人和农民的劳动工具,象征着中国共产党是中国工人阶级的先锋队,代表着工人阶级和广大人民群众的根本利益。)

(5)五星红旗的基本含义是什么?

（旗面的红色象征革命；旗上的五颗五角星象征中国共产党领导下的革命人民大团结；星用黄色是为着在红底上显出光明，黄色较白色明亮美丽；四颗小五角星各有一尖正对着大星的中心点，表示围绕着一个中心而团结，在形式上也显得紧凑美观；旗面为长方形，长与宽之比为3∶2，五颗星在旗面左上方1/4处，旗杆套为白色。）

(6) 国徽的基本含义是什么？

（中华人民共和国国徽的内容：包括国旗、天安门、齿轮和麦稻穗。天安门图案象征着民族精神；齿轮、麦稻穗象征工人阶级与农民阶级；国徽中的五星，代表中国共产党领导下的中国人民大团结。）

辅导员老师根据学生回答的情况，作适当的介绍与补充。

活动三　分享英雄事迹，感叹革命精神

甲：中国共产党自成立以来，为改善人民生活、实现国家富强，已走过90多年的艰辛岁月，90多年，涌现出一批又一批爱国志士。

乙：你知道哪些令你印象深刻的英雄人物事迹？请在小组内说一说。交流完，每组派一名代表简单说说你们知道的事迹，别的组汇报过的故事，后面汇报的就可以不说了。

学生汇报、分享英雄人物事迹，走进党，感受党的伟大、无私的奉献精神。

活动四　党的阳光无私照耀我

甲：是啊，奉献的精神，代代相传。革命的意志，永垂不朽。

乙:回忆往昔,峥嵘岁月,党妈妈为了保护自己的儿女,奋斗不息,让她的儿女享受着阳光。结合你们采访祖辈、父辈的经历,说说我们今天的生活和过去相比发生了哪些翻天覆地的变化?

学生发言。辅导员出示相关图片作适当补充。

过去的交通和现在的交通

过去的农村和现在的农村

现代化的生活与过去生活状态的消费对比

（种田不交税，交通越来越发达。老百姓的生活越来越好，越来越方便，这些都是中国共产党给人民带来的福利。改革开放以后，人们生活上了一个新台阶，走进新时代，改革春风洒满中国的每个角落。家里有了属于自己的土地，再走一走那平坦的路，腰包也鼓了，现在国家实行九年制义务教育，上学少花钱了，要好好学习。现在平坦的水泥路交错相通，各种家用电器走进了千家万户，人们出行更方便，饮食不仅要饱还要健康……）

活动五　知党恩,用行动争做党的好孩子

甲:今天的幸福来之不易,光阴荏苒,那些历史的精彩或许不能完全复制,但却可以创造,谁是创造的主人?是我们。

乙:常怀感恩之心,带着感恩出发。党是太阳,我是花。党,给了我们温暖的阳光,给了我们和煦的春风,给了我们今天的便捷生活。

甲:党是太阳,我是花,我们要把芬芳的花香带给你,我们要把花红柳绿留给你。

乙:我们要用我们的行动回报你的爱。让我们从小事做起,用好习惯宣言回报党的爱。

甲:请大家结合自身情况,写下自己的好习惯宣言。

队员1:上好每一节课,多读课外书,搞好自己的学习。

队员2:帮父母做一些力所能及的事,如洗碗、摘菜等,做一个孝顺的孩子。

队员3:帮助同学,做一个心地善良的孩子,相互帮助是美德。

队员4:锻炼身体,身体是革命的本钱,有良好的体魄将来才能做更多服务社会的事。

……

(四)辅导员讲话

中队辅导员:同学们,今天我们××中队"党是太阳我是花"主题活动,在同学们的认真准备下,终于成功举行了。大家通过活动,了解到更多关于党的知识。老师真心希望,我们不仅能用自身的好习惯回报党妈妈的爱,还能从身边更多的小事做起,奋发向上,自强不息,长大成为国家的栋梁之材,为党续写新的篇章。

中队长:呼号,请辅导员老师领呼。

辅导员:准备着,为共产主义事业而奋斗!

全体队员:时刻准备着!

(五)宣布主题队会结束

中队长:全体立正,敬礼……礼毕!主题中队会"党是太阳我是花"活动到此结束。谢谢大家!

在此次主题队会活动中,辅导员是策划者和辅助者,学生干部和辅导员共同创意和主持,为队会做了充分的准备。良好的准备是成功的一半。精心策划后,把活动的主动权交给孩子,改变了以往中队辅导员"一言堂",学生只带着耳朵进课堂的现象。本次中队会活动,更多的是让学生参与进来,学生课前用小记者采访、查找资料、课外阅读等方式认识党、走进党,真正参与到活动中,活动将思想性、知识性、教育性有机结合起来,把同学们一步一步带入活动的高潮。学生们从分享英雄事迹中受到人文教育的熏陶,孩子们踊跃发言,参与度高,真正感受到中国共产党不论是过去的95年,还是现在,一直在无私地为我们的幸福生活努力着。最后,引导孩子们用自己的好习惯宣言表明作为一名小学生应从身边的小事做起来回报党的关爱,全员参与,互动性强,增强了队会的实效性,真正做到队会前有准备,队会上人人有参与,主动参与体验,潜移默化中增进学生对中国共产党的朴素情感。

本节课中大量采用视频和生动的照片展示,对学生的教育是比较深刻的,有效地增强了教育效果。在导入部分让学生看视频。当孩子们感受着祖国的美,国旗、国徽和党旗的美时,队会就达到充分调动学生积极性的作用。比如,通过玩"知识竞猜"游戏,让学生了解一些常识,他们也乐于积极参与。大家还搜集整理了很多过去的故事。

最后,"好习惯宣言"使活动达到高潮,让孩子真正明了爱党、爱国就是从"我"做起,从"小事"做起。使本次主题班队会达到与生活、学习相结合之目的。

(点评人:合肥市青年路小学　张颖丽)

队礼献给解放军

(合肥市青年路小学 张颖丽)

【背景分析】

青少年一代是祖国的未来和希望。未来的伟大事业需要有高素质的人才,需要有创新精神、开拓精神、斗争精神。针对一些学生娇生惯养,依赖性强的现象,缺少顽强拼搏的意志和吃苦耐劳的精神等情况。结合本班实际,我们中队特举行了"队礼献给解放军"主题队会活动。使学生了解我军的光荣传统,学习解放军英勇斗争精神,继承革命遗志,增强爱国热情,从而更加勤奋学习。

【队会目标】

1.了解:了解解放军的军旗、军徽、军装和解放军的感人故事。

2.学习:学习为人民解放军解放军严守纪律、勇敢顽强、不怕困难、全心全意为人民服务的优秀品质。

3.践行:未来的伟大事业需要有高素质的人才,需要我们有创新精神、开拓精神、斗争精神。从实际出发,让队员自己参与,自己表演,在活动中接受教育,受到锻炼。

【前期准备】

1.各小队通过参观省军区、网络查询、观看影片等调查了解解放军的生活状况,感受解放军严守纪律、勇敢顽强、不怕困难、全心全意为人民服务的优秀品质。在教室里出展出一期以"队礼献给解放军"为主题的手抄队报。

2.各小队就收集资料做交流,由中队长分工做好队会资料展示的汇报排练。

3.制作爱心卡或者祝福语。

4.制作队会PPT、布置教室。

【队会过程】

(一)中队长宣布开始

中队长宣布四(8)中队"队礼献给解放军"主题队会准备开始:中队长:全体起立,稍息、立正,各小队整队、报告人数。

1.各小队整队、报数

小队长:第一小队队长跑到小队前面:

稍息、立正、报数!队员:1、2、3……

2.小队长向中队长报告人数

小队长跑步到中队长面前,互相敬队礼后,报告中队长,第一小队应到队员8名,实到队员8名,报告完毕!

中队长:接受你的报告,请回!

第二小队……

第三小队……

第四小队……

3.中队长向中队辅导员报告人数

中队长转身面向中队辅导员立正、敬礼:报告中队辅导员四(8)中队应到队员32人,实到队员32人,主题中队会"队礼献给解放军"准备完毕,请您批准!并邀请您参加!中队辅导员佩戴红领巾面向中队长回礼:接受你的报告,批准你们召开"队礼献给解放军"主题中队会,并预祝队会圆满成功!

4.宣布队会正式开始

中队长:下面我宣布合肥市青年路小学四(8)中队"队礼献给解放军"主题队会现在开始!

5.出旗!敬礼

(全体立正!——礼毕)

6.齐唱《中国少年先锋队队歌》

(文娱委员到台前担任指挥,唱完后,中队长宣布:请坐下)

(二)队会主要内容

中队长:让我们以热烈的掌声有请主持人上场。(主持人由男女两名队员担任,下文分别以甲、乙称呼)

甲：同学们，你们认为谁是我们身边最可爱的人？

队员：爸爸、妈妈、老师、解放军……

乙：谁来说一说你心目中的解放军？

活动一　认识解放军（多媒体出示）

出示国旗、军旗的图片，引导学生观看。

1. 出示国旗图片

甲：你们知道这是什么吗？它代表什么？

2. 出示军旗图片

乙：这是什么？它又代表什么？

（代表一支军队——中国人民解放军）

甲：同学们，你们知道建军节是什么时候吗？

3. 观看《建军90周年阅兵仪式》片断

乙：看完了阅兵仪式，你觉得解放军怎么样？为什么解放军叔叔走得这么整齐、威武？

4. 请欣赏课本剧《珍贵的教科书》

甲:课本剧让我们重温了那悲壮的一幕。

乙:课本剧激起了我们心中的斗志,为成为现代解放军而努力。

5.请欣赏诗歌朗诵《七律长征》

七律长征

红军不怕远征难,万水千山只等闲。

五岭逶迤腾细浪,乌蒙磅礴走泥丸。

金沙水拍云崖暖,大渡桥横铁索寒。

更喜岷山千里雪,三军过后尽开颜。

乙:听着听着,一座座丰碑在我们心中树立。

甲:听着听着,一份份感动在我们心中涌动。

乙:我知道大家都迫不及待地想上来展示你们准备送给解放军叔叔们的礼物了。谁先来?

(生上台展示:小卡片、手抄报、图画、模型等,并说出他们对解放军表示敬佩、感谢或激励的话语)

甲:从解放军叔叔的身上,我们找到了前进的方向。

乙:从历史小英雄的身上,我们找到了前进的动力。

合:让我们走进第二乐章:缅怀小英雄。

活动二 缅怀小英雄

甲:听!红星闪闪,脚步声声!

那是我们的同龄人,战争时代的小英雄向我们走来。

乙:请欣赏课前各位队员收集的小英雄的故事。

(生上台讲故事《两个小八路》)

甲:小英雄们的事迹告诉我们:什么是英勇机智,什么是无私无畏。

乙:让我们用歌声来表达对他们的怀念。

(儿歌串唱:《红星歌》《歌唱王二小》)

甲:一个个故事,说不完我们的思念;

乙:一首首赞歌,说不完我们的崇敬;

合:让英雄永远留在我们心中,伴在我们身旁,激励我们成长。下面进入第三个乐章:献队礼,表爱心。

活动三　献队礼　表爱心

甲：戴上了红领巾,成为了一名光荣的少先队员,队员们时刻没有忘记入队时立下的誓言。同学们,你们是以怎样的实际行动向解放军学习的?下面请同学们交流。

乙：刚才同学们纷纷表达了自己向解放军学习的决心。大家要记住自己的话,从小事做起,从自己身边的事做起,用实际行动为红领巾添光彩,争做新时期的阳光少年。请听发自同学们内心的声音:齐唱歌曲《学做解放军》。

甲：我们想做解放军。来,让我们向解放军敬个标准的队礼吧!

乙：少先队的敬礼是右手五指并拢,高举过头,表示人民的利益高于一切。人民的利益高于一切,是因为人民最伟大,人民创造财富,人民创造文明,人民创造历史。(敬礼! 礼毕)

全体同学起立,面对国旗庄严宣誓:

> 我是中国少年先锋队队员,我在队旗下宣誓:
> 我热爱中国共产党,热爱祖国,
> 热爱人民,好好学习,好好锻炼,
> 准备着,为共产主义事业贡献力量!

(三)中队辅导员讲话

同学们,中国军人以自己崇高的职责和形象让世界人民看到了中国军旗的光辉,让我们感受到军旗在心中飘扬。我们要向解放军行队礼,向军旗敬礼。祝愿伟大的解放军更加威武,更加强大。祝愿伟大的祖国更加繁荣昌盛。

(四)退旗仪式

1.呼号

中队长:全体起立！右手握拳！请辅导员领呼！

辅导员:准备着,为共产主义事业而奋斗！

队员:时刻准备着！

2.退旗！敬礼！奏乐

3.中队长宣布主题中队会结束

(中队长:我宣布四(8)中队"队礼献给解放军"主题中队会到此结束,欢送各位领导和嘉宾。)

这节队会课,在设计思路上体现出工夫在幕后。现在的孩子生活条件非常优越,校园活动也是多彩多姿,而这幸福生活是怎么来的,孩子们并不知晓,因此,在队会召开之前,需要做大量工作,去参观省军区,去查找资料,感受解放军的精神品质。

这次活动使学生更进一步了解到我军的光荣传统,清楚地认识到人民解放军是伟大祖国的忠实捍卫者,是爱党、忠于祖国的典范,增强了他们对解放军的崇敬心情。使学生真正懂得"没有一个人民的军队,便没有人民的一切"这个真理,要热爱解放军。由于我们在教育中运用了较完整的思想教育素材,有力地进行革命传统教育,又以最佳的教育效果影响少年儿童,所以在他们幼小的心灵树立了爱党、爱国、爱人民解放军的丰碑,使我班学生的思想素质、精神面貌焕然一新。

本节队会的设计召开是针对四年级的孩子,这个年龄段的孩子开始有了自我意识,有一定的社会认知性,但是在城市长大,缺少顽强拼搏的意志,缺少吃苦耐劳的精神。"队礼献给解放军"这节队会的方案设计有利于培养孩子们这些精神品质：

（1）丰富的内容，感受军人品质。有朗诵，有交流，有小品，有游戏，有欣赏，内容形式很丰富。整个队会开展得有声有色，既锻炼了学生的听说能力、组织能力、编演能力，又让学生感受解放军顽强拼搏的精神。

（2）以学生为主体，辅导员充分放手。班队的设计采用篇章的方式，把班队会设计方案变成了剧本，把教室变成了舞台，而学生是舞台上表演者，真正做到了辅导员是倾听者，点拨者，学生是主体。整个过程是学生主持、全员参与的过程，是学生真实的思想内化与生成的过程。

（点评人：合肥市青年路小学　许红琼）

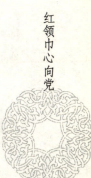

祖国富强我成长

(合肥市青年路小学 许红琼)

【背景分析】

小学生因受年龄、认知能力、学习空间、学习内容的影响,对外界事物的变化了解不多。要系统地、比较全面地了解发生在中华大地上的翻天覆地变化,所取得的令世人瞩目的巨大成就,那还有很多工作需要教育工作者去做。我们看到小学生除缺乏对祖国的了解之外,还缺乏对国家大事的关心,更缺乏建设祖国的远大志向。因此开展"祖国富强我成长"主题教育活动非常有必要,就是要通过活动让学生了解祖国的变化,更重要的是培养学生较强的国家意识、文化认同感和公民人格,做一个堂堂正正的中国人。

【队会目标】

1.通过主题队会让学生深入了解党的十八大精神以及社会主义核心价值观。知道在中国共产党的领导下,社会主义现代化建设取得了许多令世人瞩目的巨大成就,特别是改革开放以来,中国龙开始腾飞,中国走向了国际舞台,成为世界上最具发展活力、最具影响力的国家之一,感到作为一个中国人是非常光荣和自豪的。

2.懂得自己是祖国未来的建设者和接班人,培养学生的爱国情怀,要珍惜来之不易的幸福生活,要为中华民族伟大复兴、自觉承担起社会主义接班人的重任,为了祖国的繁荣富强努力学习,并为之奋斗终生。

【前期准备】

1.利用国旗下讲话做好动员工作,明确活动的意义,介绍中国取得的辉煌成就。

2.组织学生参观历史博物馆、爱国主义教育基地,了解祖国的昨天、今天,畅想祖国美好的明天。

3.开展读好书活动,组织到图书馆、网上寻找资料活动,重温中国革命艰难光辉的历程,了解中国人民英勇抗战的故事和发生在解放战争中的英雄故事。

4.开展访谈活动,请家长畅谈家乡所发生的变化,通过对比深刻领会自己所要承担的崇高历史使命。

5.做好文字、图片、照片、绘画、小报、实物等资料的收集整理工作,开展以"祖国富强我成长"为主题的剪报展示活动。

【队会过程】

(一)中队长宣布五(6)中队"祖国富强我成长"主题队会准备开始

全体起立,稍息、立正,各小队整队、报告人数。

1.各小队整队、报数

小队长:第一小队队长跑到小队前面:

稍息、立正、报数!队员:1、2、3……

2.小队长向中队长报告人数

小队长跑步到中队长面前,互相敬队礼后,"报告中队长,第一小队应到队员8名,实到队员8名,报告完毕!"

中队长:"接受你的报告,请回!"

第二小队……

第三小队……

第四小队……

第五小队……

3.中队长向中队辅导员报告人数

(中队长转身面向中队辅导员立正、敬礼:报告中队辅导员,五(6)中队应到队员40人,实到队员40人,主题中队会"祖国富强我成长"准备完毕,请您批准!并邀请您参加!中队辅导员佩戴红领巾面向中队长回礼:接受你的报告,批准你们召开"祖国富强我成长"主题中队会,并预祝队会圆满成功!)

(二)宣布队会正式开始

中队长:下面我宣布合肥市青年路小学五(6)中队"祖国富强我成长"主

题中队会现在开始!

(三)出旗！敬礼

(全体立正！——礼毕)

(四)齐唱《中国少年先锋队队歌》

(文娱委员到台前担任指挥,唱完后,中队长宣布:请坐下)

(五)队会主要内容

中队长:让我们以热烈的掌声有请主持人上场。(主持人由男女两名队员担任,下文分别以主持人1、主持人2称呼)

活动一 回顾历史

主持人1:我们的祖国山川秀丽,地大物博。

主持人2:我们的祖国历史悠久,生生不息。

合:如今更是繁荣富强,成为民族之林的佼佼者。

主持人1:无论走多远,我们都不能忘记我们是中国人。

主持人2:无论到何时,我们都不能忘记我们是炎黄子孙。

主持人1:那我问问你:中国的全称是什么?

主持人2:这答案地球人都知道,我们一起骄傲地说——中华人民共和国。

主持人1:的确太简单了,那么为难你一下:古时候的中国又叫什么呢?

主持人2:古时候的中国?(挠头做思考状,摇摇头)

主持人1:不知道了吧？我们有请南宋诗人陆游告诉大家,好吗?

(同学朗诵古诗《示儿》)

主持人2:原来古时候的中国叫九州啊! 陆游真是一位伟大的爱国诗人,弥留之际仍然盼望听到祖国统一的消息。我们后人再读这首诗时心中充满了爱国之情。让我们一起深情诵读一下吧！(全班同学朗诵陆游的《示儿》)

示 儿

死去元知万事空,

但悲不见九州同。

王师北定中原日,

家祭无忘告乃翁。

活动二　祖国变化

主持人1:自古以来,人们都为祖国的统一富强而奋斗、努力着。

主持人2:中华民族五千年文明史上,无数先辈为了祖国的强盛、民族的兴旺而前赴后继,奋斗不息。

主持人1:60多年前的中国人民,生活在水深火热中,日寇的铁蹄肆意践踏着我们的国土,哀鸿遍野。

主持人2:我们如今和平幸福的生活确实来之不易。

主持人1:中国人民经过长期坚持不懈的斗争,终于站起来了。同学们,让我们再一次感受新中国宣告成立时那激动人心的一刻吧!

(播放新中国宣告成立时的视频)

主持人2:新中国的成立,使中国进入了建设的新时期,特别是改革开放以来,我们这个古老的民族从此改换了新颜。下面请看:改革开放30年来的成就。

(播放"改革开放30年来的成就"的视频)

主持人1:当然我们取得的成就远远不止这些,特别是我们身边的农村更是发生了翻天覆地的变化。请欣赏第一小队的三句半《夸夸咱的新农村》。

活动三　值得骄傲

主持人2:这翻天覆地的变化,让我们昂然屹立在世界民族之林,我们扬眉吐气了。请听第二小队的快板《祖国赞》。

祖国赞

竹板一打响劈啪,听我把祖国夸一夸。中国地大物又博,地灵人杰英雄多。

历史悠久文化灿,文明从来没间断。青铜甲骨兵马俑,聊斋志异大西游。

三国水浒红楼梦,万里长城大运河。踏平坎坷战恶魔,五千文明普凯歌。

……

飞船载人杨利伟,震惊世界是帅哥。北京奥运雄风展,汶川精神在闪烁。

喜看祖国在复兴,复兴祖国在飞腾。千言万语倾不完,千歌万曲唱不尽。千歌万曲唱不尽。

主持人1:千言万语颂不完我们对祖国母亲的赞美,千歌万曲唱不尽我们对祖国母亲的热爱。下面请看第三小队给我们带来的歌伴舞《祖国是妈妈》。

主持人2:从我们出生到现在,你知道有哪些日子值得我们铭记的?下面请听第四小队带来的"好日子介绍"。

主持人1:每个中国人都热爱自己的祖国!爱祖国,首先要去了解祖国。我想问同学们:你对祖国了解多少呢?下面就来考考你们:看谁对祖国了解得最多?

主持人2:好啊,怎么个问法呢?

主持人1:(宣布规则)咱们进行问题抢答,最快想到答案的同学请举手,答对了可是有奖品的哦。

主持人2:大家同意吗?那好,现在开始吧。

(课件出示"赞颂伟大的祖国,比比谁知道得多"的知识竞赛题)

活动四 展望未来

主持人1:我们的祖国一天比一天富强,科技一天天高速发展。这就需要更多的人才报效我们的祖国,建设我们的祖国。

主持人2:我们年纪还小,这是不是与我们没有关系呢?(齐说:不是)

主持人1:少年周恩来小小年纪就已知道"为中华之崛起而读书",请听第五小队为我们带来的故事《为中华之崛起而读书》

主持人2:是呀,我们应该从小立下大志,努力学习,实现自己的理想,报效我们的祖国。

主持人1:现在让我们来听听同学们的理想吧!(生谈理想)

主持人2:相信通过同学们的努力,我们一定会实现自己的理想,把我们的祖国建设得更加繁荣富强。请欣赏第六小队的诗朗诵《我们的中国梦》。

活动五 抒发情怀

主持人1:中国的昨天值得我们沉思。

主持人2:中国的今天充满盎然生机。

合:我们只有将个人的命运与祖国的命运紧密联系在一起,才能重铸中华文明之辉煌。最后让我们齐唱《歌唱祖国》。

(六)中队辅导员讲话

中队长:有请中队辅导员讲话。

辅导员讲话:我们的先人已经自觉承担起建设祖国的重任,现在,我们作为新时代的接班人,该严格要求自己,好好学习,将来为了祖国的繁荣富强增砖添瓦!顾炎武说过,"天下兴亡,匹夫有责。"老师今天却要告诉大家,"中华复兴,我的责任!"请同学们大声喊出这句话。

(七)呼号

中队长:请辅导员带领我们呼号!全体起立!右手握拳!面向队旗。请辅导员领呼!

辅导员:准备着,为共产主义事业而奋斗!

队　员:时刻准备着!

(八)退旗!敬礼!奏乐

(九)中队长宣布主题中队会结束

中队长:我宣布五(6)中队"祖国富强我成长"主题中队会到此结束,欢送各位领导和嘉宾!

在这次主题班会中,我们五年级教研组的全体老师集思广益,从我校学生的实际情况出发,设计出适合学生年龄特点的活动,使学生在教学活动中获得体验,激发学生的爱国情感,懂得我们今天和平的生活环境是无数革命先烈用生命换来的,今天我们能看着鲜艳的五星红旗冉冉升起,能健康、快乐的成长,是多么来之不易!我们要懂得珍惜与感恩。队会不是给学生表演,不是让学生表演,更不是表演给观众来欣赏,而是扎扎实实地进行爱国主义教育,激发学生的民族自豪感和勇于承担建设祖国重任的责任感。不足之处是活动前应多下些工夫,充分利用学校图书室、班级图书角、网络资源、实地参观等,让学生感受祖国的繁荣、富强,激发学生身为中国人的自豪感和自信心,从而更好地让这节队会在学生心中生根发芽开花。

主题队会课一定要突出其生活化特色,从学生的生活中来,再到学生的生活中去,充分利用丰富的学生生活并且予以拓展,做好主题队会课与品德教育课的有机整合,做好导行的环节,本次队会的亮点:

(1)主题明确,围绕班会主题,让学生搜集大量爱国故事、学生身边的故事等材料,并且注重培养学生搜集信息的能力、观察能力、调查分析能力等,更重要的是通过活动达到激发学生爱国情感的目的。

(2)在队会过程中,学生也更加懂得如何去表达自己的爱国热情,虽然现在学生们还小,但学生们应懂得如果有爱国之心,就要关注国内事情;如果有爱国之心,就不会说得嘴巴上惊天动地,而没有一点行动;如果有爱国之心,就会认真听好每一堂课,为将来报效祖国而时刻准备着。

(点评人:合肥市青年路小学 彭小玲)

【附】

1.好日子介绍

1997年6月30日23时59分——英国在香港一个半世纪的殖民统治宣告结束。

1999年12月20日——飘零了400多年的澳门终于喜气洋洋地回家了。

2001年7月13日——具有3000年悠久历史的城市——北京,在五个申办城市中脱颖而出,获得了2008年奥运会的主办权。

2003年10月16日清晨6时23分——我国首次载人航天飞行获得圆满成功。

2005年10月12日上午9点——举世瞩目的"神舟六号"载人飞船在甘肃酒泉卫星发射中心升空,并且发射成功。

2008年8月8日——2008年北京奥运会胜利开幕。

2010年在上海市举办了第41届世界博览会,此次世博会是中国举办的首届世界博览会。

2012年6月16日18时37分——"神舟九号"飞船成功发射,

我国首位女航天员刘洋和其他两名男航天员一起,搭载"神舟九号"飞船进入太空,并首次完成载人交会对接任务。

2.竞赛题目

(1)我国土地辽阔,她有(　　　)万平方公里。(960)形状(　　)。(公鸡)

(2)我们的国旗是(　　　)。(五星红旗)国歌是(　　　)。(《义勇军进行曲》)

(3)"中国"的全称是(　　　)。(中华人民共和国)我们国家共有(　　)个省市自治区直辖市。(34个)

(4)我国最长的城墙是(　　　)。(万里长城)

(5)我国是个多民族的国家,共有(　　)个民族。请说出其中你知道的5个民族:(　　)族、(　　)族、(　　)族、(　　)族、(　　)族……(56 汉 维 回 蒙 白)

(6)我们国家的生日是(　　　)。(10月1日)首都在(　　)。(北京)

(7)我国开凿最早、线路最长的人工运河(　　　)。(京杭大运河)

(8)我国最长的河流是(　　　)。(长江)它列世界第(　　)位。(三)

(9)我国最高的山叫(　　　),(珠穆朗玛峰)列世界第(　　)位。(一)

(10)我国现存海拔最高的宫殿(　　　)。(布达拉宫)

敬礼！辅导员

（合肥市青年路小学 彭小玲）

【背景分析】

在我国的传统中，尊师重教的观念由来已久。辅导员是教师队伍的重要组成部分，是学生思想政治教育工作的骨干力量，是学生健康成长的指导者、引路人和知心朋友，也是学校和家长沟通的重要桥梁。为培养社会主义的合格建设者和可靠接班人，为维护学校的稳定作出了重要的贡献，是保证学校教育事业持续健康发展不可缺少的重要力量。在加强学校管理、依法治校的环境下，辅导员工作显得更加重要，必须给予足够的重视。所以开展尊敬辅导员班队会活动，对教育青少年学生尊师重教，让学生懂得"国之将兴，必尊师而重教"的道理，自觉做到尊敬老师，尊重辅导员老师的劳动，接受辅导员老师的教导，服从学校及其他老师的管理有着重要的意义。学生若对辅导员老师有意见和要求，应善意诚恳地提出来，不能顶撞老师。让学生明白，师，是特殊的"长"；师生关系，是特殊的长幼关系。从这个角度讲，尊师也是敬长的表现。

【队会目标】

1.了解：了解辅导员的含义及致敬辅导员的重要性。

2.尊重：了解辅导员的内涵，把对辅导员的尊敬化为奋发向上的学习动力，做一名遵纪好学的学生。

3.学会：从身边的小事做起，尊敬老师，构建和谐的师生关系。教会学生做人的基本规则，为以后进入中学成为合格的团员做好准备。

【前期准备】

1.通过走访辅导员、问卷调查等了解辅导员日常工作状况，搜集与辅导员工作相关的事迹材料。出一期以"我爱辅导员"为主题的手抄队报。

2. 各小队就收集的资料作交流,由中队长分工做队会资料展示的汇报排练。

3. 制作爱心卡或者祝福语。

4. 制作队会 PPT、布置教室。

【队会过程】

活动一 欣赏歌曲《我爱我老师的目光》

主持人:无论是谁只要走进我们学校的大门,都会感受到同学们浓浓的尊师之情。每天清晨,执勤的同学在校门口亲切地问一声:Good morning, teacher.(老师,早上好!)这一声声亲切的问候,折射出中华民族优秀传统在当今时代所绽放出的绚丽色彩。有人说,教师是人类灵魂的工程师。是的,当我们刚入学还不懂事之际,是老师耐心指导我们如何做人、如何做事。当我们犯了错误,或是无奈之际,又是老师循循善诱地启迪我们,仿佛在我们的心灵深处点燃一盏明亮的灯,把我们的人生引向光明的彼岸。在我们学习知识的过程中最离不开的就是老师。给予我们生活、学习无微不至关怀的是辅导员老师。下面让我们来共同歌唱《我爱我老师的目光》

活动二 介绍辅导员的由来

1961 年,党中央出台专门文件,提出在各高校设立专职辅导员,并得以实施;"文化大革命"期间,思想政治工作为"四人帮"利用,辅导员的声誉遭到破坏。

1978 年,国家教委出台文件,在高校恢复辅导员制度,因"文革"前思想政治工作人才(包括辅导员)转岗严重,于是由专业教师兼职担任政治辅导员,辅导员工作不再仅仅停留在政治工作上,而逐步向思想政治教育转变。

1987 年,出台了改进和加强大学生思想政治教育工作的文件,但政治辅导员的工作定位依旧没有变。

进入 21 世纪,党和国家越来越重视思想政治教育工作,2000、2004 年分别出台文件促进大学生思想政治教育工作。尤其是 2004 年 16 号文件,拓展了辅导员职能,"帮助学生解决实际问题"作为一项职能被写进文件。

主持人:我们已经了解了辅导员的由来,接下来让我们看看辅导员的主要职责有哪些?

(1)帮助学生树立正确的世界观、人生观。

(2)帮助学生养成良好的道德品质,经常性地开展谈心活动,引导学生养成良好的心理品质和自尊、自爱、自律、自强的优良品格,增强学生克服困难、经受考验、承受挫折的能力,有针对性地帮助学生处理好学习成才、交友、健康生活等方面的具体问题,提高思想认识和精神境界。

(3)了解和掌握学生思想政治状况,针对学生关心的热点、焦点问题,及时进行教育和引导,化解矛盾冲突,参与处理有关突发事件,维护好校园安全和稳定。

(4)以班级为基础,以学生为主体,发挥学生班集体在学生思想政治教育中的组织力量。

(5)在学生中间开展形式多样的教育活动;指导大队部工作和班委会建设,做好学生骨干培养工作,激发学生的积极性、主动性。

活动三 观看《辅导员的教学生活》小剧本

主持人:接下来,让我们来观看由几位同学自编自演的小品,感受一下我们敬爱的辅导员老师平时的生活状态是如何的?(见附件)

主持人:这些都是我们辅导员日常生活中的小事,但是它使我们在点滴中感受爱的教育。下面让我们回顾一下我们学校辅导员老师在教学中的美丽身影。(出示PPT)

辅导员老师带领学生进行种植"趣园"实践活动

辅导员老师带着学生进行种植操作技能训练

活动四 谈敬师——名人小故事

主持人：看看我们的伟大领袖毛爷爷是如何尊师重教的。

1959年6月，毛泽东回到故乡——韶山，他邀请自己读私塾时的老师毛禹珠一起吃饭。席间，毛泽东为老师敬酒，毛禹珠觉得不胜荣幸，感慨地说："主席敬酒，岂敢岂敢！"毛泽东则说："尊老敬贤，应该应该！"

徐特立先生是我国杰出的革命教育家。1937年，徐老60寿辰时，毛泽东特意写贺信祝寿。他在信的开头写道："你是我二十年前的先生，你现在仍然是我的先生，你将来必定还是我的先生。"他还号召全党向徐老学习。

毛爷爷身体力行告诉我们，尊重老师是一辈子的事情，即使他当了国家主席，老师永远是他的老师。

子贡是孔子的学生，聪颖好学。一次，鲁国大夫叔孙武叔在人前贬低孔子，抬高子贡，子贡非常气愤。他当即以房子为喻，说老师的围墙高十数丈，屋内富丽堂皇，不是一般人看得到的；而自己不过只有肩高的围墙,一眼就可望尽。他还把老师孔子比作太阳和月亮,说他光彩照人,不是常人所能超越的。

孔子死后,子贡悲痛万分,在孔子墓旁结庐而居,一直守墓6年。

这正应了那句古话:"一日为师,终身为父。"古人尚且如此,我们更应该敬重我们的老师。

活动五　如何敬礼辅导员老师

主持人:细细想想,我们的辅导员老师是多么不容易,学习、生活中我们有时还会和辅导员老师发生摩擦,但实际上辅导员老师都是为我们好。同学们,你们能谈谈曾经与辅导员老师发生的小摩擦吗?例如,是否有过不尊敬老师的行为?现在你的想法又是如何的?你打算今后怎样尊敬老师?

同学A:当我犯了错误,受了老师的批评时,总是不服气,有时还要顶撞老师。其实我错了,老师批评、教育我,是在教我做人的道理。以后我一定虚心接受老师的批评教育,并积极改正错误。

同学B:我有时上课不认真听讲,经常开小差。有时还讲话,影响课堂纪律和老师的讲课,这是对老师劳动不尊重的表现。我们应该尊敬老师,上课专心听讲,独立思考,积极举手发言,认真完成作业,支持老师的工作。

同学C:我有时在校园里碰到老师觉得不好意思,就低着头从她身边走过,没有和她打招呼,这是对老师不礼貌的表现。以后在校园里我一定主动向老师问好。

主持人:同学们说得很好,也认识到我们平时言行中的一些错误,并将积极改正,做到尊师重道,爱戴我们的辅导员老师。

活动六　向辅导员献花,说感受

主持人:下面请学生代表献鲜花和送上祝福卡片。

(1)献鲜花。

(2)制作一张爱心卡,写上祝福语。

(3)辅导员代表讲话。

(4)学生代表进行发言。

活动七　班主任老师总结

个人,无论地位有多高,成就有多大,如果饮水思源,他就不会忘记老师在他的成长道路上所花费的心血。"国家兴亡,系于教育;教育兴亡,系于教师。"是教师让我们告别愚昧,是教师让我们挥别贫穷,是教师让人们智慧起来,是教师让民族振兴起来。因此,尊敬老师是一个民族文明的标志,是提高国民素质的关键,是经济腾飞的基础,是国家兴旺的根本。老师们的无私奉献、不图回报、爱岗敬业、安贫乐道、甘作人梯、愿做牛马的精神是永远值得我们学习和爱戴的。所以我们要尊敬老师,热爱老师!但尊师重教不是一句口号,而是实实在在的行动。它不仅是教师节才有的专利,而应落实到日常生活中。许多同学在教师节给老师送上贺卡以表心愿,其实,尊师不在于这些,而在于我们同学的头脑中,是否时刻都有这样一种意识,在于是否将这种意识融于自己的一言一行中。我真切希望各位同学能将今天所说的一切化为实际行动,用你们的言行来表达对老师的尊敬与爱戴。

同学们,今天是我们的毕业季,以后我们的成长道路上还会有更多的辅导员老师带领我们走向人生的每一个阶段,相信未来的你们会更加爱学习、爱生活、爱戴辅导员老师。

本次队会课通过多种形式的活动让学生们多方位了解辅导员,为孩子们树立尊师重教观念奠定了良好的基础,更为以后成为一名优秀的少先队员奠定了坚实的基础。

点评

通过伟人敬师等小故事,使学生了解我国素有"尊师重教"的传统;以丰富多彩的游戏活动为载体,引导学生以小组形式开展活动,自觉地把尊敬老师落实到行动上,从而使学生的道德水准提升到新的高度。明确怎样做才是尊师,大力表扬同学们尊师的行为,同时指出一些有违尊师的现象,从而激发同学们对辅导员老师的热爱之情,使师生关系和谐发展,教学工作顺利进行。

(点评人:合肥市青年路小学　许红琼)

【附】

辅导员的教学生活篇

一

人物：辅导员老师以及老师的学生A(男)、B(女)、C(男)

场景：老师办公室、校园一角

老师神清气爽地走上：辅导员我今年28，忙得天天难回家，学生的事情一件都不落，同学们齐声把我夸，老师呀，越看您啊，越像那居委会的张大妈。（无奈的表情）

提着公文包走进办公室，刚刚坐下，学生A垂头丧气上场。

A：老师，我不想上学啦！我觉得空有一身才气无人问，独自郁闷，何以解忧，唯有QQ。

老师：你不想上学了？不上学，你能干嘛呀？

A：我去送快递。

老师（震惊后故作镇静）：什么？送快递！你听我说啊，有理想是好的，但是也要认清现实嘛。你还没有踏入社会，还没有任何社会经验，你……

A（打断老师）：老师，我有经验，我常跟我爸一起送快递。

老师（汗颜状）：好吧，那就算你有经验，你有力气吗？你会分派货物吗？更何况你还没有自我保护能力，所以我说啊，你有时间想这些有的没的，还不如想想明天的数学考试。

A：什么？明天考数学？！

老师（激动地）：哎哟！你这样的学习状态，上对不起天，下对不起地，对不起父母，对不起学校，更对不起辛勤培养你们的辅导员啊！

A（惭愧顿悟状）：老师，您说的对，我还是好好努力，争当高富帅吧！

老师（作欣慰状）：这不就对了嘛。

二

A离开办公室，老师重回办公桌旁，还没坐稳，这时电话铃声响起。

老师(接起电话):喂,B,好好你先别哭,你等着,我马上就来。
B满脸悲伤上场。

老师:你这孩子发生什么事啦?哭成这样,这正逢毕业季,你可不能松懈啊!

B:老师,你知道什么是友谊吗?你了解失去友谊的撕心裂肺吗?我好朋友答应我,今年我毕业我们就一起考同一所中学,我每天认真看书背书写作业,就是为了和他一起上重点,我对他那么好,他怎么说不愿和我一起上就不一起了呢?(哭)

老师:哦,我明白了,原来是好朋友不理你了呀!(作语重心长状,配有肢体动作)我跟你说啊,友谊是互相的,彼此都要珍惜,与其在寂寞中友谊,还不如在学习中变态!所以,学生啊,还是得好好学习,况且你又快要毕业了,可要为自己做好打算呀!

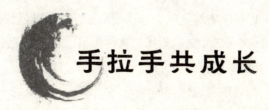

手拉手共成长

主题一　我是你的好朋友
主题二　夸夸我的好朋友
主题三　城乡孩子手拉手
主题四　相亲相爱一家人
主题五　伸出爱的手
主题六　同在蓝天下

单元目标

1. 知道班级是一个学习、活动的集体,自己是集体的一员,认识班级里的每一个伙伴,知道集体里有许多可以帮助自己的同伴,并乐于和他们交朋友,有集体观念。

2. 观察身边伙伴的学习、生活等活动,发现伙伴身上的优点,体会在交往中伙伴之间互相帮助带来的愉悦,愿意主动帮助伙伴,乐于为集体做好事,学会悦纳自己、欣赏别人。

3. 结交一个兄弟学校的小伙伴,在交往中互相了解小伙伴的生活、学习状况,学习对方的优点,克服成长中因客观环境造成的不足,在学习和生活上互相帮助,互相促进,共同成长。

4. 初步了解社会上残疾、困难群体的生活状况,关注社会上关爱残疾人的政策和活动,懂得人与人之间是平等的,尊重、理解残疾人,主动帮助、关爱残疾人和困难群体,有初步的社会责任感。

5. 知道不同群体、国家之间有合作交流的需要,懂得世界是多样的,交往需要共同学习、共同进步,初步树立开放的国际意识。

单元设计构想

"手拉手"互助活动开始于20世纪90年代初,由共青团中央、全国少工委联合有关部门共同发起,它鼓励城市和农村少年儿童手拉手、富裕地区和贫困地区少年儿童手拉手、身体健康的和残疾的少年儿童手拉手、各民族少年儿童手拉手,使不同环境、不同状况的少年儿童架起沟通的桥梁;引导少年儿童走出自我,关心他人,走出家庭,面向社会,使爱国主义、集体主义、社会主义的甘露滋润少年儿童幼小的心灵;是引导少年儿童团结互助、共同进步的一项有意义的实践教育活动。二十多年来,活动的主旨未变,但是随着时代的发展、进步,活动的内容和形式需要不断创新,特别是当下,活动的主体——孩子有了较大变化,他们生活在科技日新月异的数字化时代,而且他们大多是独生子女,甚至有的孩子的父母都是独生子女,这样的群体在成长和生活中就没有亲兄弟、亲姐妹相处的生活经历,独来独往,独住独玩,因而也孤独自闭,缺乏集体生活的经验,很难懂得主动合作分享带来的快乐,到了现实生活中,就缺乏与人进行社会交往的基本技能,缺少理解、尊重、关心、帮助他人的情感元素。

本单元版块以"手拉手"为主线设计了针对不同年级的活动主题,分别是:一年级:我是你的好朋友;二年级:夸夸我的好朋友;三年级:城乡孩子手拉手;四年级:相亲相爱一家人;五年级:伸出爱的手;六年级:同在蓝天下。六个主题既独立成章,又相互衔接,递进式发展。从低年级孩子刚刚融入校园,需要从认识伙伴、结交朋友开启孩子的社会性,到中段孩子走出校园跨校交朋友,学习伙伴的优点,帮助培养孩子的社会性,再到高段孩子,走向社会关爱、帮助别人,走出国门了解不同国家孩子的学习、生活,建立一种合作与共进意识,强化孩子的社会性。它的设计体现出这样的思考:

第一,帮助孩子们去关注自我以外、身边以外的人和事,这在当下我国城市儿童多数为独生子女的社会条件下具有十分重要的价值。

第二,帮助孩子们在与不熟悉的世界和个人交往中进一步认识客观事物,尤其是"互助"的实践使孩子们获得更多的人生阅历和体验。

第三,帮助孩子们结交更多的朋友,满足孩子们成长的需要,让孩子们在"手拉手"中领略世间万物、世界多样。

第四,帮助孩子们初步学会在收集、处理信息的过程中,发现问题、思考问题并尝试动手解决问题,掌握多样的学习方法。

可以这样说,少先队是儿童社会化的重要阵地,"手拉手"版块的活动主题紧扣"拉手",突出"互助",它以少先队特有的活动感召力,引导少年儿童走出自我,关心他人;走出家庭,面向社会;走出国门,面向未来,使爱国主义、集体主义的甘露滋润少年儿童幼小的心灵,是对少年儿童进行社会主义核心价值观教育的重要载体。

"手拉手"各版块活动均可以与《品德与生活》《品德与社会》中相关内容恰当整合,把品德课的实践部分延伸到队会中,深化品德课主题。同时,每

个班队会的召开至少需要筹备两周至一个月,有的活动甚至可以持续开展,这样才能保持活动有实际意义,达到理想的教育效果。同样,主题队会的召开要注意对孩子们进行少先队队会礼仪的训练,这往往易被大家忽视,好的队会礼仪也是教育的一种渲染,它能达到意想不到的教育效果,切不可走形式。

各版块活动可以提前在班级开展"手拉手"好朋友书信展、我给远方朋友唱支歌、寄一本好的书报或文具、为小伙伴做一件好事、有条件的可以看望一次小伙伴等具体活动,作为召开队会的素材准备。同时对残疾人、困难群体的调查、走访要有目的,最好选择身边的事例,且要量力而行,特别需要考虑的是"手拉手"是互助,不是单方面扶贫,城镇的孩子在"手拉手"活动中培养艰苦朴素的生活作风,磨炼吃苦耐劳的品质;而农村的孩子则通过"手拉手",触摸到现代生活气息,拓宽观察世界的视野。

我是你的好朋友

(合肥市卫岗小学 邓春丽)

【背景分析】

现在的孩子大多是独生子女,他们从小就生活在一个特殊的小环境中。在家里,他们与其他孩子接触的机会较少,他们感受到的是爷爷、奶奶、爸爸、妈妈的过度关心,这样的特殊环境使他们到了学校,即使他人对他们表示了关心,他们也很难感受到,就更别提让他们去关心别人了,他们缺乏处理好人际关系的认识和经验,所以在学习、生活中,经常会有各种矛盾发生。但是低年级的孩子也有做事比较主动、喜欢模仿他人的优点。为了引导我班学生认识到自己是班集体中的一员,学会和朋友交往,我们利用本次主题班会,通过自我介绍、说说好朋友、才艺展示、趣味游戏等活动形式,让他们去认识同伴,了解自己,增强交朋友的意识与技能,并在活动中引导学生寻找解决彼此之间冲突的办法,为学生在集体中愉快生活、快乐学习奠定良好的基础。

【班会目标】

1. 能在全班同学面前用流畅的语言作自我介绍并且表演自己拿手的节目。

2. 了解同伴,向朋友表达自己的喜爱之情。

3. 在班会活动中充分体验朋友生活在一起的快乐,培养学生集体主义意识。

【前期准备】

1. 才艺准备。

2.制作故事表演头饰。

3.准备情景剧、故事、游戏用具、儿歌。

4.制作班会PPT。

【班会过程】

(学生主持人上台)

主持人甲(以下简称甲):敬爱的老师们!

主持人乙(以下简称乙):亲爱的伙伴们!

甲:我是你的好朋友×××!

乙:我是你的好朋友×××!

合:大家好!(鞠躬)

甲:合肥市卫岗小学一(2)班"我是你的好朋友"主题班会

合:现在开始!

甲:蓝蓝的天空,是白云的家。

乙:清澈的河水,是小鱼的家。

合:而可爱的一(2)班,是我们——共同的家。

甲:这个家,有你、有我、有他,由我们大家共同组成。

乙:这个家,靠你、靠我、靠他,靠我们大家共同装扮!

合:我们是班级的小主人,我们都爱一(2)班。

全班齐:我爱一(2)班!

(一)听绘本故事《我有友情要出租》

甲:在集体中,友情是非常重要的,那么,什么是友情?友情能够租到吗?请听绘本故事《我有友情要出租》。(视频播放绘本故事《我有友情要出租》)

(二)相互认识,说说朋友

乙:是啊,友情是买不到的,朋友其实就在我们身边,下面让我们来相互认识一下吧。

1.自我介绍,内容包括自己的姓名、年龄、兴趣爱好等

我叫×××,今年×岁,我喜欢……(可以现场请一些同学展示一下自己的才艺,如唱歌、画画、舞蹈等)

甲:通过大家的自我介绍,我们相互之间有了初步的了解。那么你在这

个集体中交到好朋友了吗?请同学来说说自己在班级结交的好朋友的特点,让大家来猜一猜。

2.猜一猜——我的好朋友

请学生介绍自己的好朋友,其他同学猜一猜。

(三)故事表演《小黑羊和小白羊》

乙:我们在集体中结交了许多好朋友,友谊之光照亮着你我他,有两只小羊却没有相互谦让,请看故事表演《小黑羊和小白羊》。

甲:两只羊为什么都掉进河里去了?(请两位同学说说)同学们,我们可不能学这两只小羊呀!

乙:我们同学都懂得和睦相处,因为我们大家都是好朋友。

(四)情景剧表演《借笔》AB 剧

甲:大家在集体中相处,难免会有矛盾,我们该怎么处理矛盾呢?请看表演《借笔》AB 剧。

情景 A 一个同学没带笔,同桌不想把新买的笔借给他人,使得没带笔的同学不能完成学习任务。

情景 B 一个同学没带笔,同桌助人为乐把自己新买的笔借给了他人,使得这个同学完成了学习任务。

乙:同学们,你们觉得刚才的情景剧中谁做得对,为什么?(请两位同学说说)

(五)游戏——"漫漫路途"

甲:在人生的路途中不免会遇到各种艰难险阻。下面我们来做一个游戏——"漫漫路途"。

甲:游戏规则是:两人一组,第一组中的两个同学是一人用布带把眼睛蒙上,由同伴搀扶着走过各种障碍物;第二组中的两个同学眼睛都蒙上,互相搀扶着走过障碍物;第三组中的两个同学独自摸索前进,比比哪一组最先到达终点。

甲:有哪些同学愿意参与?(游戏两次)

乙:请参加游戏的同学谈谈感受。

(1)蒙住眼睛被人搀扶着走过障碍物时,你为什么走得这么快?

(2)两个同学眼睛都蒙上,互相搀扶着走过障碍物,你们害怕吗?

(3)两个独自摸索前进的同学,你们为什么这么慢呀?

(六)故事《萤火虫找朋友》

甲:是啊,朋友之间就应该互相帮助,请听故事《萤火虫找朋友》。

乙:同学们,你们知道为什么萤火虫到最后都找不到朋友吗?(请两位同学回答)

乙:萤火虫明明可以利用自己的小灯笼为朋友照明的,可他偏偏只顾找朋友,忘了朋友间相处要多为别人着想,要学会互相帮助。同学们,如果你们想拥有更多的朋友,请伸出热情的双手尽力去帮助人家吧!

(七)班级发生的实际事例

甲:是的,在我们班级,就有很多同学互帮互助,下面请小朋友来说说自己帮助别人或别人帮助自己的事,好吗?

结合班级发生的实际事例,谈谈同学之间如何友好相处,互帮,真诚地感谢一下帮助自己的朋友。

(八)"找朋友"游戏

乙:我们都是好朋友,现在让我们来找找自己的好朋友,和他拥抱一下,送上我们最真诚的祝福好吗?

(在《找朋友》的音乐声中进行,并配上舞蹈,老师也参与其中)

(九)诵童谣《我们都是好朋友》

甲:同学们,我们都是好朋友,在我们共同的努力下,相信我们班级一定能成为一个团结和睦、积极向上的班集体!让我们一起诵童谣《我们都是好朋友》。

我们都是好朋友

好朋友,手拉手,人人都有闪光点,你的优点我来学,我们都是好朋友。

好朋友,手拉手,你让我,我让你,互相谦让讲风格,我们都是好朋友。

好朋友,手拉手,彼此尊重真重要,架起你我友谊桥,我们都是好朋友。

好朋友,手拉手,你有困难我来帮,互帮互助共进步,我们都是好朋友。

乙:是啊,我们都是好朋友,在以后的学习生活中,我们手拉手,齐努力!

甲:我们共同进步,共同成长。不管前面是风是雨,我们永远都是好朋友!

乙:下面我们欢迎辅导员老师讲话!

(十)辅导员讲话

同学们,首先祝贺本次活动取得了圆满成功!通过这次班会,大家一定都明白了,只有我们互相关心,互相爱护,互相帮助,才能成为好朋友。也只有这样,我们一(2)班才能齐心协力成为一个团结互助的文明班集体。大家能做到吗?让我们一起努力做好朋友吧!谢谢大家!

合:亲爱的老师们,同学们,一(2)班"我是你的好朋友"主题班会到此结束!谢谢大家!

本次主题班会,我充分尊重学生意见,有效调动了班级中学生的参与积极性,不管是活动的策划、游戏的开展,还是情景剧与故事的表演,都由学生与家长来出谋划策,让孩子们相互帮助,小组合作找资料、做活动道具等,如遇到困难,我再为他们想办法,出点子,不断修改、完善活动内容。这次活动中,班干部的作用也得以有效发挥,他们的组织能力得到了锻炼。活动过程中全班学生情绪高涨,学生的合作意识也很强,活动过程本身就增进了同学之间的友谊,使学生懂得了朋友的珍贵,有效地突出了活动主题,因此这次班会收效非常好。但是,本次活动仍有不足之处:主要是学生参与度还不是很广,少数学生难以点燃他们心中的热情,这可能是他们年龄较小的原因,有待今后培养、锻炼。我也相信,通过这次"我是你的好朋友"主题班会的开展,我们班的同学之间定会建立起更深厚的友谊,懂得关心别人、尊重别人,为今后的团结友爱打下坚实的基础。

主题班会是班主任围绕设定的主题对学生进行教育的一种重要形式,也是学生进行自我教育的一种手段。本节班会的设计,符合一年级学生的年龄特点。刚入校不久的他们,往往以自我为中心,交际能力有待提高,集体观念比较淡薄。此次班会正是针对本班学生的现状,从小事、身边的事入手选材,让班会成为学生积极参与、敢于表现的大平台。

(1)此次班会的活动内容丰富,形式多样,突出体现了"趣中育"。班会中无论是主持词的设计,还是环节内容的选择,均能从学生的年龄特点出发,能够有效激发学生有感而发,内容丰富多彩。班会的形式多样,活泼有趣,有绘本故事视频的激趣导入,有学生毛遂自荐的才艺展示,有促进学生思考的故事表演,有充满挑战而又蕴含哲理的游戏,有鼓舞学生团结一心的童谣诵读……整节班会,学生身心愉悦,深受启发,起到了良好的育人效果。

(2)此次班会的召开展现了学生的主动性。班会召开前夕,班主任善于调动学生的积极参与意识,从活动内容和形式的选择,均有学生参与策划,尤其是善于发挥班干部的先锋作用,班会中,刚入学几个月的一年级娃娃呈现出良好的精神风貌。班会召开中,学生有屏气凝神的倾听与思考,有积极踊跃的回答,有活泼大胆的展示……学生积极主动参与的过程,实际上也是一次良好的自我教育。

(点评人:合肥市卫岗小学　王育红)

夸夸我的好朋友

(合肥市青年路小学 杨燕群)

【背景分析】

二年级的孩子可以熟练地做自己想做的事,并能把自己的想法简单地记下来。无论是写字、绘画还是课余时间的游戏,他们都能比较自如地应对。由于个人能力的提高和思维方式的改变,二年级学生的心理趋向稳定,显示出一定的个性特征,个人能处理的问题越来越多,自信心不断增强,一年级时的恐慌已经很少见到,即使遇到什么困难,也不会像一年级学生那样马上哭泣起来。同时,二年级的孩子出现了竞争意识:因为他们已经能够对自己的能力作出判断,所以当发现别人的表现比自己好或者差时,相应地会引起心理的变化。如,发现别人不如自己时,内心会感到自豪得意。这是较早出现的竞争心理。我班学生大部分是独生子女,他们看问题、想事情往往以自我为中心,还不能很好地认识自己和顾及他人感受。我发现我班学生非常乐于帮助别人,同样遇到困难时也很渴望得到别人的帮助,但对友谊的认识还较模糊,不会珍惜同学间的友谊,有时还存在一些不良想象,所以我在设计队会的时候考虑,让孩子们去观察、寻找自己和周围人身上的优点和长处,以达到取人之长、补己之短的目的,进一步提高认识能力,互帮互助。

【队会目标】

1.能认识自己的优点。

2.回忆发现同学的优点,以此来培养学生乐于观察、善于观察的习惯,能发现同学身上的优点。

3.与同伴交流同学的优点,以此来培养学生尊重他人、关爱他人的良好品质,学习他人的优点,互帮互助,从而树立集体主义观念。

【前期准备】

1. 由中队长分工做好队会资料展示的汇报排练。

2. 收集同学的长处、优点,回忆同学关心自己、帮助自己的故事。

3. 制作队会 PPT、布置教室。

【队会过程】

(一)中队长宣布二(5)中队"夸夸我的好朋友"主题队会准备开始

中队长:全体起立,稍息、立正,各小队整队、报告人数。

1. 各小队整队、报数

小队长:第一小队队长跑到小队前面:

"稍息、立正、报数!队员:1、2、3……"

2. 小队长向中队长报告人数

小队长跑步到中队长面前,互相敬队礼后,"报告中队长,第一小队应到队员 8 名,实到队员 8 名,报告完毕!"

中队长:"接受你的报告,请回!"

第二小队……

第三小队……

第四小队……

第五小队……

第六小队……

第七小队……

第八小队……

3. 中队长向中队辅导员报告人数

(中队长转身面向中队辅导员立正、敬礼:报告中队辅导员,二(5)中队应到队员 47 人,实到队员 47 人,主题中队会"夸夸我的好朋友"准备完毕,请您批准,并邀请您参加!中队辅导员佩戴红领巾面向中队长回礼:接受你的报告,批准你们召开"夸夸我的好朋友"主题中队会,并预祝队会圆满成功!)

(二)宣布队会正式开始

中队长:下面我宣布合肥市青年路小学二(5)中队"夸夸我的好朋友"主题中队会现在开始。

(三)出旗！敬礼

(全体立正！——礼毕)

(四)齐唱《中国少年先锋队队歌》

(文娱委员到台前担任指挥,唱完后,中队长宣布:请坐下)

(五)队会主要内容

中队长:让我们以热烈的掌声有请主持人上场。(主持人由男女两名队员担任,下文分别以甲、乙称呼)

活动一　共唱友谊之歌

甲:我们来自不同的家庭

乙:我们来自相同的班级

合:在这个充满爱的大家庭里,同学们乐学好思、团结共进。在快乐中成长,在耕耘中收获。

甲:47个健康、活泼、好学的孩子,好似47朵娇艳怒放的花朵,组成了二(5)这个乐观向上、朝气蓬勃的集体。

乙:我们走进同一间教室,这是一个团结奋进的班级体、一个温馨和谐的大家庭、一个生机盎然的乐园、一片纯真圣洁的心灵土壤。

甲:在这里,我们共同进步,共同成长。

乙:不管前面是风是雨,我们相信,

合:我们永远都是最好的朋友。

甲:我们生活在班级这个大集体中,同学们朝夕相处,友谊就像花儿一样在我们中间开放。

乙:是啊,友谊是多么令人向往的字眼啊！什么是真正的友谊呢?请听第一小队诗朗诵《友谊》。

甲:谢谢同学们的精彩表演。

活动二　击鼓传花话优点

甲:下面就请同学们和第二小队一起玩"击鼓传花话优点"的游戏。鼓声停的时候花落在谁手中,就请谁勇敢地站起来大声向同学们介绍一下或者展示一下自己的优点。

乙:而其他同学呢?你们要认真地听,仔细地看。如果你认为这个同学介绍的优点真是很出色,就请你们用热烈的掌声告诉他,真棒！准备好了

吗?游戏现在开始。(老师击鼓,学生做游戏。游戏当中鼓励学生通过实物投影、即兴表演等形式来展示自己的优点)

队员1:读书,讲故事,我最行!(现场讲个故事)

队员2:我爱劳动,我喜欢把班级打扫得干干净净。

队员3:我是老师的"小帮手",我要帮老师收齐作业,服务大家。

乙:同学们,我们一起学习生活了一年多,大家对同学是不是很了解呢?

活动三 同伴交流识优点

甲:下面第三小队带大家来做一个小游戏,"猜猜他是谁"。第三小队说出这个同学的特征,大家猜猜他是谁。

乙:准备好。

(1)她每次课间都督促值日生进行保洁,放学后安排同学打扫卫生,并且最后一个离开教室,为了让我们生活在干净的环境中,她始终坚持着。

放学后她打扫教室卫生

(2)每天到校后她都督促同学安静地看课外书,还自觉带领大家进行早阅读,她还是老师的小助手,帮助老师收发作业,管理纪律。

(3)她是一名女生,性格开朗,说话声音响亮,语文课上表演故事时,表演得很生动形象。(播放讲故事视频)

(4)他是个阅读小能手,读起课文来声音洪亮,并且很有感情,一年级的时候,还当过我们班的故事大王呢!

合:听……大地呼唤的声音,何时才能够散发青春,每天都是轻松的心情。

合:问……正在沉睡的人们,可想过失去生态平衡,就会失去后代的生存。

合:听……大地哭泣的声音,是在诉说受伤的爱情,渴望久违的纯洁心灵。

合:看……整天忙碌的人们,游走在尘世的眼神,竟然忽略了母亲的愁容。

合:听……大地呼唤的声音,何时才能够散发青春,每天都是轻松的心情。

合:问……正在沉睡的人们,可想过失去生态平衡,就会失去后代的生存。

合:听……大地哭泣的声音,是在诉说受伤的爱情,渴望久违的纯洁心灵。

合:看……整天忙碌的人们,游走在尘世的眼神,竟然忽略了母亲的愁容。

乙:通过大家的讨论与汇报演出,可以看出大家的环保意识和废物回收利用意识增强了。下面请辅导员讲话。

活动五 辅导员讲话,呼号

辅导员:今天的队会召开得非常成功。你们能利用生活中的各种废旧物品作为原材料,充分发挥自己的想象力和创造力,结合生活和科技知识,进行小发明、小创作。不仅通过自己的眼睛去发现美,而且能用自己的双手和智慧去创造美,每一位同学都表现得非常出色。希望你们在日常生活中能将环保进行到底。

呼号:

(中队辅导员领呼:准备着,为共产主义事业而奋斗!所有队员齐呼:时刻准备着!)

活动六 主持人宣布队会结束

退队旗;仪式结束,散会。

(鼓号齐奏,敬队礼)

　　本次队会是倡导环保与美的生活方式,因此需要把握重点,重点是让学生明白如何用自己的双手去创造美的生活。当然其主旨是变废为美,即倡导绿色环保,不可以脱离它而去追求所谓的美。"变废为美巧手秀"主题队会活动,通过同学们表演、演讲、制作展示等环节,不仅锻炼了孩子们的动手实践能力,而且激发他们热爱科学、乐于创造的热情,培养了他们的环保意识,丰富了其课余生活。

　　这次主题队会让同学们更加清楚地认识到地球生态环境的现状,激发学生对地球的保护之情,配乐诗朗诵《呼唤》更是升华了孩子们的情感。活动中,分组展示是亮点,"环保服装表演""手工展示""倡议书"等形式,适合学生的年龄特点和要求,易于为学生所接受,他们乐于参加,达到了较好的效果。整个队会的呈现,以学生为主体,辅导员为主导,使学生成为班会的主人,学生参与的积极性非常高,他们的组织能力、表达能力、应变能力、团队协作能力都得到了培养。

(点评人:合肥市青年路小学　徐红菊)

点赞创意小发明

(合肥市青年路小学 谢晓萍)

【背景分析】

创意小发明是指学生在日常学习、生活、工作中,对那些感觉用起来不称心、不方便的物品,运用学过的科学知识或者通过自己的联想和创新,设计、制造出目前还没有的更称心、更方便的新物品。当前,创意小发明已经融入人们的生活,少先队员对创意小发明充满向往,他们掌握基本的自然科学知识,并具备一定的科学探究能力,为进一步激发他们的求知欲和对创意小发明的热爱之情,培养队员自主探究与合作交流的能力,我们组织了"点赞创意小发明"主题队会。通过本次主题队会活动的开展,开阔少先队员的视野,增强他们的动手能力,使他们了解创意小发明具有为人类造福的无穷力量,从而进一步培养他们科技发明、乐于实践的求真乐学精神。

【队会目标】

1.通过网络、书籍查找资料,培养队员获取信息的能力。

2.引导队员从生活实践中发现小发明的方法技巧,激发队员探索创新的兴趣。

3.通过开展开放、自由的小发明活动,培养队员自主探究与合作交流的能力。

4.通过展示交流队员们的小发明,让队员体验创造的成就感,进一步培养他们的创新能力。

【前期准备】

1.活动前,中队组织了筹委会,人员由中队辅导员、少先队小干部组成,对"点赞创意小发明"队会的形式、程序、活动场地、器材的安排等制订计划,大家商定后按计划筹备。

2.动员全体少先队员通过各种媒体,如报刊资料、电视、网络等收集有关科普知识、科学趣闻、最新科技成果等,并分门别类做好笔记,以便活动中与同学交流使用。

3.确定队会地点(阶梯教室),准备课件及其他资料。

4.挑选主持人。从中队挑选合适人员担当队会主持人,主持人要对"点赞创意小发明"感兴趣,并且对创意小发明比较了解,同时还要落落大方,具有当主持人的基本技能。

【队会过程】
(一)中队长宣布五(1)中队"点赞创意小发明"主题队会准备开始

1.各小队整队、报数

(小队长:第一小队立正、报数!队员:1、2、3……)

2.小队长向中队长报告人数

(小队长小跑面向中队长立正、敬礼:报告中队长,第一小队应到队员8人,实到队员8人,报告完毕!中队长面向小队长回礼:接受你的报告!各小队依次报告……)

3.中队长向中队辅导员报告人数

(中队长转身面向中队辅导员立正、敬礼:报告中队辅导员,五(1)中队应到队员46人,因病请假1人,实到队员45人,主题中队会"点赞创意小发明"准备完毕,请您批准,并邀请您参加!中队辅导员佩戴红领巾面向小队长回礼:接受你的报告,批准你们召开"点赞创意小发明"主题中队会,并预祝队会圆满成功!)

(二)中队长宣布主题队会开始

中队长:我宣布五(1)中队"点赞创意小发明"主题队会现在开始,全体立正!

(三)出旗!敬礼

(礼毕,请坐下)

(四)齐唱《中国少年先锋队队歌》

(五)队会主要内容

活动一　创意小发明交流会

主持人:队员们,科技创意小发明无处不在,我们的学习、生活处处离不开科技创新。今天,我们就一起来聊聊学习生活中的科技创意小发明吧!看谁准备的科技创意小发明资料丰富,看谁的科技创意小发明更加独特,让我们一起来开动脑筋、动手实践,大胆发挥想象力。

学生1:我设计的科技创意小发明是轻巧自动拉杆书包,它结合了拉杆书包的优点,同时集成了电动控制的优点,附加了其他一些特殊功能,成为轻巧的自动拉杆书包,主要解决书包太重及上下楼不方便等问题,同时设置紧急安全报警按钮。其中,提拉把手:与正常的书包、拉杆书包一样。内置雨伞口:内置小型自动雨伞。雨伞控制按钮:按下时,雨伞自动打开;再按上时,雨伞自动收起。支架升降按钮:按下时,升降支架自动下降;再按上时,自动收起。紧急报警按钮:按下时,向设定的手机发送报警信号并开启定位功能。六轮机构:保证上下楼梯的安全性与平稳性。

(课件展示创意小发明实例)

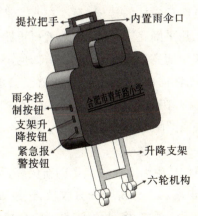

中队辅导员:队员们的小发明还真挺有意思,只要我们做生活的有心人,勤动脑、多动手,就会创造出更多的小发明。

活动二 创意小发明展示会

主持人:创意无处不在,大家只要大胆设想和创造,就一定能产生小发明成果。下面我们一起来看看队员们的创设小点子并分享其创造成果。对于上台展示的队员,我们将分发一张"笑脸卡"作为奖励,看看谁表现的最棒!请队员们从作品名称、工作原理、具体结构、使用方法、创意亮点、灵感来源几个方面交流学习。

学生2:我的创意小发明是真空储水拖把,它的工作原理:利用真空和大气压原理,借鉴钢笔吸墨器的原理,对学校的普通拖把进行改进,增加了拖把储水的功能,大大减少拖把在水房和清洁区的取水次数,实现一边拖地一边给水,提高工作效率,减轻劳动强度。

具体结构:将拖把内部上端改为可滑动拉杆,下端为真空塑料管,并内置一枚塑料小球。真空塑料管和拖把布条的连接处,是柔软的海绵,既便于进水,又避免漏水。

使用方法:开始拖地前,先按下按钮,外壳会弹开,这时将海绵放到水池或龙头下,拉动拉手,在大气压的作用下,拉杆会带动推杆把水吸上来,实现储水功能。当拖地时,海绵受到挤压,水通过塑料管传到海绵,又传到布条,最后被拖到地上,实现给水。

创意亮点:对普通拖把的这一创意改进,能减少在水龙头和清洁区域间来回取水,同时也减少路途中间的渗漏。取材简易常见且工艺简单,对其进一步完善后,预想可以实现规模化应用。

灵感来源:我负责清扫学校的楼梯,每次在水房清洗拖把后,再拿到楼梯处,拖把布条上的水几乎滴完了,拖几下地就得再跑回水房蘸水,来来回回跑好多趟,才能把楼梯拖完。我一直在思考,如何解决这个问题,让拖把既能储存水,又不漏水,在需要的时候,一挤压就能出水。当我用钢笔吸墨水的时候,突然灵光一闪,在拖把上,加装一个"大号"的钢笔吸墨器,利用大气压的原理,就能解决拖把储水和出水问题了,于是我对这一创意进行了设想和完善。

中队辅导员:队员们从生活实践中产生创新灵感,可以看出你们能大胆想象,敢于动手,成果丰富。一分耕耘一分收获,创意发明并不是一件很难的事情,只要在生活中留心观察,多动脑子,就一定会想出许多的创意亮点。

活动三 创意小发明实例台

主持人:队员们的小发明都很有创意,相信大家只要做生活的有心人,就会创造出更多的小发明。艺术源于生活,又高于生活,其实创意小发明也是这样,下面我们一起来欣赏几个很有创意的小发明实例,希望队员们能从中得到一些启发和思考。

(课件展示小发明实例)

不倒翁牙刷:牙刷刚放置时,会摇摇摆摆,直到达到一个平衡状态——就像不倒翁,既好玩又卫生。

无线USB:电脑USB插口不够用。无线USB解决了这个问题,创新的USB插头设计,插进接口的同时还作为一个USB集线器,既美观又实用。

多功能环保路灯:它利用的是太阳能和风能,起到净化空气和照明的作用。把它放到花园、路边或者街道,既可以利用储存的能量制造出新鲜空气,又可以在夜晚用来照明,非常环保。

VR翻译器:是通过VR眼镜和手机中配套的应用软件形成的。本款产品适用于听力较差的人群,使用VR眼镜就跟普通近视、远视眼镜的外形相似,不同的是镜片可以显示文字。而翻译APP则利用现在较为成熟的手机和互联网功能。在眼镜架上有一个开关按钮,使用方法:(1)在手机上安装翻译APP。(2)戴上眼镜,打开翻译器,别人说话的内容会录入APP,并转化成文字传接到你的镜片上。

自动记分球:它的外层有一层薄如纸的薄膜,它坚韧无比。记分球的内层有一些很小的记分感应器,扔到固定的地方就可以记一分,在记分球上有一个电子显示屏,它可以显示获得的分数。当犯规时,它可以发出警报声,犯规的一方就会被扣分。

(队员们举手交流自己的感受……以上这些趣味创意不仅开阔了大家的视野,而且提高了人们的生活质量。)

(六)辅导员讲话

同学们,今天的"点赞创意小发明"队会大家表现得积极踊跃。这次活动丰富了我们的科技知识,激发了我们学科学的热情。大家对创意小发明表现出来的热情让我很感动,希望同学们在课外继续爱科学、学科学、用科学。为了把这次成功的活动记载下来,也为了让更多的同学有表现的机会,建议大家课后以"点赞创意小发明"为主题制作一期手抄报。创意小发明是一件人人能做的事,也是一项趣味无穷的实践活动。只要大家用心观察周围的事物,善于发现问题,提出问题,大胆探索,动手实践,勇于突破条条框框的束缚,就会有所创新,有所发明。

(七)呼号

(八)退旗!敬礼!奏乐

(九)中队长宣布主题中队会结束

本次队会以"点赞创意小发明"为主题,引导队员观察发现身边生活的不便,从找缺点入手开拓思路,进行创新改进。在活动中,队员们自主探究、合作交流,充分感受创新的乐趣。但活动结合主题的情境创设不够丰富,只是课件逐一展示不倒翁牙刷、无线USB、多功能环保路灯等小发明物品,队员们未能得到真实的情感体验。创意小发明无极限,一节队课,只会让队员们初步形成创新意识。他们对创新的方法技巧领会还不足,需要不断实践和体验。

本次队会,辅导员带领学生精心策划,积极准备,做到以生为本,鼓励学生运用学过的科学知识或者通过自己的联想和创新,设计、制造出目前还没有的更称心、更方便的新物品,充分培养学生的动手动脑能力。队会中的"创意小发明交流会""创意小发明展示会""创意小发明实例台",层次鲜明,每一个环节都取得显著效果。学生在活动中互相合作、探究,发现了小发明的方法技巧,激发了他们探索创新的兴趣。他们的创新意识增强了,创新能力提高了,队会取得圆满成功。

(点评人:合肥市青年路小学 刘让宏)

互联网＋你我他

(合肥市青年路小学　范晓燃)

【背景分析】

信息化技术已经渗透到社会的各个方面。教育领域中,一场信息化的颠覆性变革正在悄悄发生。互联网具有高效、快捷、方便传播的特点,在现今中小学生的学习和生活中发挥着不可替代的重要作用,并成为中小学生们学习的好帮手。互联网不仅有利于提高中小学生上网学习和交流的能力,帮助孩子们增长知识、开阔视野、启迪智慧,而且能更有效地激发孩子们的求知欲和好奇心,更能促使他们养成独立思考、勇于探索的良好行为习惯。

互联网给我们带来很多的新鲜事物:E－mail、微信、QQ等新鲜名词都出现在我们日常的生活中,网上冲浪成为许多学生课余的一大爱好。网络给我们的生活带来了新的变化,这个世界的信息传播更快了,人们的生活更丰富多彩了。可网络在给我们带来便利的同时,也带来了许多值得全社会共同关注的问题,比如学生沉溺于网络游戏、留恋于网吧等问题。六年级学生正值世界观、人生观形成的关键时期,面对五彩纷呈的网络世界,如何引导学生正确利用网络资源,以发挥网络的积极作用显得至关重要。今天就让我们以主题队会的形式,一起探讨如何利用网络这把双刃剑。

【队会目标】

1.认知目标:通过主题队会,使同学们清楚网络的利与弊,健康浏览网上信息,自觉避开不健康的信息。

2.情感目标:加强中队内学生网络管理、网络引导,利用网络对学生进行德育教育,正确引导青少年。

3.行为目标:学生能够独立构思,积极参与,使此次队会活动切实起到宣传作用。

【前期准备】

视频《小学生互联网使用行为调研报告》。

【队会过程】

(一)中队长宣布六(1)中队"互联网+你我他"主题队会准备开始

1.各小队整队、报数

(小队长:第一小队立正、报数!队员:1、2、3……)

2.小队长向中队长报告人数

(小队长小跑面向中队长立正、敬礼:报告中队长,第一小队应到队员8人,实到队员8人,报告完毕!中队长面向小队长回礼:接受你的报告!各小队依次报告……)

3.中队长向中队辅导员报告人数

(中队长转身面向中队辅导员立正、敬礼:报告中队辅导员,六(1)中队应到队员46人,因病请假1人,实到队员45人,主题中队会"互联网+你我他"准备完毕,请您批准,并邀请您参加!中队辅导员佩戴红领巾面向中队长回礼:接受你的报告,批准你们召开"互联网+你我他"主题中队会,并预祝队会圆满成功!)

(二)中队长宣布主题队会开始

中队长:我宣布六(1)中队"互联网+你我他"主题队会现在开始,全体立正!

(三)出旗!敬礼

(礼毕,请坐下)

(四)齐唱《中国少年先锋队队歌》

(五)队会主要内容

主持人:在本学期开始的时候,我听说了这样一件事,某学校的一名六年级学生由于假期玩网络游戏上瘾,以至于开学后几次逃学上网,为了满足上网所需费用,他去别人家里偷盗。再后来他又联合几个和他一起上网的网友实施抢劫。这位学生虽最终未得逞,但这件事情也反映出学生上网的

一些问题。现在请大家观看视频《小学生互联网使用行为调研报告》。(大屏幕出示)

主持人:互联网为我们提供了丰富的信息资源,创造了精彩的娱乐时空,成为学生学习知识、交流思想、休闲娱乐的重要平台。它增进了我们与外界的沟通和交流,但互联网犹如一把双刃剑,其中一些不良内容也极易对学生造成伤害。那么学生上网到底是利大于弊还是弊大于利?网络究竟带给了我们什么,我们应该如何对待网络呢?今天就让我们一起睁开慧眼看网络。

活动一　辩论上网的利与弊

同学们对学生上网利弊问题各持己见,那么大家的理由又分别是什么呢?我们就此举行一个小型的辩论赛,请同学们根据自己的观点选择座位。(同学各就各位)

主持人:很好,哪几位同学愿意代表自己方同学来辩论呢?(安排辩手)辩论赛现在开始,今天的辩题是学生上网是利大于弊还是弊大于利?正方观点:学生上网利大于弊;反方观点:学生上网弊大于利。现在有请正方辩友发言。(进入双方辩论阶段,将两方辩论的关键词板书)辩论时间到,请双方作最后的总结陈词。

主持人:感谢双方辩友给大家呈现了这么精彩的辩论,大家都为自己的观点作了充分的论证,论据充足。21世纪是一个网络高速发展的时代,的确它带给我们学生的有利也有弊。

那么对学生而言到底是利大于弊,还是弊大于利呢?刚才双方辩友有个一致的观点,就是关键看我们如何利用网络,如果我们增强自控力,趋利避害,充分利用网上真正健康有利的资源,拒绝迷恋网聊和网络游戏等,就能将网络的"利"真正发挥出来。

活动二　讨论网络的危害

主持人:像刚才正方同学所说的那样,我们学生上网可以做这么多有意义的事情,可从调查报告中不难看出我们有相当一部分同学沉溺于网络聊天和网络游戏。刚才反方同学也提到这两件事情确实给我们带来了一些危害。那么我们学生应该怎样趋利避害呢?

同学1:互联网是虚拟的,有多少人因迷恋互联网而不能自拔啊!互联网游戏吞噬了多少青少年的美好年华！多少青少年因为互联网而去偷、去抢,获取金钱！互联网上随处可见的不健康东西,使多少幼小、稚嫩的心灵扭曲！

同学2:互联网使我的课余生活变得丰富多彩！我希望所有的人都能与互联网交朋友,让它造福于人类,让我们的生活变得更加充实！

同学3:互联网是神奇的,是有益的。它为我们的生活带来了极大的便利。当你有什么烦恼的时候,可千万别忘了它。试试让互联网来帮助你。

同学4:电视上常常会出现这样的镜头,许多小学生在网吧里玩游戏、聊天,还有大点的孩子在浏览不健康的信息,这些孩子明显没到18岁,网吧老板明知道18岁以下的未成年人不准进网吧,可为了赚钱,他们置法律于不顾。有些孩子通宵玩游戏,甚至因此出现精神失常或是被坏人利用。

同学5:互联网游戏,也是一个不容忽视的问题。多少青少年因互联网游戏耗费了青春,又有多少青少年因之误入歧途,甚至走上犯罪道路。我觉得应该抵制不良游戏,拒绝盗版游戏;注意自我保护,谨防上当受骗;适度游戏益脑,沉迷游戏伤身;合理安排时间,享受健康生活。

……

活动三　知识竞答《互联网知识知多少》

主持人:在听取同学们个人观点之后,下面让我们来轻松片刻。接下来,我们开展知识竞答。竞答规则是,当主持人念完题,知道答案的同学,请马上高举起你的手,看谁答得又快又准。

主持人:互联网就在我们身边,同学们,对于互联网,你了解多少？请认真听好以下题目。

1. 计算机互联网的主要目的是实现(B)
   A. 数据通信　　　　B. 资源共享
   C. 远程登录　　　　D. 分布式处理
2. 目前,Internet上IP地址约有多少个？(B)
   A. 14万　　　B. 40亿　　　C. 50　　　D. 32万
3. 防火墙有什么作用？(B)
   A. 防止发生火灾　　　　　　B. 防止黑客入侵

4."灌水"是什么意思?（C）

　　A.不断地喝很多水　　　　　　B.给互联网植物浇水

　　C.发表没有实际阅读意义的文章

主持人:我们还根据《青少年上网守则》编写了一段誓词作为我们初中生上网公约。下面请同学们站起来,举起右手一起宣誓:

　　要善于上网学习,不浏览不良信息。

　　要诚实友好交流,不侮辱欺诈他人。

　　要增强自护意识,不随意约会网友。

　　要维护网络安全,不破坏网络秩序。

活动四　总结

主持人:通过刚才的讨论,我们同学有没有信心遵守学生上网公约呢?很好,但是口说无凭,同学们想不想在老师起草的这张绿色上网承诺书上郑重地签字,向在场的老师和同学承诺我们今后要绿色上网呢?那就请我们的同学来签字吧!（学生过来签字,播放音乐）

(六)中队辅导员讲话

同学们,今天的队会让我们认识到网络给我们的生活带来了新的变化,这个世界的信息传播更快了,这个世界上的人们生活更加丰富多彩了。可网络在给我们带来便利的同时,也带来了许多值得全社会共同关注的问题。可见,网络是把双刃剑,希望大家能正确利用网络,让它更好地服务于我们,服务于我们的生活。

(七)呼号

(八)退旗！敬礼！奏乐

(九)中队长宣布主题中队会结束

(1)通过让学生积极准备主题队会,锻炼了学生的组织能力、创作能力和解决问题的能力,增强了他们的自信心。

(2)本次主题队会在形式上还可以更加灵活,让更多的学生参与。

(1)这是一节主题队会,教师应注重倾听,注重同感,注重学生心灵的碰撞、情感的体验。

(2)教师不应该对学生作强制的说理和武断的解释,必要时采用的暗示、忠告、说服等手段也力求"随风潜入夜,润物细无声",注重引导,而不要教诲、下指令等。

(3)师生之间的交流应建立在相互信任、关心、了解的基础上,教师应注重接纳,而不要批评指责。

(4)领悟是学生克服心理不适应、促进自身发展的关键,它往往伴有深刻的认识飞跃。即使学生的自我升华还比较幼稚,教师也不可越俎代庖,不可断然地概括总结。

(点评人:合肥市青年路小学　刘让宏)

乙:由刚才的活动来看大家对同学还是比较了解的。发现别人的优点时,他们是快乐的,我们也是快乐的。真是太有意思了!

甲:在这个游戏中,通过同学们的介绍,老师发现原来我们班的同学是那样优秀,有那么多优点。老师真为你们感到自豪!欣赏第四小队带来的快板表演儿歌《手拉手　好朋友》。

手拉手　好朋友

好朋友,手拉手,勤学习,爱劳动,你帮我,我帮你,团结友爱朝前走。

好朋友,手拉手,不打架,不骂人,讲文明,讲礼貌,学校纪律要遵守。

好朋友,手拉手,不骄傲,不嫉妒,你爱我,我爱你,你得荣誉我拍手。

乙:我们都是好朋友,现在让我们来找到自己的好朋友,光口头夸同学还不够,用实际行动来夸夸他吧,请欣赏第五小队小合唱《友谊地久天长》。

甲:我发现我们班的同学是那么优秀,有那么多优点。我真为你们感到自豪!这些优点像一颗颗小星星一样,在照亮我们前行的路,谁的优点多,谁得到的光亮也多。请欣赏第六小队的情景剧《三个小伙伴》。

活动四　互帮互助共进步

甲:怎样才能让我们的小星星越来越多,怎样才能让我们的优点越来越多?榜样就在我们身边——不断学习别人的优点。

乙:尺有所短,寸有所长。取长补短,相得益彰。不断学习别人的优点,我们就会不断进步。团结就是力量,我们在生活中需要发扬互帮互学的精神。欣赏第八小队带来的快板《我的好伙伴》。

甲:每年我们都会参加安徽电视台组织的"映山红"活动,同学们踊跃捐书。收到书本的小伙伴们通过电视表达了他们的谢意。(观看记者采访"映山红"活动受益的同学们的视频)

乙:看了视频,我感到,我们做的事情是多么有意义啊!虽然我们只是省下了一点零花钱,捐一些书,可对于他们来说,却有了更多可以读的书。

甲:是啊,我们生活在同一蓝天下,我们都是好朋友。

乙:无论是过去、现在,还是将来,只要你付出友爱,你一定会得到别人的关怀。

甲:要把这个世界变得更美好,需要你我他共同用友情去装点。

合:让我们高歌一曲:《我们都是好朋友》。

甲:真正的朋友会在你需要帮助的时候伸出援助之手。

乙:这就是雪中送炭献真情。

甲:真正的朋友会在你需要关心的时候送来问候。

乙:这就是人人献出一点爱,人间永远是春天。

甲:有朋友的天,真蓝。

乙:有朋友的关心和帮助,真幸福。

(六)辅导员讲话

中队长:下面请中队辅导员讲话。

辅导员讲话:同学们,我们班上每个人都有自己的长处,也有短处。同学们相处要大方,承认别人的优点,发现别人的长处,是一种友好。不要因别人的短处而贬低别人。只有这样,才能取人之长补己之短,才能使自己不断进步,不断成长,互帮互助,让自己随着优点树不断成长,成为祖国的参天栋梁。

(七)呼号

中队长:请辅导员带领我们呼号,全体起立!面向队旗。

辅导员:请举起右拳,跟我呼号:准备着,为共产主义事业而奋斗!

全体学生回答:时刻准备着!

(八)退旗!敬礼!奏乐

中队长:全体立正,退旗!敬礼!礼毕!请坐!

(九)中队长宣布主题中队会结束

中队长:二(5)中队"夸夸我的好朋友"主题队会到此结束。谢谢各位家长和老师的光临!

这次队会活动开展得非常有意义,队会结束后,队员们颇有收获,有的了解了同学的优点,有的为自己能成为别人的榜样而自豪,更多的队员增强了主人翁意识。听了队员们的心声,我非常感动。

(1)创设多种活动情境,使队会活动"实"起来。我根据学生好奇心强、模仿性强、探知兴趣浓、喜竞争求上进等特点组织开展了一系列活动。如，击鼓传花话优点，以密切联系儿童生活的主题活动或游戏为载体，引导学生实际参与活动，动手动脑，既玩了，又学习了。同时，学生学得主动、学得自然、学得快乐，成为认识的主体、活动的主人。活动真正成为教和学的中介，整个队会也更实在。

(2)提供足够多的活动时间，让全体学生"动"起来。班队会中，我们要为学生提供足够多的活动时间，让全体学生都动起来。本次队会中，在"击鼓传花话优点"活动中，我尽可能让学生多说，让多个学生说并让同学们为自己的伙伴表演；最后我向学生提出了"让自己随着优点树不断成长，成为祖国的参天栋梁"的希望。但是活动的局限性在于，游戏是花落到某个队员的手里，队员才能表演，这就导致一些不敢说话的队员得不到锻炼。

这节队会信息量比较大，辅导员针对每个板块，引导学生进行了深入、发散性的讨论。

(1)主题明确，准备充分。

教育目标既有时代性、教育性、针对性、实效性，又体现了小、实、趣的特点。二年级作为低年级，是学生行为习惯的养成和品德培养的重要时期。教育主题醒目鲜明，且贴近学生生活实际，适合对学生进行好习惯的养成教育。

(2)过程精彩，积极参与。

学生的参与度很高，在队会课中学生的脸上一直洋溢着笑容，整个队会课气氛热烈，学生们的表达力、表演力和表现力都深深感染着我。老师设计了情景剧《三个小伙伴》和快板《我的好伙伴》，相比较单纯意义上的说教，采取简单的、适合低年级学生的童话故事、表演等，则容易吸引他们的注意力，吸引他们听、看，并进一步理解其中的道理。两位小主持人的语言、动作、组织、协调、应变能力都很强。整节队会课安排得有序、严谨、流畅，令人赏心悦目，师生、生生等达到了情感的共鸣。

(点评人：合肥市青年路小学　车倩)

城乡孩子手拉手

(合肥市青年路小学　车倩)

【背景分析】

缩小城乡教育差距，促进教育均衡发展，包河区走在前列。2011年，包河区作为安徽省首批接受义务教育发展基本均衡区，积极探索办好乡村教育的新途径，将原新街小学、保兴小学、鲍岗小学整体划入合肥市屯溪路小学、合肥师范附属小学和合肥市青年路小学三所名校管理。这是包河区教育的又一创新，是实现教育公平、促进教育均衡发展的有力举措，最美乡村小学典范工程从此拉开帷幕。

2012年8月，合肥市青年路小学教育集团接管了包河区一所村小——烟墩镇鲍岗小学，并对这所村小源源不断地输入教育教学优质资源，四年内共计输送骨干支教教师二十余人，投入教育资金近四十万元，建立藏书丰富的田园书屋，组织了篮球、计算机、合唱、阅读等优质社团，鲍岗校区的田园阅读特色课程日臻成熟，最美乡村教育典范项目实至名归，吸引了屯溪路小学阳光校区、包河区思品名师工作室、香港陈一心基金会等组织前来参观学习。访客老师对最美乡村小学自信阳光、创意无限的绽美少年称赞有加。

我从青年路小学银杏苑校区到鲍岗校区支教近四年，发现城乡孩子在生活能力、学习能力、见识眼界等方面存在一定差距。城区孩子大多是独生子女，生活自理能力、劳动技能和意志品质等方面有待加强；而乡村孩子在见识眼界、自信心、与人沟通等方面也要向城市孩子学习。所以，手拉手是互助，不算是单方面扶贫，城镇孩子通过手拉手活动学习艰苦朴素的生活作风，磨炼吃苦耐劳的品质；而农村孩子则通过手拉手，触摸到现代生活，拓宽观察世界的视野。因此,城乡孩子间的交流学习在21世纪的今天,在三校区间,显得尤为重要且迫切。

在青年路小学教育集团艺术节、森林课堂、开学典礼等各类活动中,城乡间少年儿童的交流交往日渐增多。特别是在每年的鲍岗校区插秧节和收获节活动中,城里孩子通过插秧活动亲身体会到劳动的辛苦,感受到亲近自然的快乐,更明白了幸福生活的来之不易。所以,我们认为:很有必要将这样的城乡孩子间的交流活动持续而深入地开展下去,让更多的城乡少先队员参与进来,共同进步。

【队会目标】

1. 少先队员们搜集牛角大圩的图文资料,感受乡村的美好变化,激发探究自然的求知欲,培养热爱故乡的情感。

2. 通过准备才艺展示节目和制作手工礼物,城乡孩子都能充分挖掘自身潜能,认识自我,肯定自我,超越自我,获得成功的喜悦,增强自信心。

3. 通过"回眸友谊的足迹""绽美少年之我型我秀""播下友谊的种子"和"互赠礼物交朋友"四大版块,拉近城乡孩子的心理距离,增强相互了解,激发彼此真挚友谊的萌发,创造互相欣赏、互相学习的氛围。

【前期准备】

1. 活动前,少先队员自主参观牛角大圩景区,选读《桃花源的故事》《大自然中的美食》《昆虫记》《挖土机轰隆轰隆,我的家乡变了》等书籍。

2. 三校区孩子各自准备:《我们的校园》和"篮球操"表演等视频图文、才艺展示节目、播种需要的农具和种子、互赠的手工礼物。

【队会过程】

(一)中队长宣布三(6)中队"城乡孩子手拉手"主题队会准备开始

1. 鲍岗校区中队长致欢迎词

鲍岗校区中队长:报告中队辅导员,我是鲍岗校区的中队长鲍××。本次三校区少先队员的"城乡孩子手拉手"主题中队会形式特殊,参与的是我们合肥市青年路小学教育集团下的青年路校区、银杏苑校区、鲍岗校区,三校区共36名三年级少先队员,队会地点特意定在我们鲍岗校区,我们感到非常荣幸和激动。在这里,对青年路校区和银杏苑校区的少先队员朋友们的到来,表示热烈的欢迎,希望在这次中队会中认识更多的好朋友,取长补短,共同进步!

2.鲍岗校区、青年路校区、银杏苑校区三小队整队、报数
(小队长:第一小队立正、报数!队员:1、2、3……)

3.小队长向中队长报告人数
(小队长小跑面向中队长立正、敬礼:报告中队长,鲍岗校区小队应到队员12人,实到队员12人,报告完毕!中队长面向小队长回礼:接受你的报告!三小队依次报告)

4.中队长向中队辅导员报告人数
(中队长转身面向中队辅导员立正、敬礼:报告中队辅导员,三校区三年级应到队员36人,实到队员36人,三校区三年级"城乡孩子手拉手"主题中队会准备完毕,请您批准,并邀请您参加!中队辅导员佩戴红领巾面向中队长回礼:接受你的报告,批准你们召开三校区三年级"城乡孩子手拉手"主题中队会,并预祝队会圆满成功!)

(二)中队长宣布三校区三年级"城乡孩子手拉手"主题中队会开始

中队长:我宣布三校区三年级"城乡孩子手拉手"主题中队会现在开始,全体立正!

(三)出旗!敬礼

(旗手进场奏乐)(礼毕,请坐下)

(四)齐唱《中国少年先锋队队歌》

(文娱委员到台前担任指挥,唱完后,中队长宣布:请坐下)

(五)队会主要内容

中队长:让我们以热烈的掌声有请主持人上场。(主持人由男女两位队员担任,下文分别以甲、乙称呼)

活动一 回眸友谊的足迹

1.介绍最美乡村学校——青年路小学鲍岗校区

甲:你们认识"窗边的小豆豆"吗?那你们一定知道一所叫巴学园的学校。

乙:是的,巴学园是一所美丽的乡村学校,学校没有围墙,大门由两棵正在长高的大树代替;学校也没有教学楼,孩子们在废弃的电车车厢里上课;学校每年都带孩子们去森林探险、搭帐篷露营,每天都让孩子们品尝"海的

味道,山的味道",俨然一个教育的世外桃源,真是一所神奇的学校!

合肥市青年路小学教育集团鲍岗校区

甲:其实,在咱们包河区,就有这样一所乐在自然、学在田园的乡村学校——合肥市青年路小学教育集团鲍岗校区,今天咱们三校区三年级"城乡孩子手拉手"主题中队会在鲍岗校区举行。有请鲍岗校区最美小主持晓雅同学为大家介绍鲍岗校区。

晓雅同学:我们合肥市青年路小学鲍岗校区地处包河区环巢湖生态景区,毗邻被称为"北纬31度最美田园"的牛角大圩生态景区。校园外芳草茵茵、稻穗低垂、白鹭翩飞;校园内青松笔挺、校舍整洁、蟋蟀做伴,一派淡雅的田园风光,实乃最美乡村学校也!在自然田园中学习生活的我们是幸福的,我们循着四季的脚步,在大量阅读中感知、在观察自然中探究,寻找蛙声阵阵、白鹭翩飞之趣,感受田野稻花、硕果累累之香,发现白云碧空、朝露晨曦之美……

(晓雅同学PPT介绍鲍岗校区少先队员们精彩的学习生活,播放视频《我们的校园》)

2.观看课件,回眸三校区少先队员在实践活动中的友谊足迹

甲:欣赏了牛角大圩景区的美丽风光,看到鲍岗校区的少先队员们在自然田园中愉快地学习生活,我们真的是好羡慕呀!

乙:不用羡慕啦,青小教育集团就是一个相亲相爱的大家庭,三校区每年都有许多交流学习的机会。大家看!在每年鲍岗校区的播种节、收获节等活动中,青年路校区和银杏苑校区的高年级哥哥姐姐都能参与其中。另

外,乡村的少先队员们也有机会走进城市,银杏苑校区的淘宝节、青年路校区的艺术节、三校区的森林课堂等活动中,三校区的少先队员们一起相互了解、互助合作、互相学习、共同进步!这就是咱们青小精神:各美其美,美美与共!(PPT 展示《回忆美好时光》)

活动二　绽美少年之我型我秀

甲:说到"美",我不得不向大家隆重推荐一群来自青小教育集团三校区的多才多艺、阳光个性的绽美少年。

1.青年路校区——炫动篮球操表演

乙:让我们一起来猜猜他们是谁?这是一群在篮球场上挥洒汗水、顽强拼搏、意志坚定、球技超炫的追风少年。2011 年,他们在全国 U13 小篮球比赛中,获得男子组一等奖,女子组二等奖;在 2016 年合肥市春芽杯青少年篮球赛中,获得四个组别中的三个冠军……成为青小一张闪亮的体育名片,也是全校同学们的超级偶像!

少先队员们:他们就是我们青小的苗苗篮球队员们!

甲:听,是苗苗篮球队的队员在跟我们打招呼呢!原来,时光老人已经为我们与篮球队员们现场连线了,他们将在青小操场上为我们带来一段动感十足的"炫动篮球操表演",掌声欢迎!(时光老人视频实况转播青小操场上一段篮球操表演)

钰彤:哇,原来女生也可以打篮球,一点也不比男生娇气,青年路校区的苗苗篮球队员们真棒!真的是巾帼不让须眉!

蓁逸:我好想参加苗苗篮球队哟,我要拜师学艺!

……

乙:自古英雄出少年,苗苗篮球队的男女队员真是"篮球场上显身手,追风少年展雄姿"。

2.银杏苑校区——古诗吟诵《四时田园之乐》

甲:你知道吗?在我们青小教育集团里,有一所藏在都市里,却努力实践着田园教育梦想的校区——银杏苑校区,少先队员们去美丽的劳动实践基地——趣园中,循着四季的脚步,春播种,夏耕作,秋收获,冬蕴藏,令好多同龄人十分羡慕。瞧,他们来了!(时光老人通过在线视频,连线趣园里的少先队员,直播吟诵节目《四时田园之乐》)

乙：童孙未解供耕织，也傍桑阴学种瓜。

甲：采菊东篱下，悠然见南山。这样的校园好美，这样的学习生活真惬意！

……

3.鲍岗校区——绘本剧《我是霸王龙》

乙：瞧，一群热爱阅读、善于创造的绽美少年上场了，鲍岗校区的少先队员们为我们表演的是自编自导自演的绘本剧——《我是霸王龙》。

甲：哇，他们的所有道具都是用废旧纸箱制作的，霸王龙头饰、火山和大树，都栩栩如生，超赞！

……

4.三校区达人秀现场展示

乙：同学们看得是不是不够过瘾，要不要让我们在座的少先队员达人们为大家现场献艺？

甲：下面请欣赏三校区车模达人、水果变变变达人、草编达人为大家现场展示。

乙：同学们真是群情激昂、掌声雷动，在场的听课老师们也是连连点头、拍手称赞！下面我来现场采访一下作为观众的少先队员们。

思妮：鲍岗校区的草编达人太心灵手巧了，真是化腐朽为神奇呀！好想跟他们学一学！

思远：我最喜欢车模表演这个节目，太炫酷了！好想认识这几位高手哟！

听课老师：三校区同学各有所长，同学们青出于蓝而胜于蓝，老师真的很骄傲！

……

甲：咱们青小教育集团各校区真是卧虎藏龙、人才济济，这些节目让我大开眼界。还是那句老话：三校区绽美少年真是——各美其美，美美与共呀！

活动三　播下友谊的种子

1.时光老人赠送太空种子

甲：今天，我为大家请来了一位神秘人物，有请神秘人物出场！

梁老师：亲爱的小朋友们，你们好！我就是拥有神奇的时空穿梭能力的超级万人迷——时光老人。今天是一年四季中最适合播种的季节。俗话说，春种一粒粟，秋收万颗子。今天我给大家带来的可不是普通的番茄、黄瓜、辣椒和南瓜种子，而是太空种子哟，你们是不是和我一样好期待它们生根发芽、开花结果呀！（时光老人赠送种子）

2.时光老人混搭安排播种小组

乙：时光老人临走时，给了我一份神秘名单，将三校区少先队员重新分了组，我们要混搭分成"红、蓝、绿"三大播种合作小组，让我们认识一下大家的新伙伴。

3.各小队到蔬菜基地合作播种神秘种子

乙：请播种小队整队报数，列队走到教室外的蔬菜基地，在各队小旗子所在区域，播种各小队神奇礼物袋中的种子。劳动小能手们，Let's go!

（各队合作完成播种，鲍岗校区劳动小能手作为小老师，现场指导）

甲：大家干得热火朝天，各小组分工明确，各司其职，有的组劳动歌曲都唱起来了，真的是：众人拾柴火焰高！15分钟时间不到，各小组基本完成了播种任务，棒棒哒！

乙：请完成队伍整队报数，收拾好劳动工具，列队回到教室。

（各队完成播种任务，列队回教室，继续完成中队会）

活动四 互赠礼物交朋友

1.交流中队会感受

甲：春种一粒粟，秋收万颗子。让我们聊聊播种过程中，大家的感受吧！

子涵：在今天的结对播种活动中，我不仅体验了劳动的乐趣，还认识了一位劳动能手——思宇同学，他翻地、挖坑、播种技巧娴熟，一点不费力的样子，真能干！让我感受到乡村少先队员的善良纯朴、吃苦耐劳精神，我要向他学习！

晨轩：我原来以为城里孩子是温室里的花朵，都是娇滴滴的，甚至分不清五谷。今天银杏苑校区的宇航同学让我刮目相看，他在趣园里种蔬菜，不怕累不怕脏，还认识蚕豆、豌豆、大豆的种子，真厉害！

……

乙：青小大家庭就是一片美丽的学习沃土，让我们用辛勤的汗水，浇灌我们的友谊之花,他日必将结出累累硕果。

2.互赠手工礼物

甲:美好的时光总是短暂的,幸福的相聚就在明天。

乙:在今天的三校区三年级"城乡孩子手拉手"主题中队会即将结束之际,让我们怀着一颗感恩之心,找到一位你的新朋友,将自己亲手制作的小手工礼物送出。在音乐声响起的五分钟内,和他说说临别赠言吧!

(音乐《朋友》响起,互赠礼物)

(六)中队辅导员讲话

中队长:有请辅导员老师讲话。

辅导员:城里孩子,乡村孩子,我们头顶同一片蓝天;青年路校区、银杏苑校区、鲍岗校区的少先队员们,我们属于同一个青小大家庭。作为青小人,我们是幸福的!我们在篮球场上勇敢拼搏、锤炼意志;在科技活动中发挥智慧、大胆创造;在书籍海洋里畅想遨游、汲取营养;在森林课堂间探索发现、合作研学……向善、阳光、个性、博彩的绽美少年们,我们都是最棒的!

老师希望三校区孩子通过这次中队会活动,搭建一座友谊的桥梁,不断看到彼此身上闪光的品质。鲍岗校区的乡村孩子,你们勤勉能干,你们友善质朴,你们心灵手巧……老师希望你们更阳光灿烂,更自信大方,更勇于表达自我、展示自我、超越自我;青年路校区和银杏苑校区的城市孩子,你们开朗热情,你们个性阳光,你们多才多艺……老师希望三校区少先队员能建立真诚的友情,互相学习,取长补短,共同进步。在青小这片尚美教育的美丽沃土中,崇尚美、发现美、创造美,共同实践美丽的中国梦!

今天,我们在鲍岗这片自然田园里,播撒了友谊的种子。让我们用互助互学、城乡融合来浇灌这梦想的种子,让它生根发芽、茁壮成长吧!让城市中不断更新的科技新知输入农村,也让乡村那天然淳朴之风吹进城市中来,让这些美好珍贵的东西互相渗透、弥补、碰撞。这样,才能真正记得住乡愁,留得住乡情。让我们携起手来,共建美丽校园,共建美丽家园!

(七)呼号

(八)退旗!敬礼!奏乐

(九)中队长宣布主题中队会结束

本次三校区三年级"城乡孩子手拉手"主题中队会是中队会的一种创新，36名少先队员来自三校区，代表着三年级300多名少先队员来到鲍岗校区交流学习。

在欣赏了牛角大圩景区、参观了鲍岗校区、回忆了三校区少先队员们共同的美好回忆后，城乡孩子间了解加深了，心灵的距离拉近了，城市孩子对鲍岗校区亲近感倍增；紧接着，在"绽放少年之我型我秀"环节中，少先队员们各显神通展示看家本领，在同学们的鼓励认可下，乡村孩子更自信了；在随后的"播下友谊的种子""互赠礼物交朋友"环节中，城乡孩子通过合作体验活动，不仅感受到劳动的乐趣，互相学习了各自的所长，还拉近了彼此间心与心的距离，三校区一家亲的情感自然流露。

本次活动的开展，引导城市少先队员认识到自然田园的美丽，激发他们探究自然的兴趣；树立了乡村少先队员爱护家乡、建设美好乡村的信念和愿望。同时，营造了城乡少先队员互相帮助、互相促进学习的氛围；让城乡少先队员真切体验到人与人之间的平等、尊重、信任、友善、理解、宽容与友爱，收获一份真挚的友谊，形成积极的、丰富的人生态度与情感体验。不管是老师还是孩子，都受益良多！

这次中队会从环节设计、过程与活动前期准备都衔接得比较成功。活动准备阶段，三校区少先队员们在才艺展示和手工礼物的准备过程中，充分挖掘自身潜力，认识自我、肯定自我、超越自我，获得了成功的喜悦感，增强了自信心。四大活动设计活泼有趣，在"回眸友谊的足迹"环节，少先队员充分破冰，快速融入队会；在"绽美少年之我型我秀"环节，三校区达人现场吸引了一批新粉丝，互相学习从互相欣赏开始；在"播下友谊的种子"环节，城乡少先队员在劳动中互相学习；"互赠礼物交朋友"环节，少先队员们真情流露，依依惜别，友谊得到了升华，为下一次活动的开展架设了桥梁。

虽然这不是三校区少先队员们第一次在一起学习，但通过这次中队会活动，他们真正走进了对方的世界。不仅让城市少先队员感受到最美乡村学校的魅力,更让他们亲近自然、爱上田园,把勤勉上进、朴素坚毅的种子播种心间。同时,这次中队会不仅让乡村少先队员们大长见识,看到了城市科技的神奇和力量;还增强了他们的自信心,认识了一群个性阳光、多才多艺的城市朋友。这种城乡少先队员的手拉手中队会,对于合肥市青年路小学教育集团的三校区少先队员来说,是意义非凡的。这种中队会形式,也是值得提倡和借鉴的。

(点评人:合肥市青年路小学　丁芳)

相亲相爱一家人

(合肥市青年路小学 丁芳)

【背景分析】

处在现阶段的少年儿童,大多是独生子女,很多具有自私、不为他人着想、不合群等特点。中国青少年研究中心的一项调查表明,独生子女的问题大都是由他们独生的环境和周围的教育造成的,重视学生的学习和能力,而忽视学生的情感与道德培养,因此,培养孩子助人为乐、关爱他人的品质,也是顺应时代的要求。

合肥市青年路小学以"崇尚美、发现美、实践美"的尚美教育为办学理念,将培养文明有礼、乐学向上的绽美少年作为育人目标,立足教育本质,弘扬中华民族传统美德,培养少年儿童乐于助人的美好品德。本中队绝大多数队员热情开朗、有活力、乐于助人,具有一定的中队自我管理经验,他们希望帮助别人,但在实际生活中不知道如何更有效地帮助低年级的队员。本节活动课设计结合了中年级队员的特点,从队员需要出发,关注他们的思想和行为。在开展的丰富多彩的手拉手活动中,发现问题,提出改进措施并及时总结。在互助中相互提携,共同提高,感受所有队员是一家人,家人之间应该互相关爱。

【队会目标】

1. 弘扬中华民族传统美德,培养少年儿童乐于助人的美好品德。

2. 通过观察、发现、采访、与低年级同学结对子等形式,了解低年级同学学习、生活方面的困难、烦恼,引导队员学会关心、学会安慰、学会鼓励,帮助他们养成良好的学习习惯、生活习惯,并在互助中共同进步。

3.通过手拉手活动的开展,进一步加强中队间的合作与交流,互帮互助,共同发展,取得进步。

【前期准备】

1.中队队员通过调查、体验、采访、聆听、讨论,明确本中队优势。

2.分类收集、整理,分析低年级同学存在的主要问题。

3.照片、问卷调查及暗访低年级班级现状和存在的主要问题。

4.制作PPT。

【队会过程】

(一)中队长宣布四(1)中队"相亲相爱一家人"主题队会准备开始

1.各小队整队、报告人数

(小队长:第一小队立正、报数！队员:1、2、3……)

2.小队长向中队长报告人数

(小队长小跑面向中队长立正、敬礼:报告中队长,第一小队应到队员8人,实到队员8人,报告完毕！中队长面向小队长回礼:接受你的报告！各小队依次报告……)

3.中队长向中队辅导员报告人数

(中队长转身面向中队辅导员立正、敬礼:报告中队辅导员,四(1)中队应到队员50人,实到队员50人,主题中队会"相亲相爱一家人"准备完毕,请您批准！并邀请您参加！中队辅导员佩戴红领巾面向中队长回礼:接受你的报告,批准你们召开"相亲相爱一家人"主题中队会,并预祝队会圆满成功！)

(二)中队长宣布主题中队会开始

中队长:合肥市青年路小学四(1)中队"相亲相爱一家人"主题队会现在开始。全体立正！

(三)出旗！敬礼

(礼毕！)

(四)齐唱《中国少年先锋队队歌》

(可以请一名队员到台前担任指挥,唱完后,中队长宣布:请坐下)

(五)队会主要内容

中队长:让我们以热烈的掌声有请主持人上场。(主持人由男女两名队

员担任,下文分别以甲、乙称呼)

活动一　心手相牵,欢迎小伙伴

甲:习近平总书记在海淀区民族小学参加庆祝"六一"国际儿童节活动时,强调少年儿童培育和践行社会主义核心价值观,要适应自身年龄和特点。少年儿童如何培育和践行社会主义核心价值观呢?总书记对我们提出了16个字的要求,你们还记得是什么吗?

生齐答:记住要求、心有榜样、从小做起、接受帮助。

乙:如何把总书记对我们少先队员的要求落实到行动中呢?队员们都认为作为中年级的大哥哥、大姐姐,我们理所应当成为低年级弟弟妹妹的榜样。我们要从自己做起、从身边做起、从小事做起,一点一滴积累,在自己最擅长的方面,努力做最好的自己,在帮助同伴的同时携手共同进步。

甲:今天我们请到了一些小客人来参加我们的主题队会,猜猜他们是谁?让我们用掌声欢迎大家庭里的新成员,来自一(1)班的同学代表。

乙:请一年级的小同学介绍一下自己吧。

甲:谢谢一年级小同学的介绍,欢迎你们的到来,请入座。

乙:我们轻轻拉起了小手,组成了团结友爱的大家庭。

甲:让我们彼此心连心,手牵手,在今天的舞台上展示自己的风采吧!

乙:首先请听四(1)中队带来的诗朗诵《我爱我的中队》。

我爱我的中队

我爱我的中队,因为我是她其中的一员。

她是我成长的摇篮,

她让我有了无数伙伴。

我爱我的中队,因为她给我带来无限的温暖。

她是我温馨的家园,

她让我体味到了友爱的甘甜。

我爱我的中队,因为她给我带来了成功的希望。

她是我辛勤劳作的田园,

她让我品尝到了收获背后的辛酸。

我爱我的中队,因为她赋予我无穷的欢乐。

她是我成长的乐园,

她让我享受到了阳光的灿烂。

我爱我的中队,

她给我带来了数不清的美好回忆。

她,陪我学习,伴我成长。

她就像一个温暖的家。

甲:表演真精彩,说出了队员们的心声。下面请大家欣赏一年级小朋友的表演才艺秀!

活动二　自查自省,了解自身优势

甲:亲爱的同学们,不知不觉,我们已成为小学四年级的学生,在几年的锻炼中,我们变得越来越能干,学会了自理、自强、自立。通过勤劳的双手,我们创造了美好的学习生活环境。

(背景音乐响起,课件展示孩子们热火朝天地大扫除、出黑板报、抬水、有条不紊地举行队活动等画面)

乙:为了更好地帮助低年级的小伙伴,我们四(1)中队首先开展了"自问自查"活动,更清楚地了解自己的优点。下面我们一起来看一看结果。

中队　姓名:

(1)你愿意成为低年级弟弟妹妹的榜样吗?(　　)

　　A.愿意　　　B.不愿意　　　C.无所谓

(2)你觉得自己能成为低年级弟弟妹妹的榜样吗?(　　)

　　A.能　　　B.不能　　　C.不知道

(3)如果让你做低年级弟弟妹妹的榜样,你觉得自己的优势在哪个方面?

(4)你觉得低年级弟弟妹妹哪些方面需要你的帮助?

1.问卷数据展示

你愿意成为低年级弟弟妹妹的榜样吗?

你能不能成为低年级弟弟妹妹的榜样呢?

在收上来的50份问卷当中,50名队员都表示愿意成为低年级弟弟妹妹的榜样。48名队员觉得自己能成为低年级弟弟妹妹的榜样;1名队员觉得自己还不能成为低年级弟弟妹妹的榜样;1名队员觉得说不清楚。

2. 我们在哪些方面能做榜样呢

问卷调查中，队员们分别从学习、纪律、卫生、行为习惯等方面分析了自己的优势。

乙：我们都愿意，也觉得自己能成为低年级弟弟妹妹的榜样，那么低年级弟弟妹妹需要我们做榜样吗？

甲：当然需要了。你看，这是我们中队队员调查的数据。

活动三　调查走访，摸清拉手班级情况

甲：这是我们中队调查的数据，我们共发出44份调查问卷。41名队员都认为需要榜样；3名队员认为无所谓，有更好，没有也没关系。

乙：正巧，上周一(1)班的小同学找到我们，谈了他们的苦恼。你们想一起听听吗？（放录音）

甲：聆听了低年级小同学的心里话，你有什么想法？

学校是我们学习生活的主要地方，也是我们成长的摇篮，如何让低年级的小伙伴尽快地熟悉队生活，在队旗下迅速成长起来，我们这些大哥哥、大姐姐要努力成为他们的小辅导员。

乙：了解了他们的烦恼以后，四(1)中队的队员去一(1)班进行暗访。还设计了一份调查问卷，提出了这样几个问题：(1)你觉得自己班最大的问题是什么？(2)你希望在哪些方面得到大哥哥、大姐姐的帮助？

乙：通过分析这份问卷，我们感到一(1)班的小同学非常明确自己班的现状，而且对这种现状很不满意。但是他们不知道问题出在哪，也不知道自己应该怎么做才能改变这种现状。他们很愿意得到帮助指导。

活动四　寻找症结，提出改进措施

甲：我们归纳出一(1)班比较突出的问题。

A. 作业收不齐，交作业速度慢。

B. 卫生状况差，学生乱扔垃圾。

C. 排队速度慢，同学们乱说话，走路不齐。

D. 学习用具准备不好

E. 班干部管理效果不好，队员不配合。

每个小队认领一项任务，帮助他们找找原因，提供一些改进的妙招。

（各小队认领任务）

分小队讨论,一(1)班的小同学可以选择自己感兴趣的问题参与讨论。

活动五　汇报反馈,巧支妙招

各小队根据自己的讨论结果采用自己喜欢的方式进行汇报。(演示、讲解、示范等)期间,一(1)班的小同学可以就不理解或不明白的地方现场提问。

活动六　现场采访

甲:一(1)班的小同学,大哥哥、大姐姐支的招你们听明白了吗?觉得怎么样呀?

乙:四(1)中队的队员们在活动中有哪些收获?

各小队长分别就小队认领任务与一(1)班同学代表签署合作帮助协议。

齐唱《相亲相爱的一家人》

(六)中队辅导员讲话

中队长:有请辅导员老师讲话。

辅导员:亲爱的队员们,今天参加你们的少先队活动课感到特别高兴!能参与你们的成长,感受你们一点一滴的进步,是一件快乐而幸福的事情。今天的活动很成功,看着你们结成了有利于学习和生活的好伙伴,在互帮互助中成为了相亲相爱的一家人,老师感到很欣慰,并对今天活动的圆满举行表示祝贺!四(1)中队的队员们,你们提供的方法很好,很实用,不过要想真正帮助一(1)班的弟弟妹妹们改变现状,重在方法的实施,这是一个任重而道远的过程。希望你们合理安排好时间,结合学校的一日常规制订好指导步骤。咱们比比看,哪个小队效率最高,效果最好,持久性最强。请你们随时总结成功的经验,并留好资料。希望在我们中队的帮助下,到期末一(1)班能有一个可喜的变化。老师也期待着,在青小这个大家庭里,所有队员们在今后的学习生活中互相帮助,共同进步,让你我手拉手,快乐共成长!

(七)呼号

中队长:请辅导员老师带领我们呼号,全体起立,面向队旗。

辅导员:请举起右拳,跟我呼号:准备着,为共产主义事业而奋斗!

全体学生:时刻准备着!

(八)退旗!敬礼!奏乐

中队长:全体立正,退旗!敬礼!奏乐!——礼毕!请坐!

(九)中队长宣布主题中队会结束

中队长：我宣布四(1)中队"相亲相爱一家人"主题中队会到此结束。谢谢老师和同学们！

这节少先队活动开展得非常有意义，队会结束后，队员们颇有收获，有的学到了实用的班级管理方法，有的为自己能成为别人的榜样而自豪，更多的队员增强了主人翁意识。听了队员们的心声，我非常感动，说明活动在不知不觉中增强了集体凝聚力，提高了队员多方面的能力。在帮助一(1)班同学的学习过程中，通过互动，共同分析问题、解决问题，强化了队员的责任意识、榜样意识，并得到了低年级同学的认可，同时也加强了本中队队伍的建设，促进自己中队队员进步。此外，我还设计了本次中队后续活动计划：(1)各小队队员按照所签署的协议内容和手拉手中队进一步合作，在具体指导、帮助别人的同时，提高自身素质。(2)充分利用少先队阵地，把好的方法推广出去。(3)倡议其他中队建立手拉手互助中队，共同探讨自我管理的方法，通过可持续的教育方式潜移默化地引导队员从小事做起，从身边的事做起，心有榜样，从小培育和践行社会主义核心价值观。教育是一门遗憾的艺术，本次中队活动的不足之处是手拉手帮助一年级中队改变现状，不是一蹴而就的事，需要合理安排好时间，结合学校的一日常规制订指导步骤，让每一位队员都成为中队的小主人，同时还要关注活动的延续。

本节队会的设计召开是针对四年级的孩子，这个年龄段的孩子热情开朗，有活力，乐于助人，具有一定的自我管理经验。他们从自身的转变中感受到进步的快乐，迫切希望得到别人的认可，也希望自己能有展示的机会。"相亲相爱一家人"这节队会的方案设计体现出几个亮点：

(1)队会召开之前，在辅导员的帮助指导下，队员从细微处入手调查、体验、采访、聆听、讨论，在实际参与的过程中，发现问题，提出改进措施并及时总结。活动课充分发挥队员的主体作用，体现队员当家作主，每位队员都

"动"起来,"活"起来。

(2)队会设置了"心手相牵,欢迎小伙伴""自查自省,了解自身优势""调查走访,摸清拉手班级情况""寻找症结,提出改进措施""汇报反馈,巧支妙招"和"现场采访"等环节,最后在歌曲《相亲相爱的一家人》中结束队会,环环相扣,充分调动了队员的积极性,激发内驱力,通过互动发现问题、解决问题,这是一个共同进步的过程。

(3)教师设计的中队后续活动计划是本次活动的拓展延伸,通过可持续的教育方式激发队员的责任意识、榜样意识。

(点评人:合肥市青年路小学 车倩)

【附件】

1.四(1)中队调查问卷汇总

(1)你愿意成为低年级弟弟妹妹的榜样吗?

　　A.愿意(50)　B.不愿意(　)　C.无所谓(　)

(2)你觉得自己能成为低年级弟弟妹妹的榜样吗?

　　A.能(48)　B.不能(1)　C.不知道(1)

(3)如果让你做低年级弟弟妹妹的榜样,你觉得自己的优势在哪个方面?

学习:

①作业能按时完成,不拖拖拉拉,保质保量,干净整齐,书写工整,效率高。

②上课专心听讲。

③上课之前能准备好用具。

④下课后,主动帮助不会做题的同学。

⑤能主动帮助需要帮助的人。

⑥上课主动发言,不随便说话。

⑦阅读面宽,爱读书。

⑧有错误及时改正。

⑨听讲效率高。

⑩学习刻苦,成绩优异。

纪律:

①上课时不说话。

②排队能做到不说话。

③课前不跟别人追跑打闹。

④在楼道内慢步轻声。

⑤老师不在时能约束自己。

⑥管理能力较强。

⑦下课有序活动。

⑧不在听广播、做眼保健操时写作业。

⑨安静做早读。

卫生:

①座位能保持干净。

②不把垃圾扔到地上,能保持地面整洁。

③不乱撕小纸条。

其他:

①在学校时间长,年龄最大。

②不上课玩东西。

③乐于助人。

④文明用语不说脏话。

⑤能快速解决问题。

⑥能按照计划去安排时间。

⑦习惯很好。

⑧有一定的组织管理能力。

⑨心地善良。

⑩按时完成老师交给的任务。

⑪见到老师有礼貌地问好。

(4)你觉得低年级弟弟妹妹哪些方面需要你的帮助?

2.帮助协议书

帮助协议书

我是四(1)中队第_____小队。我们小队愿意帮助一(1)中队队员解决：_____
_____的问题。

我们小队准备采取的方法是：_____
_____
_____

我们小队预期的效果是：_____
_____
_____

承诺人：

我是一(1)中队队员。我非常愿意接受四(1)中队大哥哥大姐姐的帮助。我一定积极配合，认真学习并总结方法。

承诺人：

伸出爱的手

(合肥市青年路小学 徐翠银)

【背景分析】

在我们生活的社会,有一个特殊的人群——残疾人,民政部统计数据显示,截至 2015 年 12 月 31 日,全国残疾人人口基础数据库收录持证残疾人3145.7 万人(摘自 2015 年中国残疾人事业发展统计公报〔残联发(2016)14号〕)。由于他们当中许多人失去劳动能力,导致他们的家庭经济困难,许多残疾人因而生活在社会的最底层,他们迫切希望得到社会的理解、尊重、关爱和帮助。而当下的学校教育也正面对这样一个特殊群体——"双独"(许多孩子和孩子家长都是独生子女),虽然他们在智力和才能发展方面有着明显优势,但是由于他们没有亲兄弟、亲姐妹相处的生活经历,独来独往,独吃独住独玩,因而也独尊,缺乏集体生活的经验,不懂得合作分享。因为其"独",家长又自觉不自觉地迁就溺爱,日久天长,导致独生子女在社会性行为方面存在问题,形成任性的性格,也就很难有同理心,更不要说对残疾人有主动理解、关爱之情。而我们当下的义务教育学校基本上是具有正常行为能力的孩子的校园,他们在学习生活中很少有接触残疾人和困难群体的机会。因此,教育工作者,特别是少先队组织,要发挥其独特的教育功能,创设丰富多样的活动情景,让孩子们多了解残疾儿童的生活,多和他们相处,在相处中慢慢学会尊重与互助。本节队会即通过队会召开前的调查、搜集、了解残疾人的生活状况,通过队会中创设的情境,让孩子感受残疾人的生活不易,同情、理解他们,敬佩残疾人的励志,燃起他们主动关爱、帮助残疾人之情。

【队会目标】

1.理解:知道社会对残疾人、困难群体的关怀行动和相关政策,体会残疾人在生活上的不便和困难,对残疾人和困难群体有同理心。

2.尊重:通过搜集和分享身残志坚人士的故事,了解他们为克服困难所付出的努力,在理解的基础上更加尊重、敬佩他们,学习残疾人的自强不息精神。

3.关爱:通过调查,了解、认识残疾人士的专用设施、专用标志等,体会社会上人们对残疾人的理解和关爱,激发队员们关爱残疾人朋友的生活。

4.帮助:对残疾人和生活有困难的人群有同情心和爱心,尊重并愿意主动帮助他们。

【前期准备】

1.各小队通过社区走访、网络查询、问卷访谈等调查、了解残疾人的生活状况、社会关爱残疾人的相关政策,搜集自强自立的残疾人事迹等资料。在教室里展出一期以"伸出爱的手"为主题的手抄队报。

2.各小队就收集资料作交流,由中队长分工做好队会资料展示的汇报排练。

3.制作爱心卡和祝福语。

4.制作队会PPT、布置教室。

【队会过程】

(一)中队长宣布五(6)中队"伸出爱的手"主题队会准备开始

中队长:全体起立,稍息、立正,各小队整队、报告人数。

1.各小队整队、报数

小队长:第一小队队长跑到小队前面:

"稍息、立正、报数!队员:1、2、3……"

2.小队长向中队长报告人数

小队长跑步到中队长面前,互相敬队礼后,"报告中队长,第一小队应到队员8名,实到队员8名,报告完毕!"

中队长:"接受你的报告,请回!"

第二小队……

第三小队……

第四小队……

第五小队……

第六小队……

3. 中队长向中队辅导员报告人数

（中队长转身面向中队辅导员立正、敬礼：报告中队辅导员，五(6)中队应到队员46人，因病请假1人，实到队员45人，主题中队会"伸出爱的手"准备完毕，请您批准！并邀请您参加！中队辅导员佩戴红领巾面向中队长回礼：接受你的报告，批准你们召开"伸出爱的手"主题中队会，并预祝队会圆满成功！）

(二)宣布队会正式开始

中队长：下面我宣布合肥市青年路小学五(6)中队"伸出爱的手"主题中队会现在开始！

(三)出旗！敬礼！奏乐

（全体立正！——礼毕）

(四)齐唱《中国少年先锋队队歌》

（文娱委员到台前担任指挥，唱完后，中队长宣布：请坐下）

(五)队会主要内容

中队长：让我们以热烈的掌声有请主持人上场。（主持人由男女两名队员担任，下文分别以甲、乙称呼）

活动一 感知

甲：亲爱的队员们，你们知道每年五月的第三个星期日是什么日子吗？

乙：我知道，是全国助残日！我国1990年12月28日审议通过的《中华人民共和国残疾人保障法》第14条规定："每年5月的第三个星期日为全国助残日。"《中华人民共和国残疾人保障法》从1991年5月15日开始实施，"全国助残日"活动即从1991年开始进行。全国每年都进行"助残日"活动。

甲：是的，在我们的生活中，有这样一群人，他们也许生来就无法看到这个世界的多彩、无法听到这个世界动听的声音……他们就是我们需要关心帮助的一个特殊群体——残疾人。队员们，你们知道他们的生活是什么样的吗？会前，我们全体队员都搜集了有关残疾人生活的资料，下面有请第一小队介绍他们搜集的材料。

(第一小队代表边播放图片边介绍收集的材料)

(1)我知道盲人是靠触摸盲点来识别钱币的面值。

(2)我知道聋哑人是靠手语与他人沟通的,不过有的人根本不懂手语,所以聋哑人与他人交流很困难。

(3)我知道盲人是怎样过街的:他们先听一听街上有没有汽车鸣笛的声音,如果没有就用他的拐杖探路,慢慢往前走。

(4)我知道下肢残疾的人可以借助拐杖或者轮椅走路。

(5)我知道我们包河区一所小学有一个辅读班,这个班级里的小朋友有的有智障,有的有唐氏综合征及孤独症,他们中有的人连洗脸都需要在妈妈的辅助下才能完成。

乙:感谢第一小队的介绍。简单的汇报,就让我感到残疾人生活的不易。其实,残疾人朋友的生活不仅仅是这样的,生活中还有一些朋友因后天原因造成身体残疾的。我们把各小队收集到的图片做成PPT,请大家看大屏幕,让我们一起走进残疾人的日常生活。(播放会前队员们收集资料后,由中队委制作的一组残疾人生活的PPT)

活动二 体验

甲:从刚才大家的交流和视频观看中我看到有的队员悄悄落下了眼泪。现场我来采访几位队员,听听他们此时的感受。(采访过程略)是的,正如队员们所说,残疾人生活真不容易!你们愿意体验一下他们的生活吗?

乙:第二小队已经做了准备,请他们来完成下列几个任务:

(1)小队两人一组,一位队员扮演残疾人,分组完成一项活动:用一只手把书翻到你要看的那一页;闭上眼睛从文具盒里摸出你的蓝色钢笔;不说话向同桌借一样文具……同时,另外一位队员以平时习惯的方式完成同样的活动。

(2)小队长邀请全体队员体验用一只手系红领巾。

(3)小队长邀请队员谈谈感受。

队员1:我刚才扮演的是聋哑人,我想借一支钢笔。可是我比划了半天,我的同伴也没明白我的意思。我想:哪天如果我真的说不出话来,我该怎么办?!

队员2:我刚才扮演的是手有残疾的队员,我用一只手系红领巾,可系了半天,也没有系好。

队员3:我刚才用一只手翻书,可老半天翻不到我要看的那一页。我真想伸出另外一只手。

队员4:我刚才扮演的是盲人,我用一只手在文具盒里摸钢笔。可感觉每一支笔都差不多,真不知道哪一支笔才是我要用的,急得我真想睁开眼睛看一看。

队员5:我现在才知道,对于我们来说轻而易举就能做到的事情,对于残疾人朋友来说却是很困难的。他们真的很需要帮助……

甲:我们现在更加体会到残疾人朋友的艰难,然而,我们只是一次体验,对他们来说却是终生如此。他们多么需要我们的帮助,残疾人朋友实在太需要我们的帮助。

乙:现在,让我们再次进入活动:伸出你的手,帮帮你的"残疾"同伴。

(队员互相帮助完成未完成的任务,系红领巾、翻书、取笔)

甲:现在让我们来谈谈此刻的感受。

队员1:我的同伴帮助我把红领巾系好,我想下次他如果遇到不方便时,我一定毫不犹豫帮助他。

队员2:同伴很快就帮我把书翻到我要看的那一页。我想说,对于我们来说举手之劳之事对残疾人朋友来说则要费上很多时间。

队员3:当我帮助我的同伴从他的文具盒里拿出他要用的钢笔的时候,看到他感激的神情,我心里突然感觉酸酸的,其实我们更应该理解残疾人……

活动三 分享

甲:他们习惯于在漫漫长夜里摸索,却永远看不到天亮时的那一抹曙光;他们在悄无声息的世界里生活,所有欢声笑语对他们来说都是苍白无力;他们靠着轮椅、拐杖来延展自己的人生,这不屈的人生之路何其漫长啊!

乙:他们的生活方式虽然与我们有所不同,然而,他们没有因为自己和别人不一样就把自己封闭起来,而是自尊、自强、自信、自立,冲破孤独和隔膜,从封闭走向开放,战胜残疾带来的重重困难,顽强地生活着。有的人不仅能生活自理,还给社会带来更大的贡献。会前大家已经搜集了残疾人身残志坚的故事,现在让我们各小队分享大家了解到的残疾人身残志坚的事例。

第一小队播放视频:"千手观音",围绕情境引发思考:你们知道《千手观音》的演员都是什么人吗?(这21位演员都是因为先天或者后天原因,导致听力、言语障碍的残疾人)

第二小队播放贝多芬的《第九(合唱)交响曲》,介绍伟大的德国作曲家、维也纳古典乐派代表人物之一贝多芬光辉的、史诗般的一生。大家看,他在耳朵全聋、健康情况恶化和生活贫困、精神上受到折磨的情况下,仍以巨人般的毅力创作了许多流传千古的乐章。

第三小队介绍霍金的故事。

第四小队介绍19世纪美国盲聋女作家、教育家、慈善家、社会活动家海伦·凯勒的故事。

第五小队介绍张海迪的故事。

第六小队介绍著名残疾人尼克·胡哲的励志人生故事。

甲:队员们,残疾人虽然生活艰辛,但他们和我们一样有着美好的理想、顽强的意志,甚至比我们更加坚强,创造了一个又一个的生命奇迹。

乙:通过搜集这些事例,我们感受到,残疾人虽然身体残疾,却有着坚强的意志,甚至懂得回报社会,值得我们敬佩!他们需要我们的帮助、理解,同时更值得我们尊重!

活动四 励行

甲:每一个残疾人和我们都是平等的,都应该得到尊重。他们都在平凡的岗位上用不同的方式参与社会生活。

乙:然而,生活中却有人伤害了他们,下面请大家看一组图片,你看到了什么情景?如果你是图中人物,你会是什么样的心情?如果你遇到这样的情形,你会怎么做?了解残疾人的专用标志及专用设施。(队员自由发言)

(大屏幕出示图片:残疾人专用标志、专用设施)引导队员交流社会和人们对残疾人的关爱行动,如残奥会、给残疾人让座、帮助残疾人过马路、为残疾人募捐等。

(1)只要我们动动手,移开挡住盲道的自行车或是其他障碍物,我们就是帮助了他们。

(2)遇到盲人要先发出声音,再接触他们的身体,以免吓着盲人。

(3)遇到聋哑人,用写字交流,最好学会一些简单的手语。

(4)遇到行动不方便的残疾人,要用他们适应的方式来帮助他们,以免他们不习惯……

甲:队员们,大家的发言非常诚恳,非常热情,我深受感染,让我们尽自己所能,从自己做起,从力所能及之处做起,为残疾人等有困难的人群营造一个和谐、美好的氛围。

乙:是的,队员们,"助人为乐、扶危济困"是中华民族的传统美德之一,国家已经出台了《中华人民共和国残疾人保障法》;将每年5月的第三个星期日定为"全国助残日";开办了各类残疾人学校并成立了各类残疾人联合会去关心和帮助残疾人朋友。每年3月5日志愿者奉献日中,我们看到大街小巷到处都是帮助别人的爱心人士,每年的全国助残日,我们更是看到社会上涌现出许多助残模范。让我们行动起来,以学校"爱心周"为重点,积极行动起来,关心他们!帮助他们!

合:队员们,理解、尊重、关心、帮助残疾人是我们今天的承诺,让我们人人都伸出爱的手,期待残疾人能有个美好的明天!最后,请全体起立,我们齐唱歌曲《爱的奉献》。

(伴随《爱的奉献》音乐,各小队队员有序地把做好的爱心卡贴到我们班的爱心墙上)

(六)中队辅导员讲话

中队长:有请辅导员老师讲话。

辅导员:孩子们,参加了你们的队会,我几度眼含着热泪,我为残疾人生活的艰辛而难过落泪!我也为残疾人朋友的不屈不挠、挑战人生、积极面对、顽强生活、回报社会而感动落泪!我更为你们今天队会的圆满成功而高兴落泪!通过队会我看到了一个个有爱心的孩子,大家都知道在别人有困难的时候伸出爱的手去帮助他人。队员们,爱可以是亲切的微笑,关怀的话语;爱可以是帮扶,是让座;爱可以是牵引;爱可以是陪伴;爱可以是捐出的零花钱……当然爱是一种诺言,更是一种行动、一份坚持!老师相信,我们的社会会因为你们伸出的一双双爱的手而变得更加美好!再一次祝贺你们的主题中队会圆满成功!谢谢大家!

(七)呼号

中队长:全体起立!右手握拳!请辅导员领呼!

辅导员:准备着,为共产主义事业而奋斗!

队　员:时刻准备着!

(八)退旗! 敬礼! 奏乐

(九)中队长宣布主题中队会结束

中队长:我宣布五(6)中队"伸出爱的手"主题中队会到此结束。欢送各位领导和嘉宾!

这节队会课,在设计思路上体现出工夫在幕后的思考。现在的孩子生活条件非常优越,校园活动也是多姿多彩,对于社会一小部分群体——残疾人,他们几乎是未知的,生活中偶然碰到这样的人,可能还会去嘲笑他们。因此,在队会召开之前,需要做大量工作,正是通过让队员们搜集资料,让他们发现、观察、了解身边的残疾人如何生活,特别是辅导员老师提醒他们去调查附近某小学生活着的一部分残疾人小朋友,更是让他们惊讶,这样的行动使他们小小的心灵受到触动,这对于队会召开时激发他们同理心、关爱情是一个很好的铺垫,所以一节成功队会的召开,之前的准备工作要从孩子们的生活经历谋划起,不能照抄照搬。同时队会最后的辅导员讲话也是非常重要的,不能草草了事,这个讲话应该能激发孩子们有一个恒久思考,其实,少先队教育就是在一次次动态活动中播下一颗颗美好的种子,优化孩子们的道德情操培养。如果说此次活动的不足:在体验残疾人生活的场景中,可以增加一个对比环节,就是一组是残疾人完成任务计时,一组是正常情况下完成同样任务计时,这样生动的对比可以直观呈现残疾人生活的不易。

本节队会是针对五年级孩子设计的,这个年龄段的孩子自我意识开始出现,有一定的社会认知性,但是因为他们大多数是独生子女,没有兄弟姐妹分享的生活环境,所以思考问题、做事容易以自我为中心。"伸出爱的手"这节队会的方案设计体现出几个亮点:

(1)队会通过召开之前队员们的走访、调查、了解以及分工、训练、磨合让孩子们感受到合作的愉快,希望孩子们能够突破自我意识,看到周围还有一些人和事需要我们去理解、关心、帮助,教育在不知不觉中就已经开始了,这是在轰轰烈烈的队会活动时看不到的。

(2)队会通过感知残疾人的生活、体验残疾人的生活、分享残疾人自强不息的故事、励行如何关爱帮助残疾人四个环节呈现,最后在歌曲《爱的奉献》中结束队会,使得孩子们的情感在活动中步步升华,在体验中思考如何做事。

(3)队会中辅导员讲话可谓是画龙点睛,既肯定队会的成功,这是对每一个队员的鼓励,同时又给队员指出要关爱别人,可以根据自己的能力用恰当的方式表达,而且要坚持!这体现出辅导员的角色:根据教育活动的需要适度给予拾遗补缺,但是又给孩子们自主发挥的余地,不包办代替,这样的少先队活动才能有恒久的感召力。

(点评人:合肥市青年路小学　杨燕群)

同在蓝天下

(合肥市卫岗小学　王育红)

【背景分析】

习近平主席曾在外事活动的讲话中,引用(晋)葛洪《抱朴子·博喻》中的名句,"志合者,不以山海为远",提出求和平、谋发展、促合作、图共赢,是我们共同的愿望和责任。可见不同国家的合作交流是非常必要的。

国家之间的交往如此,学校、学生与外界的交往亦如此。很多教育专家指出:"只有让下一代学会理解不同政治制度、文化背景和宗教信仰的民族,才能与他们和平共处,从而拥有更大的生存空间。"

对于新时期的少年儿童来说,不同群体的交往是共同学习、共同进步的重要形式。对于六年级学生而言,他们渴望与外界接触,充满着对世界的好奇和探求。如果能够抓住契机,组织相关活动,有效激发学生融入世界,积极探索世界各国文化,必将增强学生的地球村意识,初步培养开放的国际胸怀。

早在2009年,合肥市卫岗小学就与英国北爱尔兰贝尔法斯特市好牧羊人学校进行了友好交流,并成为手拉手对接学校。本次队会旨在回顾两校师生的深情厚谊,引发学生对英国小学乃至世界各国文化的了解探索,从而激发学生立足于现在的生活,对未来社会的发展、未来的世界,有着更深远的认识,成为一个胸怀世界的少年。

【队会目标】

1.通过回忆与英国好牧羊人学校的手拉手活动,让队员知道友谊是需要通过开展健康有益的活动得以不断加深的,并珍惜友谊,将友谊传递下去。

2.通过了解英国,促进队员对于世界的关注;明确立足现在,才能更好地在未来走向世界。

3.通过搜集资料,感受互联网在生活中的作用;通过分工合作,提高队员的主动参与意识。

【前期准备】

1.搜集好牧羊人学校到访时的相关资料。

2.搜集英国的相关资料。

3.各小队搜集展现小队风貌、表达情谊的材料并商讨汇报形式。

4.准备送给英国小朋友的礼物。

5.文艺委员带领大家学习歌曲《世界真奇妙》。

【队会过程】

(一)准备阶段

各小队整队、报数,报告中队辅导员。

中队长:全体起立,稍息、立正,各小队整队、报告人数。

1.各小队整队、报数

第一小队队长跑到小队前面:

"稍息、立正、报数!队员:1、2、3……"

2.小队长向中队长报告人数

第一小队队长跑步到中队长面前,互相敬队礼后:"报告中队长,第一小队应到队员12名,实到队员12名,报告完毕!"

中队长:"接受你的报告,请回!"

第二小队……

第三小队……

第四小队……

3.中队长向中队辅导员报告人数

(中队长转身面向中队辅导员立正、敬礼,报告中队辅导员:六(5)中队应到队员48人,实到队员48人,主题中队会"同在蓝天下"准备完毕,请您批准,并邀请您参加!中队辅导员佩戴红领巾面向中队长回礼:接受你的报告,批准你们召开"同在蓝天下"主题中队会,并预祝队会圆满成功!)

(二)仪式阶段

中队长宣布"同在蓝天下"主题队会正式开始。

出旗、奏乐、敬礼！齐唱《中国少年先锋队队歌》！礼毕！

(三)活动阶段

活动一　忆忆老朋友

1.欣赏视频《给奶奶的一封信》

(配乐播放保罗访问校园的照片)

男:2009年5月,对于卫岗小学的全体师生来说,是永远难以忘怀的。

女:来自英国贝尔法斯特市好牧羊人小学及幼儿园的校长——保罗·鄂凡先生来到我校访问,还参加了我校的艺术节开幕式。

男:保罗校长的到来,给同学们留下了深刻的印象。

女:明利同学就激动不已地写了一封信,迫不及待地告诉了奶奶。请欣赏视频《给奶奶的一封信》。

给奶奶的一封信

亲爱的奶奶：

　　您好！最近,我们学校发生了不少有趣的事,下面就由我来向您介绍几件吧。前些天,我们的第十二届校园文化艺术节开幕了。在开幕式那天,我们学校请来了我市的领导、部分同学的家长,以及英国贝尔法斯特市好牧羊人小学及幼儿园的校长——保罗·鄂凡先生作为嘉宾。在舞台上,背景布上写着"同唱、悦读、共绘、齐诵、好习惯伴我成长"几个彩色的大字,主持人说:"欢迎英国贝尔法斯特市好牧羊人小学及幼儿园的校长——保罗·鄂凡先生!"我们齐说"Nice to meet you",然后开始唱英文歌。另外,开幕式上还有许多精彩的文艺节目,有"诵经典唱童谣""英文歌曲联唱""诗朗诵""创编操表演""才艺展示""武术"等。

　　保罗·鄂凡校长还观看了我们的大课间活动,每次大课间,各个班级都会开展一些有趣的、特色的活动。有的班级跳跳绳,有的班级打乒乓球,还有的班级玩呼啦圈,有趣极了。我们班选择玩投球游戏,可开心了。

　　怎么样,我们学校很有意思吧,您有时间一定要来这玩呀！

您的孙子:明利
2009年5月23日

2. 徐校长读"一封英国来信"

男：从此，卫岗小学和好牧羊人学校成为朋友，建立了友谊。

女：卫小当年的徐翠银校长，至今，还保留着保罗先生给他的来信。今天我们非常荣幸地邀请到徐校长，为我们大家读一读这封"英国来信"，一起回忆那美好的时光。

英国来信

徐校长：

您好！我校的 Mcivor 女士将于本周访问贵校，我想这意味着我们伙伴关系和友谊的延续。我们十分荣幸在今年的3月份接待了您的访问，那将是我们铭记的一段日子，真希望您能多待上几天，也许下次还有机会吧！这次，Mcivor 女士将带去我们的祝愿和问候！

请转告您的学生们，我很欣赏他们在来信中所表达的想法，也谢谢他们真诚的问候！此次，Mcivor 女士也带去了我们学生的信件，这也是我们两校学生间友谊的开始。

很想念您，我永远都不会忘记2009年5月在卫小度过的那几天，也希望此次我们学校老师的到访能成为大家无法忘怀的记忆。

热切期待能尽快有贵校的老师来我们这里访问。在英国有句老话：一个人是通过别人来完善自己。我想我是一个更好的人，因为我曾经遇见了你们！

保罗

（配乐播放 Mcivor 女士来访时同学们敬献红领巾、敬献花环，与同学们体验国球的魅力，国旗下与同学们互动的图片）

活动二　表表怀念情

男：友谊花，在两校间美丽绽放。

女：怀念情，在卫岗学子心中无限蔓延。

男：有请各小队用独有的方式表达心中的情怀。

1. 歌伴舞《茉莉花》

男：第一小队奉上歌伴舞《茉莉花》，掌声有请。

女：动听的歌舞，优美的舞姿，传递出中国的传统元素，真是棒极了！

2. 小导游,游合肥

女:第二小队的小导游们搜集整理了家乡合肥的视频,并配上优美的解说词,期盼英国小朋友有机会到咱们合肥来旅游。

解说词

导游1:我带大家前往国家级森林公园——滨湖湿地公园。它坐落于巢湖之滨。走在公园的漫步道上,两边是高大的白杨树,犹如走进天然氧吧,你尽管畅快地自由呼吸。在你的眼前,处处花草繁茂;在你的耳边,时常有鸟鸣虫吟。在这里,你可以体验一下"凌波微步",走一走"鹊桥相会",赏一赏"樱花谷",坐一坐"森林小火车",畅快体验湿地公园给你带来的快乐!

导游2:我带你们去包孝肃公祠。明代时,庐州知府宋鉴在此修建包公书院,故名为包公祠。包公祠是纪念宋龙图阁直学士、礼部侍郎、开封府尹包拯的公祠。包公亭堂内端坐着包拯的高大塑像,壁嵌黑石包公刻像,威严不阿,表现了"铁面无私"的黑脸包公的凛然正气。亭堂西面配以曲榭长廊;东面有一六角龙井亭耸立,内有古井,号"廉泉"。

导游3:我给大家介绍合肥南站。我是一位小"驴友",一到寒暑假,爸爸妈妈都会带着我进行长途旅行。合肥南站的新建,给我们的出行带来了便捷。爸爸告诉我:新建的合肥南站与上海虹桥站、南京南站、杭州东站共同组成华东四大高铁特等站,是国家级综合交通枢纽,是亚洲地区特大型交通枢纽之一。乘客可以在站内自由选择出租、公交车、长途客车等,方便极了。"京福高铁"被称为"最美高铁线"。等到暑假,爸爸说带我坐上高铁,从合肥出发,去玩上个十来天,一路玩到福建的武夷山呢!

3. 快板词《我来夸夸咱卫小》

男:第三小队的4位队员也毫不示弱,他们将介绍充满魅力的卫岗小学。请欣赏快板《我来夸夸咱卫小》。

我来夸夸咱卫小

吕俊雪

卫小建校六十六,日新月异换新颜。
如今南北两校区,师生两千还有余。
曾经的瓦房看不见,过去的泥地见不着。
一个太阳挂天空,两侧花坛芳草香。
三间机房真先进,四面墙壁干又净。
五星红旗空中飘,六色房屋拔地起。
七色阳光洒满地,八斗之才聚一堂。
久负盛名好学校,实至名归尽人才。
畅想未来多美好,师生共进展雄姿。

4. 情景剧《英国小朋友来信啦》

女:Mcivor女士来校时,带来了英国小朋友亲手制作的书签和回信,让卫小学子欢呼雀跃。

男:卫岗小学的许多学生非常幸运地成为他们的笔友。(呈现书签)请欣赏第四小队的情景剧《英国小朋友来信啦》。

女:看到这样的场景,你有什么感受?(指名回答)

男:是啊,同学们惦记着英国小朋友,真希望他们能再到卫岗小学来!

5. 现场视频连线

(对方好牧羊人学校,配翻译周老师;卫岗小学,配翻译朱老师)

女:队员们,让我们来一次连线交流。有请戴老师连线。

男:队员们,准备好你灿烂的笑脸和热情的话语,开始吧!

女:队员们,把你们准备送给英国小朋友的礼物展示出来,以表达自己的心意。(队员们展示自己制作的礼物)

队员1:(剪纸作品)

队员2:(手工灯笼)

队员3:(衍纸作品)

队员4:(十字绣作品)

队员5:(签名足球)

……

6.师生共唱《友谊地久天长》

男:同在蓝天下,我们和英国小朋友手拉手。

女:虽然远隔千山万水,但我们交流的热情阻挡不了。

男:愿两校的友谊之花越开越艳。

女:让我们唱响歌曲《友谊地久天长》,愿卫岗小学和好牧羊人学校的友谊之树长青。(师生共唱)

活动三 童眼看世界

1.瞭望台:英国知多少

男:对于英国小学,你知道多少呢?咱们来一次知识竞答,你准备好了吗?

女:英国的小学分哪几种?(公立和私立)

男:英国的小学通常几点上学?几点放学?(通常是早上8点40分上学,下午3点15分放学)

女:英国是小班还是大班?(小班,每个班只有十几个学生)

男:英国小学有几科老师?(一般一个班只有一个老师和一个助教。教师的职责是完成学校开设的所有课程,助教的职责则是辅助课堂教学和课后辅导,以保证每个学生都能跟上学习进度,完成学习任务。)

女:英国家长选择学校第一看什么?(学校安全)

男:看来,英国小学与咱们小学还是有很多不同之处,真希望有一天能到好牧羊学校参观学习。

2.齐唱《世界真奇妙》

男:因为与英国小学的联谊,让我们拥有了与国际交流的机会。

女:因为与好牧羊人学校的牵手,让我们打开了认识世界的窗户。

男:世界很大,也很奇妙,我们想去了解。

女:世界也很小,握握手,做朋友,爱心围绕成地球,你是我的好朋友。

齐:让我们一起唱响《世界真奇妙》,表达队员们对于世界的好奇。

(学生齐唱)

男:作为当代的小学生,要想走向世界,探索世界,必须从现在做起,从小事做起,扎扎实实走好每一步。

女:只有完善自我,才能在未来更好地实现与世界的互动交流。

男:正如习近平总书记曾提出"独行快,众行远",愿我们共同努力,成为新时代具有国际视野的小学生。

(四)辅导员讲话

祝贺你们的队会取得圆满成功。在你们的队会中,王老师与你们共同回忆了卫岗小学与英国好牧羊人学校之间交往的点点滴滴,那些美好的场景,至今让我们回味无穷,深感幸福,两校间也因此建立了深情厚谊。在活动中,你们的知识面在拓展,你们的眼界在开阔,你们与英国伙伴的交往在深入。老师也深切感受到你们了解英国乃至世界的渴望,真棒!未来两校的交往将会继续走向深入,相信两校的友谊之树常青。最后,希望队员们能够立足现在,练好本领,开阔眼界,做一个胸怀世界的好少年!

(五)呼号

(六)退旗!奏乐!敬礼

(七)活动结束

中队长宣布:"同在蓝天下"主题中队会到此结束。

2009年5月,卫岗小学与英国好牧羊人学校正式建立了友好交往关系,从而打开了卫岗小学学生认识世界、了解世界的窗户。本次队会正是以此事件为出发点,紧扣主题"同在蓝天下",设计了"忆忆老朋友""表表怀念情""童眼看世界"三大板块。

队会进行中,通过欣赏视频《给奶奶的一封信》(学生视角)和徐校长读英国保罗校长的来信(校长视角),回忆卫岗小学和英国好牧羊人学校交往的点滴,了解双方互动交流的成果;通过各小队形式多样的汇报、现场视频连线、展示礼物,深切表达对于英国朋友的喜爱和期盼之情;通过瞭望台"英国知多少",展现队员们对于英国的初步了解;通过欢唱《世界真奇妙》,表达队员们了解世界、探索世界的渴望;通过中队辅导员的总结,队员们明确立足现在、完善自我的重要性,表达出努力成为胸怀世界、高瞻远瞩好少年的美好意愿。

活动筹备、组织的过程中,小组内人人参与、献计献策。队员们分工明确,各尽所能:有围绕主题搜集相关资料的,有担纲策划充当编剧的,有"冲锋陷阵"担任演员的……队员们充分发挥所长,彰显个性,队员的自主性、能动性和创造性得到真正发挥,锻炼了队员们的团结协作能力,也让队员们充分体验到参与活动的快乐。队会进行中,队员礼仪规范,参与度高,展现了六(5)中队积极向上的精神风貌。

不过,本次队会中的"瞭望台:英国知多少"环节,若学生搜集的资料不仅仅是有关英国的教育,还涉及英国的其他方面,甚至涉及世界视角,学生的国际视野将会更加开阔。

本节队会的主题设置很新颖,契合当下学生对未来社会发展以及未来世界了解的需要,彰显了新世纪的孩子面对激烈的国际竞争初步树立了国际意识。

(1)主题鲜明,思路清晰。此次队会主题十分契合现在的社会形势,随着国际交往的日益密切,让孩子们从小就树立国际意识,懂得与国际友人交往,为立足现在的生活、认识世界、开阔视野做好准备。

(2)形式新颖,主持生动。这次的队会形式非常新颖,各小队用舞蹈、当导游、快板、情景剧的方式来介绍家乡、学校,以此来表达自己对英国小朋友的怀念、期盼之情。特别是队会中的现场视频连线,班级学生纷纷展示自己为英国小朋友准备的礼物,使队会气氛热烈,很好地传达了两校之间友好的情谊,也展现了班级学生的活力与才华。主持人把整场活动的气氛烘托得也很好,他们仪表端正,自然大方,充满自信,思维敏捷,富有激情,展现了较强的应变力与组织能力。

(3)总结深刻,意义远大。王老师的总结有深度,而且非常到位。她言简意赅,却能深化教育内容,并有鼓舞性,增加了教育效果。

(点评人:合肥市卫岗小学 邓春丽)

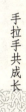

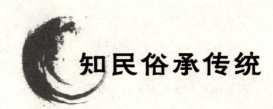 知民俗承传统

主题一　欢天喜地过新年
主题二　端午情　粽飘香
主题三　欢欢喜喜闹元宵
主题四　菊花飘香话重阳
主题五　中秋月下话团圆
主题六　清明时节祭先烈

单元目标

1. 了解春节、端午、元宵、重阳、中秋、清明等传统节日的由来和习俗。
2. 感悟传统节日所传承的民族精神和家庭观念。
3. 增强爱祖国、爱民族、爱自然、爱生活、爱亲人的情感。
4. 提高搜集信息、动手实践的能力。
5. 用自己的行动来传承中华民族精神。

单元设计构想

中国传统节日是我国文化遗产中的重要组成部分,凝结着中华民族的民族精神和民族情感。你看:一月一春节,一年中迎接春回大地的日子;三月三上巳,蛇开始活跃了,让我们亲近春水;五月五端午,毒虫百脚需要好好对付,才能平安度夏……原来,中国的节日尽是太阳的、月亮的、星星的、山的、水的节日,其本质就是一个和谐天人的节日。我国的岁时节日还非常强调"节物",比如,梅花是新年的节物,桃花是三月三的节物,石榴花是端午的节物,桂花属于中秋,菊花属于重阳。新年的饺子年糕、元宵的汤圆、清明的青团、端午的粽子、七夕的巧果、中秋的月饼、九月九的重阳糕,包括腊月初八的腊八粥,凡此等等,也同样是"节物",每一个节物的背后都有着一个美好的祝愿。孩子们不知道端午节人们对爱国英雄的崇敬和爱戴,不知道除夕团圆饭每道佳肴背后的美好祝愿,不知道清明祭祀的家国情怀。针对此现状,在少先队员中开展传统节日主题队会很有必要。通过挖掘传统节日的深厚文化内涵,引导队员进一步了解传统节日、认同传统节日、喜欢传统节日、过好传统节日,并在活动中加深对伟大祖国悠久历史的了解,感受中国传统文化的魅力,传承中华美德,增强爱国主义情感和社会责任感。

本单元的编排顺序依照孩子的年龄特点,一年级从最熟悉的农历新年开始,讲年的故事,学写对联,打开孩子们的民俗文化之旅;二年级过端午节,因为端午节的节日食物绿豆糕、粽子都是孩子们喜爱的,而挂艾草、挂香包、赛龙舟又是孩子们能看到的;三年级闹元宵,因为中年级的孩子们可以自己搜集灯谜、制作花灯、做元宵,更多的亲身参与会让孩子们有更丰富的体验;四年级的孩子情感更加细腻,用诗歌诵读来表达对老人的亲昵和爱戴具有非常强的感染力;高年级的孩子更需要培养他们的家庭责任感和社会责任感,所以五年级安排"中秋月下话团圆",六年级组织"清明时节祭先烈",都是希望激发他们的家国情怀。

"知民俗承传统"各版块班队会均可以与相关节日活动紧密结合,也可以与《品德与生活》《品德与社会》中相关内容恰当整合,把品德课的实践部分延伸到队会中,深化品德课主题。

同时,每一个班队会的召开都需要提前筹备,可以请学生自主搜集关于传统节日的由来和习俗的相关材料,将家里过节的情形拍照上传班级群,也可以邀请班级家委会做好协调配合,将爸爸妈妈、爷爷奶奶请到班队会活动中来,一起做汤圆,一起包粽子,一起亲老孝老……这样既丰富了班队会的内容,又使亲子关系进一步拉近,从而真正使传统文化代代相传。

主题队会的召开一定要重视对孩子们进行少先队队会礼仪的训练,特别是"清明时节祭先烈",这往往易被大家所忽视,好的队会礼仪也是教育的一种渲染,它能达到意想不到的教育效果,切不可走形式。

欢天喜地过新年

(合肥市卫岗小学　吴正华)

【背景分析】

学生们每年都会跟着家人一起过各种传统节日,但是,由于年纪小,家庭环境的差异,对于传统节日的内涵及相关习俗可能知之甚少。新入学的一年级小朋友进入了他们人生的一个新阶段,可以适时向他们讲授一些传统节日的相关知识。在我们这个新组建的班级里,孩子们已朝夕相处了几个月时间,但是他们之间还存有陌生感,集体的凝聚力尚未形成,家长对班级、老师的了解也不够深入。基于以上两点,结合即将到来的春节,班级决定开展"欢天喜地过新年"的活动,一来活跃班级氛围,增强班级凝聚力;二来普及春节的相关知识,让学生了解传统文化,自觉做传统文化的传承人。

【班会目标】

1.体会我国传统节日春节的热闹气氛,感受人们对美好生活的向往。

2.增强同学们的文化底蕴,提高同学们的文化素养,促进同学之间和谐人际关系的建立,构建和谐的班集体。

【前期准备】

讲故事、儿歌、小快板、舞蹈、图说春节习俗、家长与学生的互动活动。

【班会过程】

(一)开场导入主题

(学生主持人上台)

主持人甲(以下简称甲):敬爱的老师们!

主持人乙(以下简称乙):亲爱的伙伴们!

甲:我是主持人×××!

乙:我是主持人×××!

合:大家好!(鞠躬)

甲:××小学一(×)班"欢天喜地过新年"主题班会

合:现在开始!

(二)活动开始

活动一 齐诵儿歌,营造氛围

甲:×××,你知道今天是几月几号吗?

乙:当然知道啦!×月×号。

甲:那你知道今年的春节是哪一天吗?

乙:张口就来,×年×月×号。

甲:嘿,还真难不住你。

乙:那是,哪个小孩不盼望过年呀?过年有很多好吃的、好喝的、好玩的……

甲:有一只小花猫和你一样,也盼望着过新年呢!

乙:是吗?

甲:请看我们班全体同学表演的儿歌《小花猫盼过年》。

小花猫盼过年

小花猫、实在馋,天天盼着快过年,

过年能吃好食物,过年还有新衣穿。

盼呀盼呀盼不到,急得花猫来回转。

忽然一天发奇想,都因日历翻得慢。

从此一天翻几页,全本翻完刚夏天。

花儿正红草正绿,还是不能过新年。

活动二 讲述故事,了解春节由来

乙:这只小花猫比我还着急呐……

甲:你别总想着吃呀、玩呀,我问问你,你知道我们为什么要过春节吗?

乙:这可真考倒我了,过春节还有什么原因吗?

甲:那当然,下面请听×××同学讲述的故事:春节的由来——"年兽"

的故事。

乙:掌声有请!

学生讲"年兽"的故事(摄影:高臧熠阳妈妈)

活动三　唱响童谣,体味年俗

乙:原来春节是这么来的呀!

甲:嗯!关于春节由来的故事还有很多呢!感兴趣的话你可以自己去找找。

乙:好的。我一定去找书来看一看。

甲:一进腊月就有了年味儿,只要一喝上腊八粥,离新年也就不远了。于是,我们小孩子便唱起了童谣。

乙:我只听说我们学校的大哥哥大姐姐们编了很多童谣,春节也有童谣吗?

甲:是的,下面请看×××等同学用快板表演的春节童谣《忙年歌》,掌声有请!

忙年歌

小孩,小孩,你别馋,过了腊八就是年。

腊八粥,过几天,漓漓拉拉二十三。

二十三,糖瓜粘,二十四,扫房子,

二十五,做豆腐,二十六,去割肉,

二十七,宰年鸡,二十八,把面发,

二十九,蒸馒头,三十晚上熬一宿,

大年初一扭一扭,除夕的饺子年年有。

学生们表演童谣《忙年歌》(摄影:夏美慧妈妈)

活动四　介绍春节习俗,分享节日欢乐

乙:听了这首春节童谣,我知道了,为了迎新年,大人们都要做这么多的事!

甲:虽然忙点,但心里可高兴啦!

乙:一点不错,每年爸爸妈妈、爷爷奶奶在准备过年东西的时候,我就像个小喜鹊一样围在他们身边说说笑笑,还帮他们干事呢!

甲:那你还想知道在春节里大人、小孩还有哪些活动吗?

乙:想!想!太想了!

甲:下面请×××等同学给我们用图片介绍春节的一些习俗吧!

生1:爆竹一声除旧岁,过年了,我们小孩子有的在一起放爆竹,听着"嘭嘭"的爆竹声,心里乐开了花;有的在一起踢毽子,比比看谁的毽子踢得高、踢得多,希望自己在新的一年步步高升;还有的小孩子在一起学着大人的样敲锣打鼓,庆祝这是丰收的一年。

学生们展示灯笼、鞭炮、大红福字(摄影:胡锦程爸爸)

生2：大人们的活动就更多了！各地都有不同的春节活动。北京人喜欢逛庙会，香港市民喜欢逛花市，澳门和台湾同胞们喜欢舞龙舞狮子。

生3：浙江的猜灯谜、上海的捏泥人、山东的坐花轿、山西的打腰鼓……哎呀，太多了，我们都说不过来了。总之，这些春节习俗让大人和小孩们在新年里过得热热闹闹、快快乐乐。

活动五　舞蹈表演，释放快乐

甲：过年真是太热闹、太开心了！下面请看×××等同学为我们表演的舞蹈《迎新年》。

活动六　家长参与，增添年味

乙：说了这么多，看了这么久，关于我国最重要的传统节日——春节，我还真学习到很多知识。不过，现在我的肚子开始咕咕叫了。

甲：我早就准备好了，同学们，你们知道吃年夜饭，不能缺少什么吗？——（饺子）

我们的家长们今天就准备了饺子皮、饺子馅，你们想学吗？——（想）那就有请今天来到现场的我们班同学的爸爸、妈妈们！（在愉快的音乐声中家长们各负责一组，教学生包饺子）

乙：过新年可少不了贴春联，每年的春节我家的对联都是爸爸写的，今天我的爸爸也来参加我们的班会了，他将现场写一副对联送给大家，好吗？——（好）

乙：饺子包得差不多了，春联也写好了，爸爸，请给我们讲一讲，好吗？

春联也叫门对、春贴、对联、对子、桃符等，它以工整、对偶、简洁、精巧的文字描绘时代背景，抒发美好愿望，是我国特有的文学形式。每逢春节，无论城市还是农村，家家户户都要精选一幅大红春联贴于门上，为节日增添喜庆气氛。对联的上联和下联，必须结构完整统一，语言鲜明简练。具体要求如下：字数相等，词性一致。这种要求主要是为了用对称的艺术语言，更好地表现思想内容。平仄相调。主要是为了音韵和谐，错落起伏，悦耳动听，铿锵有力。切忌合掌。所谓"合掌"，即语义重复，浪费笔墨。譬如"通四海"和"达三江"是一个意思，语义重复。

选好横披。横披，又叫横批、横额、横联。横披除挽联、寿联之外,大部分都要用。横披与对联内容有着密不可分的关系。好的横披,可起到锦上添花的作用。换句话说,一句横披,就是一副对联内容的升华,是对联的主题,更是点睛之笔。

学生们在欣赏×××爸爸现场书写春联(摄影:姜雨夏妈妈)

甲:谢谢×××同学的爸爸,谢谢教我们包饺子的妈妈们!下面请班主任老师给我们讲话。

(三)班主任讲话

同学们,非常高兴能参加这次"欢天喜地过新年"主题班会,祝贺本次活动取得圆满成功!通过这次班会,大家不仅展示了才能,更加深了对中华民族最重要的传统节日——春节的了解。我们从小就要知道传统,进而做中华优秀传统文化的传承人。今天,也非常感谢前来参与活动的家长们,是你们把身边的习俗带到了孩子们身边,在他们幼小的心灵烙下了传统的印记。老师希望在即将到来的春节里,同学们能用心去体味春节,用行动去传承春节文化,好吗?谢谢大家!

(四)活动结束

甲:谢谢老师。我宣布:一(×)班主题班会"欢天喜地过新年"到此结束。

乙:让我们用热烈的掌声欢送各位领导、老师和家长。

本次活动以传统节日为主题,以春节为依托,不仅让同学们亲身感受春

节热闹的气氛,同时也能了解传统节日背后深厚的文化底蕴,并且能纳入自己的知识体系中,从而提高自己的文化素养,同时通过学生之间的团结合作,促进他们之间构建和谐的人际关系,有利于和谐班级的建设,尤其对于刚刚组建的一年级班集体。家长参与的两个环节——包饺子、写春联更将本次班会推向了高潮,家长们用灵巧的手教孩子们包着香香的饺子,孩子们用崇拜的眼神看着家长娴熟的书法技能,让春节的文化底蕴淋漓展现,孩子们的心和传统贴得更近了。活动结束后,当我感谢樊菲同学的妈妈准备的饺子馅时,她悄悄告诉我:"吴老师,这是我准备的第二盆饺子馅,前几天准备的第一盆我怕今天带来不新鲜了。"我听了,感动之余心里涌出一股暖流:多么有心的家长啊,有了他们默默的支持,又何愁新班级的建设与发展呢?此外,在活动过程中,我还特别注意让每一位同学都参与进来,不能遗忘任何一个学生,让他们真正感受到大集体的温馨,自己是班级的主人!活动结束了,看着大家满脸的愉悦之情,高兴之余也略有点遗憾:

(1)由于是一年级,担心孩子们年龄小,班会的很多环节都是老师自己进行设计、编排。其实,可以多听取孩子的想法,放手让他们参与到前期的策划中。

(2)"包饺子"这一互动活动活跃了班级气氛,增添了班级"年味",因考虑到时间和炊具等原因,只止于"包",没能现场"煮饺子""吃饺子",如果班会结束后安排继续完成,学生、家长、老师的心会贴得更近。

(3)本次班会活动充分展现了家长的热情和才能,应该邀请更多的家长参加活动,那么,活动产生的良好效果的辐射面会更大一些。

"欢天喜地过新年"主题班会让我感触特别深刻。中国自古就有"礼仪之邦"的美誉,而在新年这样重要的传统节日中,更能突显"礼仪"这种传统美德。老师用写春联、包饺子、讲故事、舞蹈等丰富多彩的节目给我们诠释了中国传统节日——春节,让学生对"春节"这个模糊不清的概念有了新的认识,并引导学生在感受这种欢乐喜庆的气氛中去理解中国传统节日文化的意义。它不仅体现出中华民族浓厚的文化底蕴,也是弘扬中华民族精神的一种体现,而这种民族精神更是一个民族生命力、创造力和凝聚力的集中体现。在准备班会到班会结束的过程中,不管是老师、家长,还是学生,都在为同一个目标——主题班会圆满成功,共同努力,共同付出。学生们一个个喜庆的妆容,从主持到参与,学生是主角,欢声笑语贯穿全场。欢快悦耳的迎新年音乐伴随着落落大方的小主持人,紧扣主题的儿歌、情景剧、快板、舞蹈……最后家长代表共同参与了包饺子,写春联,将整个班会推向了高潮。学生能在这样一个产生强大凝聚力的新集体中成长,定会感到骄傲和自豪。同时我也发现学生们在这次活动中有了细微的变化,从一开始对新集体的陌生到积极参与准备活动,慢慢融入集体,并有了较强的集体荣誉感。本次班会不仅让学生提高了自身的素质修养,也让他们从小就树立传承中华优秀传统文化的观念,知道弘扬民族精神是我们每个中华儿女共同的责任。

(点评:合肥市卫岗小学　李璐璐)

【附件】

"年兽"的故事

太古时期,有一种凶猛的怪兽,散居在深山密林中,人们管它们叫"年"。"年"的形貌狰狞,生性凶残,专食飞禽走兽、鳞介虫豸,一天换一种口味,从磕头虫一直吃到大活人,让人谈"年"色变。慢慢地,人们掌握了"年"的活动规律,原来它每隔365天窜到人群聚居的地方尝一次鲜,而且出没的时间都是在天黑以后,等到鸡鸣破晓,它们便返回山林中了。男男女女便把这可怕的一夜视为关煞,称作"年关",并且想出了一整套"过年关"的办法:每到这一天晚上,家家户户提前做好晚饭,熄火净灶,再把鸡圈牛栏全部拴牢,然后把宅院的大门封住,躲在屋里吃"年夜饭"。由于这顿晚餐具有凶吉未卜的意味,所以置办得很丰盛,除要全家老小围在一起用餐表示和睦团圆外,还须在吃饭前供祭祖先,祈求祖先保佑他们平平安安地度过这一夜。吃过晚饭后,谁都不敢睡觉,挤坐在一起闲聊壮胆。

天色渐渐黑了下来,"年"从深山老林里窜了出来,摸进人群聚居的村落。只见家家户户宅门紧闭,门前还堆着芝麻秆,街上不见一个人影儿。转了大半个晚上的"年"毫无所获,只好啃些芝麻秆充饥。过些时,公鸡啼晓,这凶残而又愚蠢的怪物只得怏怏返回。熬过"年关"的人们欣喜不已,要感谢天地祖宗的护佑,要互相祝贺没有被"年"吃掉,还要打开大门燃放鞭炮,去同邻里亲友见面道喜……

　　这样过了好多年,没出什么事情,人们对年兽放松了警惕。就在有一年三十晚上,年兽突然窜到江南的一个村子里,一村子人几乎被年兽吃光了,只有一家挂红布帘、穿红衣的新婚小两口平安无事;还有几个童稚,在院里点了一堆竹子在玩耍,火光通红,竹子燃烧后"啪啪"地爆响,年兽转到此处,看见火光吓得掉头逃窜。此后,人们知道年兽怕红、怕光、怕响声,每至年末岁首,家家户户就贴红纸、穿红袍、挂红灯、敲锣打鼓、燃放爆竹,这样年兽就不敢再来了。在《诗经·小雅·庭燎》篇中,就有"庭燎之光"的记载。所谓"庭燎",就是用竹竿之类制作的火炬,竹竿燃烧后,竹节里的空气膨胀,竹腔爆裂,发出噼噼啪啪的响声,这就是"爆竹"的由来。

　　可是有的地方,村民不知年兽怕红,常常被年兽吃掉。这事后来传到天上的紫微那儿,他为了拯救人们,决心消灭年兽,有一年,他待年兽出来时,就用火球将它击倒,再用粗铁链将它锁在石柱上。

　　这种现象逐渐形成了绵绵相传的"过年"和"拜年"的风俗,"拜年"的风俗内容丰富,通常的顺序是:先拜天地,次拜祖宗,再拜高堂,然后出门去拜亲朋好友,亦有初一拜本家、初二拜岳家、初三拜亲戚等各种讲究,直至拜到正月十五,所谓"拜个晚年"。

端午情 粽飘香

(合肥市青年路小学 吴莉莉)

【背景分析】

中华民族的传统节日是炎黄子孙的精神图腾,蕴含着中华民族深厚的历史渊源,承载着中华民族世世代代的乡愁,无疑是中华民族宝贵的非物质文化遗产。作为我国三大传统节日的端午节之所以能够保留下来,是因为其有着深厚的文化底蕴,寄托着人们对爱国主义诗人屈原的深切缅怀。

实现中华民族的伟大复兴,需要强大的精神支持。在世界各国都积极保护本民族传统文化的大背景下,炎黄子孙没有理由不去继承、发扬我们的传统文化,为繁荣世界文化作出应有的贡献。今天,我们大张旗鼓地纪念自己的传统节日,就是要以节载道,传承民族文化、培育民族精神,从传统节日中汲取丰富的文化甘泉。

【队会目标】

1. 了解端午节的由来和习俗。

2. 感悟屈原忧国忧民的爱国主义精神。

3. 学习包粽子,陪伴老人过节,用自己的行动来传承中华民族精神。

【前期准备】

1. 关于端午节的传说故事和有关图片、视频。

2. 家长和孩子初步了解端午节的有关民俗,准备艾草、绿豆糕、咸鸭蛋、包粽子的材料等。

【队会过程】

(一)整队、报告人数

中队长:全体起立,立正,稍息,各小队整队报数。

小队长,立正。(报告时,跑到中队长面前,敬队礼、报告)

报告中队长,第一小队应到×人,实到×人,报告完毕。

中队长:接受你的报告!

小队长:第一小队,稍息。(小队长回原位、全小队稍息)

各小队依次报告……

中队长:全体立正,(中队长向中队辅导员敬礼,中队辅导员还礼)报告中队辅导员,二(8)中队应到48人,实到48人,队会一切工作准备完毕,请您参加,并给予指导,报告完毕!

辅导员:接受你的报告!很高兴参加你们的队会,并预祝你们的队会取得圆满成功!(中队辅导员敬礼,中队长还礼)

(二)宣布主题中队会开始

中队长:合肥市青年路小学二(8)中队"端午情 粽飘香"主题队会现在开始!全体立正,出旗,敬礼!(旗手进场奏乐)礼毕!

唱《中国少年先锋队队歌》(配乐、指挥),请坐下!

(三)活动过程

活动一 走进端午

甲:同学们,你们知道农历五月初五是什么节日吗?

乙:知道,是我国传统的端午节。端午节是我国两千多年的旧习俗,早在周朝,就有"五月五日,蓄兰而沐"的习俗。每到这一天,家家户户都悬钟馗像,挂艾叶菖蒲、赛龙舟、吃粽子、饮雄黄酒等。

甲:今天就让我们走进端午节去了解一下吧!

合:二(8)中队"端午情 粽飘香"主题队会现在开始!

活动二 话说端午

1.端午说由来

甲:农历五月初五,俗称"端午节"。同学们,你们知道端午节还有哪些别名吗?端午节是怎么来的吗?

生1:农历五月初五为端午节,又称端阳节、午日节、五月节、艾节、端五、重午、午日、夏节。端是"开端""初"的意思,五月初五可以称为端五,与春节、清明节、中秋节并称为中国汉族的四大传统节日。

生2:通过投影,为大家讲述绘本故事《端午节》。

乙：屈原真是一位伟大的爱国者，我们应当缅怀他。其实关于端午的传说故事还有：曹娥救父的故事、黄巢及伍子胥的故事。大家可以去查阅。

2. 端午话习俗

甲：同学们，你们知道端午节有哪些习俗吗？（吃粽子、赛龙舟……）

乙：同学们，为什么端午节要吃粽子呢？你们知道粽子的由来吗？

生3：端午节的主要习俗就是品尝粽子。屈原跳江后，有位渔夫拿出为屈原准备的饭团、鸡蛋等食物丢进江里，说是让鱼虾蟹吃饱了，就不会去咬屈大夫的身体。后来担心饭团为蛟龙所食，人们想出用楝树叶包饭，外缠彩丝，后发展成粽子。直至今天，每年五月初五，中国百姓家家都要浸糯米、洗粽叶、包粽子，其花色品种琳琅满目。

甲：端午节最热闹的习俗是什么？（赛龙舟）谁能说说端午节为什么要进行龙舟比赛？

生4：端午节最热闹的习俗当然是赛龙舟。楚国人因舍不得贤臣屈原投江死去，许多人划船追赶拯救，借划龙舟驱散江中之鱼，以免鱼吃掉屈原的身体。划龙舟这一习俗延续到今天，既是强身健体的一种体育运动，更是积极向上、齐心协力、奋勇拼搏的精神体现！

乙：端午节是中国两千多年来的传统习俗，由于我国地广人多，加上各种故事传说，于是各地有着不同的习俗。除了以上习俗，你们还知道哪些习俗呢？

（同学自由发言）

活动三 端午赛诗会

甲：我们知道屈原是一位伟大的爱国诗人，为了纪念他，有人把端午节还称作"诗人节"。千百年来，屈原的爱国精神和感人诗歌，已深入人心，他留给我们的著名诗歌有《离骚》《天问》《九歌》等，当代文人也写了许多诗词来纪念屈原。下面请听诗朗诵《遥祭屈原》。

乙：听完这首诗，屈原的爱国情怀深深感动了我，作为一名小学生，热爱祖国是我们义不容辞的责任。

甲：你们还知道哪些端午的儿歌或诗歌呢？

（学生自由发言）

合：两千多年的岁月，在历史的长河中不能算短短一瞬，可是尽管大江东去,暮往朝来,诗人屈原的形象却依然留在人们心间。让我们世世传递端午节,代代都记住他,一位伟大的浪漫主义爱国诗人——屈原。

活动四　大手拉小手,一起包粽子

甲:同学们,吃粽子是端午节的习俗之一,粽子香甜软糯,美味可口。但并不是每个人都会包粽子的。今天我们就自己动手和爸爸妈妈、爷爷奶奶一起来包粽子,看谁的手儿最巧,包的粽子最漂亮。(包粽子)

乙:包粽子对于很多人来说是一件很困难的事,同学们和爸爸妈妈、爷爷奶奶包得特别用心,体会着那份快乐,经过大家的努力,一个个碧绿的粽子完成了,想把自己的成果展示给大家看吗?

(各组同学展示粽子,并给粽子取一个名字,说出自己的祝福)

甲:虽然同学们的粽子有的包得还不怎么精致,但这些都是大家的劳动成果,相信大家吃起来肯定会更加香甜。

活动五　观看微电影《我的端午节》

甲:对于韩国"端午祭"申遗成功,不知大家有何感想?让我们一起观看微电影《我的端午节》,请大家谈一谈。

(家长学生共同交流)

(四)辅导员讲话

同学们,今天的活动举办得非常成功,在此向你们表示祝贺。老师高兴地看到同学们参与的热情、强烈的表现欲望以及作为一名新时代的少年对信息、资料的搜集能力。通过本次活动,我们对端午这个中国传统节日有了更深的认识,老师相信今年的端午节大家一定会过得特别有意思,到时候我们再一起来包粽子,表达我们对屈原的怀念。我国地大物博、历史悠久,许多传统文化遗产濒临消失,作为炎黄子孙我们有责任去保护和弘扬它们,让我们从传统节日教育做起,使我国的传统文化发扬光大!

(五)呼号

(六)退旗!奏乐!敬礼

(七)宣布队会结束

在活动前,我担心这样的传统活动孩子不会有多大兴趣,但活动的过程和

效果却令我兴奋:当主持人介绍端午节的来历时,孩子们听得非常认真,他们的小脸上出现的是敬佩的神情。在听到屈原投江自尽的时候,他们的神情暗淡下来,一副副伤心的表情。有的孩子还把从爸爸妈妈那儿听来的别的来历和习俗讲给大家听。现在还有另一个说法,端午节是为了纪念伍子胥的,到底给孩子讲不讲这种说法,我曾经考虑过,后来觉得孩子年龄小,对于存在争议的问题还是不讲为好,所以只讲了人们一直以来所认定的说法。没想到有的小朋友从家长那儿已听过这种说法,我就给他们略微讲了讲,但同时告诉他们,很多很多的人是怀疑这种说法的。有的孩子还说出门上插艾草、小孩子戴"长命缕"等习俗,看来他们的知识经验储备还是不少的。

　　看一看、闻一闻、包一包……孩子们在丰富的体验中记住了这个节日,记住了人们对英雄的怀念。但是由于学生年龄小,包粽子对于他们来说有点难,家长包办的多,以后活动可以在课前准备时让孩子们在家请教长辈,先练一练,以提高孩子的自信心。

　　端午节是我国的一个传统节日,它有着独特的风俗,如:吃粽子、赛龙舟、挂香袋、系长命缕等庆祝活动。这些活动都适合儿童来开展,既能锻炼和发展他们的动手能力,又能增进他们对中国传统文化的了解,激发他们的兴趣。同时,端午节有着一个有名的来历,让孩子了解屈原的故事,能激发他们初步的民族自豪感。为此,教师结合一年一度的端午佳节,开展相关的主题教学活动,非常适宜,也非常必要。包粽子的环节是整个活动的高潮,因为每个孩子都真正动起手,参与进来,没有说教、没有宣讲,只有开心的笑声,相信这个节日会走进孩子的心里。

(点评人:合肥市卫岗小学　阮雪莲)

【附件】

1. 故事概况

（1）屈原投江。

为了纪念爱国诗人屈原，人们为了防止跳下汨罗江的屈原尸体被鱼虾吃掉，所以在江里投下许多用竹叶包裹的米食（粽子），并且竞相划船（赛龙舟）希望找到屈原的尸体。

（2）曹娥寻父尸。

东汉孝女曹娥，因曹父溺江而亡，年仅十四岁的她沿江号哭，经十七日仍不见曹父尸首，乃在五月一日投江，五日后两尸合抱而浮起，乡人群而祭之。

（3）白蛇传。

传说白蛇白素贞，为了报答许仙的恩惠，与许仙结为夫妻。端午节当天白蛇喝了雄黄酒，差点现出蛇形，加上法海、白蛇及水淹金山寺的情节，都是脍炙人口的民间戏曲曲目。

（4）伍子胥的忌日。

传说伍子胥助吴伐楚后，吴王阖闾逝世，皇子夫差继位，伐越大胜，越王勾践请和，伍子胥主战，夫差不听，却听信奸臣言，赐伍子胥自杀，并于五月五日将尸体投入江中，此后人们于端午节纪祀伍子胥。

2. 习俗的传说

（1）吃粽子。

因屈原投江，民众怕屈原的尸体被鱼虾吃掉，所以用竹筒装好米食投入江中，后来演变成用竹箬、竹叶包好投入江里喂鱼虾。

（2）喝雄黄酒。

因端午节后各种虫类开始活跃，瘟疫渐多，雄黄具有消除疫病的功用；也是因白蛇传的故事，白蛇喝了雄黄酒之后，差点现出蛇形，所以民众起而仿效，希望达到驱邪的功效。此种习俗，在长江流域地区很盛行。

(3)挂艾草、菖蒲。

端午节在门口挂艾草、菖蒲,都有其原因。通常将艾草、菖蒲用红纸绑成一束,然后插或悬在门上。因为菖蒲天中五瑞之首,象征去除不祥的宝剑,因为生长的季节和外形被视为感"百阴之气",叶片呈剑型,插在门口可以避邪。所以方士称它为"水剑",后来的风俗则引申为"蒲剑",可以斩千邪。艾草代表招百福,是一种可以治病的药草,插在门口,可使身体健康。在我国古代就一直是药用植物,针灸里面的灸法,就是用艾草作为主要成分,放在穴道上进行灼烧来治病。

(4)悬钟馗像。

钟馗捉鬼,是端午节习俗。在江淮地区,家家都悬钟馗像,用以镇宅驱邪。唐明皇自骊山讲武回宫,疟疾大发,梦见二鬼,一大一小,小鬼穿大红无裆裤,偷杨贵妃之香囊和明皇的玉笛,绕殿而跑。大鬼则穿蓝袍戴帽,捉住小鬼,挖掉其眼睛,一口吞下。明皇喝问,大鬼奏曰:臣姓钟馗,即武举不第,愿为陛下除妖魔,明皇醒后,疟疾痊愈,于是令画工吴道子,照梦中所见画成钟馗捉鬼之画像,通令天下于端午时,一律张贴,以驱邪魔。

(5)划龙船竞赛。

当时楚人因舍不得贤臣屈原死去,于是许多人划船追赶拯救。他们争先恐后,追至洞庭湖时不见踪迹,是为龙舟竞渡之起源,后每年五月初五划龙舟以纪念之。借划龙舟驱散江中之鱼,以免鱼吃掉屈原的尸体。现代则为一种表现团队精神的最佳活动,而且举办划龙船比赛,近年来有逐渐发展成国际邀请赛的情形。龙船比赛让外国友人喜欢的原因:它是一种有别于国外盛行的独木舟或八人式的划船,而是一种需要更多默契的力与美的运动。

(6)游百病。

此种习俗,盛行于贵州地区。

欢欢喜喜闹元宵

（合肥市卫岗小学　李璐璐）

【背景分析】

中国传统节日是我国文化遗产中的重要组成部分，凝结着中华民族的民族精神和民族情感。现如今，受西方文化的影响，"洋节"堂而皇之地在华夏大地上遍地开花，传统节日却被"冷落"。我们的孩子作为最开放、最容易被重塑、最易接受新事物的群体，在这一方面表现得尤为明显。针对现状，我中队开展了元宵节主题活动，通过挖掘传统节日的深厚文化内涵，引导队员进一步了解传统节日、认同传统节日、喜欢传统节日、过好传统节日，并在活动中加深对伟大祖国悠久历史的了解，感受中国传统文化的魅力，传承中华美德，增强爱国主义情感和社会责任感。

【队会目标】

1. 通过资料交流，了解元宵节的由来及习俗。
2. 通过赏花灯、猜灯谜、吃汤圆等活动，感受元宵节的热闹氛围，体会中华民族文化的魅力所在，激发学生热爱中华民族传统文化之情。

【前期准备】

1. 发动队员通过各种途径搜集有关元宵节来历、传说及习俗的资料。
2. 各小队创编元宵节主题童谣，制作花灯，搜集灯谜。
3. 动员部分家长一同布置教室，准备煮汤圆的材料。
4. 精心制作多媒体课件，指导队员排练节目。

【队会过程】

（一）整队、报告人数

中队长：全体起立，立正、稍息，各小队整队报数。

第一小队长:第一小队,立正。(报告时,跑到中队长面前,敬队礼、报告)报告中队长,第一小队应到×人,实到×人,报告完毕!

中队长:接受你的报告!(中队长敬礼,小队长还礼)

小队长:第一小队,稍息。(小队长回原位、全小队稍息)

各小队依次报告……

中队长:全体立正。(中队长向中队辅导员敬礼,中队辅导员还礼)报告中队辅导员,三(8)中队应到×人,实到×人,"欢欢喜喜闹元宵"主题中队会准备就绪,邀请您参加我们的队会,并给予指导,报告完毕!

辅导员:接受你们的邀请,很高兴参加你们的活动,并预祝你们的主题中队会圆满成功!(中队辅导员敬礼,中队长还礼)

(二)宣布主题中队会开始

中队长:合肥市卫岗小学三(8)中队"欢欢喜喜闹元宵"主题队会现在开始!全体立正,出旗!敬礼!(旗手进场奏乐)礼毕!

唱《中国少年先锋队队歌》(配乐、指挥),请坐下!

(三)活动过程

活动一 探寻元宵节来历(历史馆)

1.元宵节大家谈

甲:中国是一个有着五千年文明的国度,她辉煌的文化、悠久的传统,历经几千年,依然熠熠生辉。

乙:传统节日是社会生活的积淀,是民族文明的精华,你们知道中国有哪些传统节日吗?(小队分组汇报:春节、元宵节、清明节、端午节、中秋节、重阳节)

甲:那今天就让我们一起去探寻中国传统节日的代表——元宵节!

乙:元宵节始于两千多年前的西汉,盛行于唐宋,流传至今。队员们,你们对元宵节有哪些了解?

队员1:正月十五元宵节,"元"是开始,"宵"是晚上,元宵节是一年中第一个月圆之夜,也称"上元节"。

队员2:"小初一,大十五",元宵节也叫"灯节",正月十五夜,街上到处火树银花。

队员3:元宵节,人们会走上街头,看花灯,猜灯谜。

队员4:正月十五还要吃元宵,元宵象征着团团圆圆,象征家庭和睦幸福,象征全民族的大团结。

2.听故事,了解元宵节由来

甲:关于元宵节,还有许多有趣的传说呢!(队员表演情景剧《灯的传说》)

灯的传说

传说在很久以前,凶禽猛兽很多,四处伤害人和牲畜,人们就组织起来去打它们,有一只神鸟因为迷路而降落人间,却意外被不知情的猎人给射死了。天帝知道后十分震怒,立即传旨,下令让天兵于正月十五日到人间放火,把人间的人畜财产通通烧死烧掉。天帝的女儿心地善良,不忍心看百姓无辜受难,就冒着生命危险,偷偷驾着祥云来到人间,把这个消息告诉了人们。众人听说了这个消息,如头顶响了一个焦雷,吓得不知如何是好,过了好久,才有个老人家想出个法子,他说:"在正月十四、十五、十六日这三天,每户人家都在家里张灯结彩、点响爆竹、燃放烟火。这样一来,天帝就会以为人们都被烧死了。"

大家听了点头称是,便分头准备去了。到了正月十五这天晚上,天帝往下一看,发现人间一片红光,响声震天,连续三个夜晚都是如此,以为是大火燃烧的火焰,心中大快。人们就这样保住了自己的生命及财产。为了纪念这次成功,此后每到正月十五,家家户户都悬挂灯笼、放烟火来纪念这个日子。

乙:队员们的表演很精彩!这些传说传承着中华民族灿烂的华夏文明,让元宵节更具魅力。

活动二　元宵节习俗知多少(习俗馆)

1.看花灯,猜谜语

甲:按照中国民间传统,在新年第一个皓月高悬的夜晚,人们要点起彩灯万盏,以示庆贺。你们知道元宵节还有哪些习俗吗?

(各小队汇报:耍龙灯、猜灯谜、踩高跷、舞狮子、划旱船、吃元宵)

乙:元宵节还没到,大街小巷就挂满了各式各样、色彩绚丽的花灯,多么

惹人喜爱!看,队员们带着他们的花灯来啦!(配乐诗朗诵《天上的街市》)

天上的街市

远远的/街灯/明了,好像/闪着/无数的/明星。
天上的/明星/现了,好像/点着/无数的/街灯。
我想那/缥缈的/空中,定然有/美丽的/街市。
街市上/陈列的/一些/物品,定然是/世上/没有的/珍奇。
你看,/那浅浅的/天河,定然是/不甚/宽广。
那/隔着河的/牛郎/织女,定能够/骑着牛儿/来往。
我想/他们/此刻,定然/在/天街/闲游。
不信,/请看/那朵流星,是他们/提着/灯笼/在走。

甲:一年初望,明月生辉。
乙:三五良宵,花灯吐艳。
甲:在这动人的乐曲中,倾听元宵佳句,真是一番享受!
乙:"牛郎织女提着灯笼在天街行走",这传说让佳节更添了几分神秘。
甲:把谜语挂在花灯上,就成了元宵节的特色——灯谜。瞧,每个花灯都有一个灯谜,谁猜中了,就把花灯送给他。(猜灯谜)

八十八。(谜底:入木三分)
小小东西,放在腋底。有病没病,看它肚皮。(谜底:温度计)
猛将百余人,无事不出城。出城就放火,引火自烧身。(谜底:火柴)
红艳艳,飘胸前。像火苗,暖心间。(谜底:红领巾)

2.唱童谣,庆元宵

甲:岁岁闹元宵,轰天锣鼓敲。烟花分外美,民俗实堪骄。
乙:古代文人墨客纷纷以元宵节为题,创作了大量的诗词作品,我们的队员也为大家带来了精彩的童谣串烧。

(四小队分组齐诵童谣,请四名队员诵读创编童谣并展示在黑板上)

元宵好

元宵好,元宵妙。元宵好吃呱呱叫,赏花灯,猜灯谜,欢天喜地闹元宵。

看花灯

元宵夜,看花灯,大街小巷人欢腾。纸糊的金鱼吐泡泡,纱做的猴子眨眼睛。走马灯里猫追鼠,荷花灯上立蜻蜓。各种彩灯真奇妙,明年我也做花灯。

闹元宵

正月里,闹元宵,花灯夜会真热闹。有龙灯,有凤灯,龙飞凤舞人欢笑。玩旱船,踩高跷,狮子绣球滚又摇。放焰火,点鞭炮,火树银花金光冒。好光景,步步高,老老少少乐陶陶。

元宵节

窗外月儿圆又圆,全家欢聚吃汤圆。正月十五元宵节,家家户户庆团圆。

活动三 元宵甜蜜幸福享(美食屋)

甲:欢欢喜喜闹元宵,在元宵节我们最爱吃汤圆。

乙:元宵圆溜溜,甜蜜蜜,我们都爱吃。瞧,开心小汤圆来啦!

(歌曲表演《开心小汤圆》《卖汤圆》)

(队员演唱,全体品尝元宵)

开心小汤圆

格叽格叽格叽格叽格叽格叽,我要吃汤圆,格叽格叽格叽格叽格叽格叽,吃汤圆。我的爷爷奶奶爸爸妈妈叫我小汤圆,我头儿圆又圆,我嘴儿甜又甜,叔叔阿姨哥哥姐姐说我浑身滴溜圆,所以我的名字就叫小汤圆。我要吃,我要吃,我要吃,我要吃,快买碗汤圆给我吃,口水都要流出来啦,我都快要等不及了,我就是要吃汤圆。两碗汤圆,两碗汤圆,我要吃,我要吃,一碗花生汤圆,一碗绿豆汤圆,太好啦,太好啦。你为什么长得这样又肥又圆?因为我每天都要吃碗汤圆,啊,芝麻汤圆,啊,桂花汤圆,不吃汤圆我会生气,我会生气,我会生气。

小结:吃汤圆,把整个中队会的气氛推向了高潮,最难能可贵的是,队员们学会了分享,他们把一份份美味的汤圆送到同伴手上,直到所有的客人都品尝到之后,他们才有序地享受那份美味和甜蜜,吃汤圆的过程溢满了爱与温馨,这是孩子带给我们的温暖!

(四)活动结束

中队长:请中队辅导员讲话。

辅导员:亲爱的队员们,今天的队会在大家的共同努力下,召开得很成功。元宵节以其丰富的文化内涵和精神意蕴,鼓舞和温暖了我们千年,已成为中华儿女的共同精神家园。其实每一个传统节日的背后都有着特殊的由来、美丽的传说和独特的庆祝方式,希望我们每个队员都能了解中国的传统节日,将中国的传统文化发扬光大。

中队长:全体起立,退旗(全体敬礼)——礼毕!

中队长:"请辅导员老师带领我们呼号,全体起立!面向队旗。"

辅导员:"请举起右拳,跟我呼号:准备着,为共产主义事业而奋斗!"

全体队员回答:"时刻准备着!"

中队长:全体立正,退旗!敬礼!礼毕!请坐!

中队长:三(8)中队"欢欢喜喜闹元宵"主题中队会到此结束。谢谢各位家长和老师的光临!

"元宵节"是我国传统意义上的民俗节日,但三年级的孩子对"元宵节"的认知,包括它的来历、元宵节的习俗以及这个节日对于我们每一个中国人的意义等知之甚少,所以开展这样的主题队会非常有现实意义。在队会活动的设计上,我沿着"历史馆——习俗馆——美食屋"这一主线把多个精彩纷呈的节目串联起来,让队员对元宵节的传统文化和民俗习惯有了一个基本了解,更让他们体会到中华民族传统文化的博大精深和魅力所在,在心中涤荡起爱国的情怀,让这种"润物细无声"的教育抵达孩子们的心灵!

观摩本节队会,留在心底的有震撼、有温暖还有感动。下面我就寻着最初的感受和大家一起重温那个美好的节日——元宵节。

(1)活动形式精彩纷呈,老师和孩子们在活动的设计和排练上颇下了一番苦工,呈现给我们的有让人捧腹的情景剧、使人泪湿的诗朗诵、朗朗上口的童谣串烧以及视听效果俱佳的歌曲表演《开心小汤圆》,几乎每个节目都是集时代性、思想性、趣味性和审美性于一体,让观摩者沉浸流连其中,而孩子们参与面也非常广,他们通过自身的参与和体验,更能感受节日的热烈与美好!

(2)队会组织井然有序,每个活动主题鲜明,各个环节过渡自然,孩子们的表演热烈而美好,主持人的主持功底深厚,队员们积极参与……除此之外,整队、报数、出旗、唱队歌都训练有素,整齐划一,给人一种力量的美!如果一定要指出不足的话,我想如果孩子们吃的是自己做的元宵,自己动手,丰衣足食,是否更有意义些呢?最后,再次感谢老师,感谢亲爱的小朋友们,感谢你们让我们度过了一个难忘的元宵节!

(点评人:合肥市师范附小三小　刘玲)

菊花飘香话重阳

（合肥市卫岗小学　阮雪莲）

【背景分析】

现今社会，西方舶来的"愚人节""圣诞节""万圣节"盛行，使我国的传统节日如明珠蒙尘。而我们的学生又大多是独生子女，在家庭生活中容易以自我为中心，把长辈们的付出视为理所当然，不懂得珍惜。尤其是对老人，往往只知索取，不知回报；或者知道要孝敬老人，但在做法上存在偏差。本活动通过九九重阳节这样一个传统节日，让队员们在实践中明白尊敬老人是中华民族的传统美德，感悟中华传统文化中蕴含的价值理念，实践社会主义核心价值观，自觉做传统文化的传承人。

【队会目标】

1.了解重阳节的风俗及民族文化含义，感悟祖国文化的源远流长。

2.学会感恩，学会珍惜，学会感激老人。

3.用自己的行动来表达对老人的情感，动手又动脑。

4.培养学生敬重老人、关心老人的良好品质，弘扬中华民族尊老敬老的优良传统。

【前期准备】

1.关于重阳节的传说故事和图片。

2.事先让家长和孩子初步了解有关重阳节的民俗。

【队会过程】

(一)整队、报告人数

中队长：全体起立，立正、稍息，各小队整队报数。

第一小队长：第一小队，立正。（报告时，跑到中队长面前，敬队礼、报告）

报告中队长，第一小队应到×人，实到×人，报告完毕。

中队长：接受你的报告！

小队长：第一小队，稍息。（小队长回原位、全小队稍息）

中队长：全体立正，（中队长向中队辅导员敬礼，中队辅导员还礼）报告中队辅导员，四(2)中队应到48人，实到48人，队会一切工作准备完毕，请您参加，并给予指导，报告完毕。

辅导员：接受你的报告，很高兴参加你们的队会，并预祝你们的队会取得圆满成功。（中队辅导员敬礼，中队长还礼）

(二) 宣布主题中队会开始

中队长：合肥市卫岗小学四(2)中队"菊花飘香话重阳"主题队会现在开始！全体立正，出旗！敬礼（旗手进场奏乐）！礼毕！

唱《中国少年先锋队队歌》（配乐、指挥）。请坐下！

(三) 活动过程

活动一　诗诵重阳，传承文化

甲：独在异乡为异客，每逢佳节倍思亲。遥知兄弟登高处，遍插茱萸少一人。队员们，你们知道这首诗写的是什么节日吗？（重阳节）

乙：唐代诗人王维所写的这首《九月九日忆山东兄弟》，表现了诗人重阳节时远在他乡，不能与亲人兄弟一起登山，表达了对亲人的思念之情。

甲：重阳佳节，寓意深远，人们对此节历来有着特殊的感情，唐诗宋词中有不少贺重阳、咏菊花的诗词佳作。你还知道哪些有关重阳节的古诗词和习俗吗？

队员1：重阳节首先有登高的习俗，金秋九月，秋高气爽，这个季节登高远望可达到心旷神怡、健身祛病的目的。和登高相联系的有吃重阳糕的风俗。高和糕谐音，作为节日食品，最早是庆祝秋粮丰收、喜尝新粮的用意，之后民间才有了登高吃糕，取步步登高的吉祥之意。

队员2：重阳日历来就有赏菊花的风俗，所以古来又称菊花节。农历九月俗称菊月，节日举办菊花大会，倾城的人潮赴会赏菊。从三国魏晋以来，重阳聚会饮酒、赏菊赋诗已成时尚。在汉族古俗中，菊花象征长寿。

队员3:孟浩然的《过故人庄》中就有两句:开轩面场圃,把酒话桑麻。待到重阳日,还来就菊花。他喝的应该就是重阳节的菊花酒吧。

队员4:我也读过一首写重阳节的古诗,我来念给大家听听:

九日齐山登高

(唐)杜牧

江涵秋影雁初飞,

与客携壶上翠微。

尘世难逢开口笑,

菊花须插满头归。

从这首诗我们了解到重阳节不光有登高望远、佩戴茱萸的习俗,有的地方还把菊花戴在头上。

乙:九九重阳,寓意深远,它让我们领略了祖国文化的无限魅力。

队员5:我还知道毛主席也写了一首有关重阳节的词。

采桑子·重阳

人生易老天难老,岁岁重阳,

今又重阳,战地黄花分外香。

一年一度秋风劲,不似春光,

胜似春光,寥廓江天万里霜。

这首词写的是重阳节战地风光。

甲:在战争年代,人们把重阳节过得这样特别。

队员6:(课件出示)在民俗观念中,九九重阳,因为与"久久"同音,包含有生命长久、健康长寿的寓意。1989年,我国把每年的农历九月初九定为老人节,倡导全社会树立尊老、敬老、爱老、助老的风气,因此重阳节又多了一层新含义。

活动二 学习《弟子规》,知老懂老

乙:是的,农历九月初九,是我国的传统节日——重阳节,又被称为"中国老人节",尊敬长辈是我国的传统美德,早在古代,人们就非常注重对孩子进行尊敬长辈的教育,《弟子规》这本书对于尊老敬老就提出了明确的要求,大家看大屏幕一起吟唱。(出示《弟子规》)

父母呼	应勿缓	父母命	行勿懒	父母教	须敬听	父母责
须顺承	冬则温	夏则凊	晨则省	昏则定	出必告	返必面
居有常	业无变	事虽小	勿擅为	苟擅为	子道亏	物虽小
勿私藏	苟私藏	亲心伤	亲所好	力为具	亲所恶	谨为去
身有伤	贻亲忧	德有伤	贻亲羞	亲爱我	孝何难	亲恶我
孝方贤	亲有过	谏使更	怡吾色	柔吾声	谏不入	悦复谏
号泣随	挞无怨	亲有疾	药先尝	昼夜侍	不离床	丧三年
常悲咽	居处变	酒肉绝	丧尽礼	祭尽诚	事死者	如事生

甲：队员们,刚刚我们一起吟唱的这段《弟子规》,是教育我们要注意尊敬长辈的礼仪,让我们再次感悟了敬老爱老的传统教育。

1. 欣赏几位队员的快板表演《弟子规》。(课件出示)

	长者先	幼者后	长呼人	即代叫	人不在	己即到	称尊
长	勿呼名						
	对尊长	勿见能	路遇长	疾趋揖	长无言	退恭立	骑下
马	乘下车						
	过犹待	百步余	长者立	幼勿坐	长者坐	命乃坐	尊长
前	声要低						
	低不闻	却非宜	进必趋	退必迟	问起对	视勿移	事诸
父	如事父	事诸兄	如事兄				

2. 全体朗诵《弟子规》中关于尊敬长辈的部分。

活动三　朗诵表演,敬老爱老

乙:我国现在60岁以上老人已经达到1.4亿,这表明我国已经提前进入了老龄化社会,那么这些老人的生活状况是怎样的呢?而今,社会上出现了许多"空巢"老人,这些老人缺少的不再是生活上的物质需求,更多的是精神上的慰藉,和子女对他们的关怀。

队员们为大家带来了一篇文章《孩子,我想对你说》,希望大家听完后能够明白老人们在身心方面的需求。(课件出示)

孩子，我想对你说

孩子！当你还很小的时候，

我花了很多时间，教你慢慢用勺子、用筷子吃东西；

教你系鞋带，扣扣子，溜滑梯；教你穿衣服，梳头发，擤鼻涕。这些和你在一起的点点滴滴，是多么的令我怀念不已，

所以，当我想不起来，接不上话时，请给我一点时间，等我一下，

让我再想一想。

极有可能最后连要说什么，

我也一并忘记。

孩子！你忘记我们练习了好几百回，

才学会的第一首娃娃歌吗？是否还记得每天总要我绞尽脑汁去回答不知道从哪里冒出来的"为什么"吗？所以，我常常重复又重复地说着老掉牙的故事，

哼着我孩提时代的儿歌。

体谅我，让我继续沉醉在这些回忆中吧！切望你，也能陪着我闲话家常吧！孩子，现在我常常忘了扣扣子，系鞋带，

吃饭时，会弄脏衣服，梳头发时，手还会不停地抖。

不要催促我，要对我多一点耐心和温柔，只要与你在一起，就会有很多的温暖涌上心头。

孩子！

如今，我的脚站也站不稳，走也走不动，

所以，请你紧紧地握着我的手，

陪着我，慢慢地，就像当年一样，我带着你一步一步地走。

甲：听了上述朗诵，请大家谈谈感想。

队员：有一句话说："百善孝为先。"我觉得我们首先对自己的爷爷奶奶要孝顺，"老吾老，以及人之老"，我们不仅要对自己的爷爷奶奶孝顺，还应该对所有的老人都怀有一颗善心。

乙：说得很对！谢谢你，请坐！

队员：善心不在于大小，我们要从身边的小事做起。敬老爱老并不是一

定要像报道中那样送老人们礼物,其实,给老人一个微笑,公共汽车上给老人让一下座,有礼貌地招呼一下老人也是对老人的一种尊敬。

甲:我们可以用自己力所能及的方式关爱老人。谢谢你。(鼓掌)

队员:我们要听爷爷奶奶的话,不要嫌他们什么都不懂,嫌他们啰嗦,其实,他们说的话都是为我们好。

乙:敬老爱老是我们中华民族的传统美德。请坐!(鼓掌)

队员:家有一老,如有一宝。爷爷奶奶一辈子的生活经验会指引我们在为人处世上少走弯路。

甲:就是呀,我们有些不懂的事情就可以去向长辈取经。请坐!

队员:我们可以在每一个节日里向老人祝福。给长辈们送上一声问候、道上一句祝福,明天我就想先给爷爷奶奶做一张贺卡。

乙:千言万语一句话,我们"孝心献老人",让他们的晚年更幸福。请听诗朗诵《献给敬爱的爷爷奶奶》。

献给敬爱的爷爷奶奶

A:夕阳是晚开的花,

B:夕阳是陈年的酒。

A:你们曾经在自己的工作岗位上,默默耕耘,无私奉献。

B:在那硝烟弥漫的战争年代,

A:在改革开放的春天里,

B:你们奔波在祖国的万里江山,

A:无论在哪一条战线,

B:你们都把汗水尽情流淌。

A:祖国不会忘记,

B:我们也不会忘记,

A:你们的青春和祖国紧紧联系在一起,

B:所有的记忆都因奉献而美丽。

A:时光荏苒,岁月如歌,

B:光阴改变了你们的容貌,却无法改变你们昂扬奋进的意志,

A:更无法改变你们关爱奉献的心,

B:在绚丽的夕阳下,你们又开始了新的征程。

合:你们是我们的骄傲,是我们的榜样。

A:生命不息,战斗不已的榜样;

B:生命不息,关爱永恒的榜样;

合:走在前列,干在实处的榜样。

A:昨天,是你们教我们走路;

B:今天,是你们教我们学习、做人。

合:我们是花朵,

A:有了你们的呵护才能结出累累硕果。

合:我们是幼苗,

B:有了你们的扶植才会长成参天大树。

A:今后,在你们的期盼中,我们的步伐会更稳健,

合:向上的信心会更坚定!

A:我们,祖国的接班人,代表新一代的少年儿童向爷爷奶奶保证:

B:为了中华民族的伟大复兴,

A:为了家乡的蒸蒸日上,

合:让我们跟着你们实现光荣和梦想!

活动四 欣赏公益广告,践行敬老

甲:正是有了爷爷奶奶这一辈人的辛勤耕耘,才有我们今天的幸福生活,那怎么让爷爷奶奶们晚年过得更幸福呢?下面请欣赏一则关于尊老的广告,看看广告中的小朋友是怎样做的。

乙:看广告《帮妈妈洗脚》,我们在日常生活中应该怎样做到尊老敬老?你可以为爷爷奶奶做些什么事情呢?

队员1:给爷爷奶奶(外公外婆)打一个电话或陪老人吃一顿饭。

队员2:讲一个动人的故事给老人听。

队员3:为爷爷奶奶(外公外婆)拍一张幸福照。

队员4:陪老人一起散步。

队员5:为老人们做一道可口的菜。(可以是水果拼盘)

甲:关心老人、帮助老人并不仅表现在重阳节这一天,更多的应表现在平时的一言一行中,下面我来考考大家:

(1)你知道爷爷奶奶的生日吗?
(2)你的爷爷奶奶爱吃什么?
(3)你了解爷爷奶奶的起床时间吗?
(4)你平时是怎样关心爷爷奶奶的?
(5)爷爷奶奶最大的愿望是什么?
(抢答)

乙:看来有的队员已经学会了关心爷爷奶奶,有的队员还没有从行动上真正去关心他们。希望大家能从小事做起,真正让老人拥有一个幸福的晚年,让重阳节永远绽放光彩。

甲:我记得一位名人说过:"孩子的心灵是一块神奇的土地,播上思想的种子,就会获得行为的收获;播上行为的种子,就能获得习惯的收获;播上习惯的种子,就能获得品德的收获;播上品德的种子,就能得到命运的收获。"

乙:今天我们播上尊敬老人的种子,就能获得心灵的快乐。齐唱《孝亲敬老歌》。

(四)活动结束

甲:请中队辅导员讲话。

辅导员讲话:队员们,菊花飘香话重阳,尊老敬老美德扬。队会上我们认识到如何尊老爱老,大家说得很好,老师相信你们会做得更好。在这里,老师想送给大家一句话:老吾老,以及人之老。希望全体队员能够付出行动,让中华民族的传统美德代代相传。

同时,老师也提醒各位队员,要是与家里人去登山或拜祭先人,一定要注意安全,慎防山火,不要燃点烟花爆竹,不要随便玩火。祝大家过一个安安全全、快快乐乐的重阳节。

中队长:请辅导员老师带领我们呼号,全体起立! 面向队旗!

辅导员:请举起右拳,跟我呼号:准备着,为共产主义事业而奋斗!

全体学生回答:时刻准备着!

中队长:全体立正,退旗! 敬礼! 礼毕! 请坐!

中队长:四(2)中队"菊花飘香话重阳"主题队会到此结束。谢谢各位家长和老师的光临!

本次主题队会以传统节日为教育主题,了解重阳节的风俗及民族文化的含义,旨在培养队员学会感恩、敬重老人、用自己的行动来关心老人的良好品质,弘扬中华民族尊老敬老的优良传统。通过一系列活动的开展,队员们不仅了解了重阳节的相关习俗,感悟祖国文化的源远流长,也激发了浓浓的敬老情,大家有感而发,吐露真情,对老人心存感激、知恩图报,知道用自己的行动来表达对爷爷奶奶的情感,更能把享受"长辈的爱"的感情进行迁移,去关爱自己身边的每一位老人,体验幸福生活的喜悦。

点评

本节队会以队员们耳熟能详的唐代诗人王维写的《九月九日忆山东兄弟》这首诗引入,重阳节话题展开流畅自然,队员们通过讲解搜集的古诗、传说故事对重阳节的来历、习俗进行有条理的阐述,内容翔实,使人信服,真是为孩子们的用心所感动。之后,主持人的小结很自然地将传统的重阳佳节转向重阳尊老敬老的中华民族传统美德上。

活动中关于怎样尊老敬老引发了队员们的深思,大家纷纷发表了自己的看法,让我深有感触。通过交流,队员们懂得要从平时的点滴做起,用实际行动来尊老敬老,体现了社会主义核心价值观。

另外,我觉得如果能用视频或幻灯片介绍我国空巢老人的现状,是不是更能激发队员们对尊老敬老的急迫性和重要性的进一步认识。

(点评人:合肥市卫岗小学　邓春丽)

中秋月下话团圆

（合肥市卫岗小学　林祥梅）

【背景分析】

中秋节是我国仅次于春节的第二大传统节日。中秋月明情意浓，但在孩子们眼中，中秋节只是放一天假，吃一些传统食品而已。他们并不了解节日所蕴含的丰富的人文意义和民族特色，也不知道这些传统食品的含义。开学初，正值中秋节来临，基于学生传统文化知识的缺乏，我们决定以中秋文化为本次队会的主题，从中秋节的来历传说、民风习俗、诗词祝语等，深刻体会中秋节的意蕴，感受中华民族传统文化的悠久历史。

【队会目标】

1. 了解中秋节的来历和风俗，感受中秋文化。

2. 诵读有关月亮的诗句，体会古人的思乡之情。培养学生热爱家乡、期盼祖国统一的思想感情。

3. 理解"团圆"的意义，从而珍惜友情、亲情，珍惜眼前所拥有的幸福生活。

【前期准备】

辅导员引导学生提出关于中秋节感兴趣的话题，将问题进行梳理，指导队员分组搜集有关中秋节的来历、风俗习惯的资料，以及有关月亮的古诗和灯谜。学生制作PPT。

【队会过程】

(一) 整队、报告人数

中队长：各小队整队报数。（各小队整队报数，小队长向中队长报告人数）

小队长：报告中队长，第一小队应到×人，实到×人，报告完毕。

中队长：接受你的报告！

小队长：第一小队，稍息。（小队长回原位、全小队稍息）

（其他小队同上）

中队长：全体立正，（中队长向中队辅导员敬礼，中队辅导员还礼）报告中队辅导员，五（6）中队应到54人，实到54人，队会一切工作准备完毕，请您参加，并给予指导，报告完毕！

辅导员：接受你的报告，很高兴参加你们的队会，并预祝你们的队会取得圆满成功！（中队辅导员敬礼，中队长还礼）

(二)宣布主题中队会开始

中队长：我宣布五（6）中队"中秋月下话团圆"主题队会现在开始。出旗，奏乐，敬礼！（旗手进场）——礼毕！

中队长：齐唱队歌。（全体队员齐唱队歌）

中队长：掌声有请主持人上场。

(三)活动过程

活动一　走近中秋，了解文化

主持人甲（以下简称甲）：敬爱的老师

主持人乙（以下简称乙）：亲爱的同学

合：大家上午好！

甲：明月当空洒银玉，中秋正至喜悦人。

乙：月是中秋分外明，且把问候遥窗寄。

甲：是呀，每当风清月朗、桂香沁人之际，家家尝月饼、赏月亮，喜庆团圆，别有一番风味。

乙：同学们，你们知道中秋节是哪个朝代盛行起来的吗？请第一小队队员向我们介绍中秋节的来历。

中秋节的来历

"中秋"一词，最早见于《周礼》。根据我国古代历法，农历八月十五日，在一年秋季的八月中旬，故称"中秋"。一年有四季，每季又分孟、仲、季三部分，三秋中第二月叫仲秋，故中秋也称为"仲秋"。随着社会的不断发展，古人赋予月亮许多传说，从月中蟾蜍

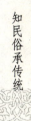

到玉兔捣药,从吴刚伐桂到嫦娥奔月,丰富的想象力为月宫世界描绘了一幅幅斑驳陆离的胜景。自汉至唐,墨客骚人纷纷吟咏月亮及月中之事,八月十五月圆时成为抒发感情的极佳时刻。至北宋太宗年间,官家正式定八月十五日为中秋节,取意于三秋之正中,届时万民同庆。中秋之夜,明月当空,清辉洒满大地,人们把月圆当作团圆的象征,把八月十五作为亲人团聚的日子,因此,中秋节又被称为"团圆节"。

甲:中国是文明古国,有五千多年的历史,在历史的发展长河中,关于中秋也就有了很多的传说,同学们想了解吗?下面有请第二小队队员给我们表演《嫦娥奔月》。(课本剧表演)

嫦娥奔月

相传,远古时候有一年,天上出现了十个太阳,直烤得大地冒烟,海水枯干,老百姓眼看无法再生活下去。这件事惊动了一个名叫后羿的英雄,他登上昆仑山顶,运足神力,拉开神弓,一气射下九个多余的太阳。后羿立下盖世神功,受到百姓的尊敬和爱戴,不少志士慕名前来投师学艺。奸诈刁钻、心术不正的逢蒙也混了进来。不久,后羿娶了个美丽善良的妻子,名叫嫦娥。后羿除传艺狩猎外,终日和妻子在一起,人们都羡慕这对郎才女貌的恩爱夫妻。一天,后羿到昆仑山访友求道,巧遇由此经过的王母娘娘,便向王母求得一包不死药。据说,服下此药,能即刻升天成仙。然而,后羿舍不得撇下妻子,只好暂时把不死药交给嫦娥珍藏。嫦娥将药藏进梳妆台的百宝匣里,不料被逢蒙看到了。三天后,后羿率众徒外出狩猎,心怀鬼胎的逢蒙假装生病,留了下来。待后羿率众人走后,逢蒙手持宝剑闯入内宅后院,威逼嫦娥交出不死药。嫦娥知道自己不是逢蒙的对手,危急之时她当机立断,转身打开百宝匣,拿出不死药一口吞了下去。嫦娥吞下药,身子立时飘离地面、冲出窗口,向天上飞去。由于嫦娥牵挂着丈夫,便飞落到离人间最近的月亮上成了仙。傍晚,后羿回到家,侍女们哭诉了白天发生的事。后羿既惊又怒,抽剑去杀恶徒,逢蒙早逃走了。气得后羿捶胸顿足哇哇大叫。悲恸欲绝的后羿,仰望着夜空呼唤爱妻的名字。这时他惊奇地发现,今天的月亮格外皎洁明亮,而且有个晃动的身影酷似嫦娥。后羿急忙派人到嫦娥喜爱的后花园里,摆上香案,放上她平时最爱吃的蜜食鲜果,遥祭在月宫里眷恋着自己的嫦娥。百姓们闻知嫦娥奔月成仙的消息后,纷纷在月下摆设香案,向善良的嫦娥祈求吉祥平安。

乙:原来中秋节拜月的习俗是这么来的。感谢第二小队精彩的表演。中秋节的习俗除了拜月还有很多呢!有请第三小队带我们走近中秋,去感受中秋特有的文化和习俗。(队员借助图片和视频介绍中秋节习俗)

赏月——(图片)"月是中秋明",中秋的月亮最明亮。

祭月——(视频)《礼记》早有记载"秋暮夕月",意为拜祭月神,逢此时则要举行迎寒和祭月,设香案。到了周代,每逢中秋夜都要举行迎寒和祭月。设大香案,摆上月饼、西瓜、苹果、红枣、李子、葡萄等祭品,其中月饼和西瓜是绝对不能少的,西瓜还要切成莲花状。在月下,将月亮神像放在月亮的那个方向,红烛高燃,全家人依次拜祭月亮,然后由当家主妇切开团圆月饼。切的人预先算好全家共有多少人,在家的,在外地的,都要算上,不能切多也不能切少,大小要一样。在少数民族中,同样盛行祭月的风俗。

吃月饼——(图片)中秋节赏月和吃月饼是中国各地过中秋节的必备习俗,俗话说:"八月十五月正圆,中秋月饼香又甜。"月饼一词,源于南宋吴自牧的《梦粱录》,那时仅是一种点心食品。到后来人们逐渐把赏月与月饼结合在一起,寓意家人团圆,寄托思念。同时,月饼也是中秋时节朋友间联络感情的重要礼物。(月饼实物展示)

赏桂花、饮桂花酒——桂花有"九里香"之誉,是我国人民十分喜爱的一种传统名贵花木。自古以来,人们把桂花及其果实视为"天降灵实",作为崇高、美好、吉祥的象征。人们仰望着明月,闻着阵阵桂香,遥想吴刚砍桂,喝一杯桂花蜜酒,欢庆合家甜甜蜜蜜,欢聚一堂,已成为节日的享受。

玩兔儿爷——兔儿爷是中秋节期间,给孩子们玩耍娱乐的一种泥塑玩具。其形状是人形而有兔嘴兔耳。头上竖两只长耳朵,嘴是三瓣的兔子嘴,其他地方跟人没什么区别。(图片、实物展示)

猜灯谜——(图片)中秋是我国三大灯节之一,过节要玩灯,玩灯就离不开猜灯谜。现场猜灯谜(现场的队员、观摩的老师和家长都可以参与),猜出的奖品是月饼。

中秋菊开（打一成语） 谜底：花好月圆

十五的月亮（打一成语） 谜底：正大光明

嫦娥下凡（打一花名） 谜底：月季

举杯邀明月（打一礼貌用语） 谜底：赏光

明天日全食（打一字） 谜底：月

二月平（打一字） 谜底：朋

月与星相依，日和月共存（打一字） 谜底：腥

一对明月毫不残，落在山下左右站（打一字） 谜底：崩

掬水月在手（打一成语） 谜底：掌上明珠

天秋月又满（打一字） 谜底：桂圆

活动二　联系生活，大话中秋

甲：真盼着中秋节快点到来。队员们，你们是怎么过中秋的？（队员展示自己和家人过中秋的照片，和大家分享是如何过中秋节的）

队员：每年的中秋节，我都和爸爸妈妈一起到农村的爷爷奶奶家过节，爸爸妈妈买了我们爱吃的蛋黄月饼，爷爷奶奶整整做了一桌子美食，最令我开心的是叔叔一家也会回来，我和堂弟可以一起玩了！最令人期待的夜晚到了，我们在院子里摆上小桌椅子，边赏月边吃月饼，大人们聊着小时候中秋节玩火把的事，我们一听来了劲，便央求爸爸妈妈扎火把一起玩，我们举着火把在田埂上跑，真是开心极了！（展示吃团圆饭、赏月、吃月饼、玩火把的照片）

乙：第四小队把自己过中秋的事编成了童谣，请欣赏快板表演《过中秋》。

过中秋

中秋节，月光光，全家一起看月亮。

月儿圆，月儿亮，月饼甜，月饼香。

吃月饼，看月亮，说说笑笑喜洋洋。

吃月饼，看月亮，说说笑笑喜洋洋。

中秋夜，亮光光，家家户户赏月忙。

摆果饼，烧线香，大家一起拜月亮。

分红柿，切蛋黄，赏罢月亮入梦乡。

乘火箭,逛月宫,看看嫦娥和吴刚。

活动三　赏读诗词,悟中秋情

甲:说到中秋,人们总要"举头望明月",因为中秋的月亮是一年中最大最美的。中秋节也是人们一直喻为最有人情味、最诗情画意的一个节日。

乙:自古以来,每逢佳节倍思亲。古代的许多诗人写下了许多有关月亮的诗篇,来表达自己的思乡之情。

甲:是呀,李白醉酒写下"举头望明月,低头思故乡",杜甫挥毫而就"露从今夜白,月是故乡明",这些诗句给人留下了深刻的印象。你还知道哪些有关月亮的诗句,给大家吟诵其中的几首。(配乐朗诵)

十五夜望月
(唐)王建
今夜月明人尽望,不知秋思落谁家!

望月怀远
(唐)张九龄
海上生明月,天涯共此时。情人怨遥夜,竟夕起相思!

水调歌头
(宋)苏轼
明月几时有,把酒问青天。不知天上宫阙,今夕是何年?我欲乘风归去,又恐琼楼玉宇。高处不胜寒,起舞弄清影,何似在人间!转朱阁,低绮户,照无眠。不应有恨,何事长向别时圆?人有悲欢离合,月有阴晴圆缺,此事古难全。但愿人长久,千里共婵娟!(全班齐唱)

乙:此夜,人们仰望天空如玉如盘的朗朗明月,自然会期盼家人团聚。远在海峡两岸的游子,也期盼着团聚,期盼着早日回到祖国母亲的怀抱。请听全体队员带来的诗朗诵《乡愁》。

乡愁
小时候,乡愁是一枚小小的邮票,我在这头,母亲在那头。
长大后,乡愁是一张窄窄的船票,我在这头,新娘在那头。
后来啊,乡愁是一方矮矮的坟墓,我在外头,母亲在里头。

而现在,乡愁是一湾浅浅的海峡,我在这头,大陆在那头。

甲:月是期盼,月是挂牵;月是幻想,月是浪漫;月是思念,月是圆满。

乙:下面就请队员们在这中秋佳节来临之际,用笔写下我们对身在异乡不能回家团圆的亲人或是朋友的思念之情,写下对祖国的美好祝愿。(队员代表发言,贴祝福卡片)

队员A:在中秋佳节来临之际,我祝大家阖家幸福,快乐永久!

队员B:我想给在外地上学的姐姐送去祝福,祝她学业有成,梦想成真!

队员C:我想对守卫边关的战士们说,感谢你们,你们牺牲了自己与家人团聚的机会,却换来更多家庭的团圆幸福!

队员D:祝愿我们的家乡合肥越来越美,我们的祖国繁荣昌盛!

……

(四)活动结束

甲:我们的主题班会到这里也接近尾声了,下面有请辅导员给我们作总结发言。

中队辅导员总结:首先祝贺大家,今天的主题队会召开得特别成功,每一个队员的表现都非常精彩,我为你们感到骄傲!让我们把热烈的掌声送给自己!中国的传统节日凝聚着中华民族的智慧,体现着中华文明的特点。通过这次队会我们不仅要了解中秋文化,更要学会如何弘扬中国传统。最后,在这金风送爽、丹桂飘香之际,祝福大家团团圆圆、和和美美、学业进步。

中队长:请辅导员老师带领我们呼号,全体起立!面向队旗!

辅导员:请举起右拳,跟我呼号:准备着,为共产主义事业而奋斗!

学生回答:时刻准备着!

中队长:全体立正,退旗!敬礼!礼毕!请坐!

中队长:我宣布五(6)中队"中秋月下话团圆"主题队会到此结束!

本次主题队会以"中秋月下话团圆"为主题,从中秋节的来历传说、民风习俗、诗词祝语、特色食品等文化现象展开活动,通过走进中秋的各种活动让孩子们了解民族的传统节日。主题队会是以班集体的智慧和力量为依托,以学生为主体充分发挥班级中每个学生的积极性而开展的一种生动活

泼的自我教育活动。五年级的学生已经具备掌握基本信息、处理信息、收集信息的能力，具有通过广泛的调查对问题进行简单梳理归纳的能力。活动前，让学生针对"中秋节"提出自己感兴趣的问题，教师引导学生先将问题归纳汇总，每个小队围绕一个问题搜集资料，整理信息，分工协作。教师只是活动的组织者、参与者、指导者，充分体现学生的自主性。每个队员都积极参加活动，在活动中锻炼、成长、收获。活动中，各小队围绕中秋节的来历、习俗、古诗，通过讲故事、表演、猜谜、朗诵、唱歌，甚至赠月饼、送祝福等丰富多彩的活动，在轻松愉悦的氛围中去感受中秋文化，体会中秋节的意蕴，感受中华民族传统文化的悠久历史。这次主题活动重在体验、实践、探索，培养了学生的传统观念和意识，重视友情、亲情，理解"团聚团圆"在民族文化中的特殊意义，从而更加珍惜眼前所拥有的幸福生活。这次活动也有一些不足，如学生只是从网上搜集有关中秋节的资料进行交流，如果能深入生活中，去了解、调查身边的人过中秋的情况，比如爷爷奶奶、爸爸妈妈小时候是如何过中秋的，和现在的生活进行比较，这样更能让学生体会团圆的意义，更加珍惜今天的幸福生活！

"中秋月下话团圆"这一主题的设置，从时间上看，横跨中秋节；从内容上看，贴近学生生活，具有开放性、实践性、体验性的特点。

(1)"人人参与最重要"。整节队会，从之前的准备到现场的展示，每一个队员都积极参与其中，充分展示了队员的精神面貌。在老师有计划的引导下，队员分工协作，团结互助。这节队会是集体智慧的结晶。

(2)形式多样，寓教于"趣"。主题队会是一种生动活泼的自我教育活动。活动中，讲故事、表演、猜谜、朗诵、唱歌、赠月饼、送祝福等丰富多彩的形式，贴近学生生活，符合学生年龄特征，具有感染力。

(3)主题鲜明，层层递进。先从中秋的来历到中秋的习俗，了解中秋历史文化，再结合现实生活谈一谈如何过中秋，将中秋文化融入生活，真正地传承下去。接着从有关诗词中体会思念亲人、热爱家乡、渴望祖国统一的美好情感。最后结合实际，送出祝福，真真切切体会团圆的意义。

(点评人：合肥市卫岗小学　吴正华)

清明时节祭先烈

(合肥市青年路小学　吴莉莉)

【背景分析】

每年的4月5日,是我国人民缅怀革命先烈、祖辈的清明节,为纪念这个有着深远意义的日子,缅怀革命先烈,弘扬爱国主义精神,加强孝敬美德教育,引导广大青少年树立正确的世界观、人生观、价值观,促进我校精神文明建设,我校将举行"缅怀革命先烈、继承革命传统"清明节烈士陵园祭奠活动。

【队会目标】

1. 缅怀革命先烈,对学生进行革命传统教育和爱国主义教育。
2. 欣赏自然风光,感受春的气息,陶冶学生情操。
3. 丰富学生课外生活,培养社会实践能力。

【前期准备】

(一)总体布置

大队辅导员向各中队辅导员传达本次社会实践活动精神,并说明此次活动举办方式,要求各中队辅导员以本策划为依据,做好积极准备。各班准备花圈,制作小花或准备鲜花,敬献革命烈士。

(二)了解革命先烈,追忆历史丰碑

各中队辅导员在3月28日下午班会课开展一节以"缅怀革命先烈、继承革命传统"为主题的队会,要求学生了解英雄先辈的光辉事迹,至少了解一位革命烈士的事迹或一则抗日战争故事,增强民族自信心和自豪感。(队会课上大队委员带领复习队歌及呼号)

回校后各班自主布置组织学生写活动感想,从而深切缅怀革命志士的优秀品质,树立正确的荣辱意识,传承伟大的民族精神,弘扬不朽的民族魂魄。

【队会过程】

(一)整队、报告人数

大队长:全体起立,立正、稍息,各中队整队报数。

中队长:××中队,立正。(报告时,跑到大队长面前,敬队礼、报告)报告大队长,××中队应到×人,实到×人,报告完毕。

大队长:接受你的报告!(大队长敬礼,中队长还礼)

中队长:××中队,稍息。(中队长回原位,全中队稍息)

大队长:全体立正,(大队长向大队辅导员敬礼,大队辅导员还礼)报告辅导员,×××少先大队应到×人,实到×人,"清明时节祭先烈"主题队会准备就绪,邀请您参加我们的队会,并给予指导,报告完毕!

辅导员:接受你们的邀请,很高兴参加你们的活动,并预祝你们的主题队会圆满成功!(大队辅导员敬礼,大队长还礼)

(二)宣布主题队会开始

大队长:合肥市青年路小学"清明时节祭先烈"主题队会现在开始!全体立正,出旗!敬礼(旗手进场奏乐)——礼毕!

唱《中国少年先锋队队歌》(配乐、指挥)。

(三)活动过程

活动一 敬献花圈,默哀

合:老师们、同学们,大家上午好。

男:又是一年清明节,我们站在庄严肃穆的烈士纪念碑前。

女:天空垂泪,松涛呜咽。

男:为了祖国的解放和人民幸福美满的生活,有多少革命先烈长眠于地下。

女:历史不会忘记他们,共和国不会忘记他们,我们更不会忘记他们。

下面请学生代表向革命烈士纪念碑敬献花圈。

男:请全体师生默哀一分钟。

活动二　学生代表讲话

女：默哀完毕。我们今天的幸福生活，是革命先烈用鲜血换来的。

男：先辈们，我们将把重担挑上逐渐成熟的肩膀。

女：请听我们的承诺，请少先队员代表×××同学讲话。

活动三　党员代表讲话

女：我们能够茁壮成长，离不开老师的精心培养。

男：下面请学校党员老师代表讲话。（见附件）

活动四　宣誓

女：前辈流血牺牲，仅仅是为了让我们吃好，喝好，穿好吗？

男：不，他们还希望遭受过深重灾难的祖国通过我们的建设更加强盛美丽。

女：如果说昨天我们还是不懂事的孩子，那今天我们已意识到肩上担负了沉重的担子。在这里，在英烈们不朽的陵墓前，我们庄严宣誓。

男：请全体少先队员跟着总辅导员宣誓！

辅导员：举起右手，握紧拳头，以红领巾的名义跟我宣誓：（我说一句，你们大声说一句）

我决心遵照中国共产党的教导，好好学习，天天向上，热爱劳动，勤奋学习，追寻革命先辈足迹，继承革命先辈遗志，以自己的实际行动，时刻准备着，为共产主义事业贡献出自己的一份力量！

活动五　敬献鲜花，参观革命烈士展览馆

男：我们的祖先曾以先进的科学和灿烂的文化矗立在世界民族之巅。

女：而近百年黑暗与屈辱的历史，又将她推向深渊。

男：为了改变这一切，多少仁人志士在苦苦探索与奋斗中含恨而去。

女：只有在中国共产党的领导下，烈士们的鲜血才点亮了中国的天。

合：先烈们，你们安息吧！

男：请各中队队员在辅导员带领下向烈士纪念碑敬献鲜花，在工作人员的带领下参观革命烈士展览馆。

各中队按顺序有秩序地活动。

活动六　队会结束

女：先辈们，我们将不负你们的众望。

男:我们将用勤劳和智慧开创明天。
女:我们要努力学习科学文化知识。
女:我们要努力争做新世纪的好少年。
男:让我们记住这庄严的时刻。
乙:让我们记住这郑重的承诺。
合:我们要让先烈的鲜血染红的旗帜永远飘扬在祖国的蓝天。
男:祭扫革命烈士仪式到此结束,退旗!奏乐!敬礼!

清明节是我国的传统节日,也是对学生进行传统美德教育和革命传统教育的最好时机。本次少先队活动对于弘扬民族精神、缅怀革命先烈,起到了很好的作用。可以加强少先队员的革命传统教育和爱国主义教育,有效地培养少先队员们的思想道德素质。通过实地活动让学生感受革命先烈的丰功伟绩。在活动中,同学们进一步了解了烈士们为祖国、为人民抛头颅、洒热血,不惜牺牲自己生命的感人事迹,更深刻地体会到先烈们坚贞不屈、英勇无畏的高贵品质和革命精神。他们纷纷表示不能让烈士们的鲜血白流,要向英烈们学习,沿着先烈足迹,接过先烈手中的接力棒,继承先烈的遗志,勤奋学习,奋勇拼搏。但最后爬山的环节组织不够到位,孩子们有的怕累,没有爬完,以后再次组织时,要拟订奖励机制,鼓励孩子们磨炼意志。

4月1日,中国传统节日清明节即将到来,在这个缅怀先烈的日子,合肥市青年路小学教育集团组织本次队会活动,真的是意义非凡。

本次队会组织严密:队会前组织孩子们通过查找先烈的感人故事、为先烈扎小白花、制作花篮等活动,让孩子们充分走近先烈,了解先烈,激发孩子们敬爱先烈的感情。

队会仪式非常庄严:在烈士墓前,敬献花圈、默哀、宣誓、呼号都非常具有仪式性,肃穆的氛围对孩子的心灵有强烈的冲击,情感得到升华。

爬山活动磨炼意志:爬山活动中各中队挥舞中队旗,迈着整齐的步伐向山顶进发。同学们歌声、笑声不断,加油声此起彼伏。在祭奠先烈之后立即举行这样磨炼意志的活动,大大激发了孩子们自我挑战的热情,做祖国栋梁的豪气。

这次队会活动不但使学生翔实地了解了革命先烈的英雄事迹,感受到英烈们的崇高精神,而且让同学们与中华民族传统节日走得更近,增强了爱党爱国爱社会主义的情感,自觉弘扬和践行社会主义核心价值观。

(点评人:合肥市卫岗小学　林祥梅)

【附】

党员教师讲话稿

亲爱的老师们、同学们:

有一首诗想必大家都很熟悉,那就是杜牧写的——清明时节雨纷纷,路上行人欲断魂。借问酒家何处有,牧童遥指杏花村。这首诗提到了我国一个很重要的传统节日——清明节。你们知道今年的清明节是几月几日吗?(对,4月4日)清明,既是我国的二十四节气之一,又是我国最重要的祭祀节日,是祭祖和扫墓的日子。按照旧的习俗,扫墓时,人们要携带酒食果品、纸钱等到墓地,将食物供祭在先人墓前,再将纸钱焚化,为坟墓培上新土,折几枝嫩绿的新枝插在坟上,然后叩头行礼祭拜。我们刚才背诵的《清明》这首诗所描写的就是古人对祭奠先人的传统节日——清明节的写照。

清明节至今已有两千五百多年的历史了。每年的清明,人们都会从五湖四海纷纷赶到自己先人的陵墓前,献上一束鲜花,洒下一壶热酒,表达对先人的感激之情。在这个缅怀先烈的日子,我们合肥市青年路小学教育集团全体毕业班学生和党员老师代表,来到烈士墓前,祭奠长眠在这里的先烈英灵,有着特殊的意义。

站在纪念碑前,我们追忆往昔峥嵘岁月。也许我们不知道他们是谁,但我们知道长眠于此的人有一个共同的名字——英雄,中国的英雄,中华民族的英雄。在那个战火纷飞、硝烟弥漫的岁月里，他们用实际行动诠释英雄的含义。他们"杀身成仁，舍生取义"，他们"挽狂澜于既倒，扶大厦之将倾"，民族危亡国难当头时，他们坦然地选择与国家民族同生死共存亡。我们还记得用自己的胸膛堵住敌人机枪口的黄继光，我们也记得用单手托住炸药包的董存瑞，从辛亥革命到南昌起义，从两万五千里长征到抗美援朝。正是无数的先烈们用自己的鲜血和生命使中国得以解放，得以崛起，得以腾飞。

毛泽东同志曾经说过："成千上万的先烈，为着人民的利益，在我们的前头英勇地牺牲了，让我们高举起他们的旗帜，踏着他们的血迹前进吧！"亲爱的同学们，你们即将告别母校，开始人生新的征程，希望你们秉承母校尚美精神，做一个崇尚美、发现美、实践美的好青年！希望你们把革命传统牢牢记在心头，以此警示自己：要珍惜革命先烈用鲜血和生命换来的美好生活。以此激励自己：从现在做起，从小事做起，勤奋好学，诚信守纪，开拓进取，培养优秀的品德，锻炼强健的体魄，努力成为社会有用之才，准备为建设美好家园贡献自己的智慧和力量。谢谢大家！

安全记心间

主题一　我是快乐小交警
主题二　火眼金睛识骗局
主题三　小鬼当家话安全
主题四　安全连着你我他
主题五　红领巾救护我能行
主题六　争做知法懂法小公民

单元目标

1. 通过学生的日常观察，认识一些常见的交通信号，了解常见交通标志的意思。让学生熟知自己要遵守的有关交通法规。看懂简单的交通指挥手势，教育学生从小服从交警的指挥，注意交通安全。并懂得自觉遵守交通规则对别人、对自己都有好处，从小养成遵守交通法规的良好习惯。

2. 引起学生对防拐骗、防盗的重视。使学生具有警惕性，有自我保护意识。并且了解一些基本的防拐骗防盗知识，有防范意识和遭遇拐骗时的自我解救方法，掌握"110"等求助和报警电话的使用。

3. 知道家庭生活中火、电、煤气会发生的安全问题、事故及原因。了解有关家庭安全防火、防盗、防触电等方面的常识。形成对家庭安全负责的意识，初步具有家庭安全防范能力和自我保护能力。树立爱护自己的身体和生命的态度，形成初步的安全意识。

4. 了解校内外存在的安全隐患。如上下楼梯、奔跑打闹、上放学路上排队行走等。遵守校内外活动时的秩序，掌握拥挤踩踏发生时的应对策略，培养学生遇到重大突发事件时安全撤离的能力，防止发生拥挤、踩踏事件，拥有保护自己和他人的智慧。

5. 掌握一定的自护、自救知识和紧急处理办法，并将头脑中的意识与方法，转化为自身应变能力，增强自护自救意识和互助互救技能，从容面对危险和灾难。学会互帮互助，关爱他人，健康成长。

6. 使学生了解一些基本的、与青少年权利和义务相关的法律，如《中华人民共和国未成年人保护法》。知道运用法律武器保护自身的权利和利益。同时教育学生什么是犯罪，什么是违法，自觉遵守和维护法律，培养运用法律的能力。

单元设计构想

每个人都应该有自我保护意识，特别是小学生。但现在的许多家长对孩子过于溺爱，使得孩子挫折教育缺失，规则淡化，因而他们的自我管理、自我约束观念淡薄,进而对待生命教育不够重视。再加上对社会不够了解,接触社会少,辨别是非能力差,有时候分不清事实的好坏,容易被犯罪分子利用。还有的小学生不注意用电、用火安全,不注意出行交通安全,存在侥幸心理,易造成安全事故。缺乏法律意识,认识不到打架斗殴、盗窃等给自身、他人、家庭、学校会带来什么样的危害。

所以,只有学会自我保护,远离危险,我们的孩子才能拥有幸福,享受美好的生活。为了孩子的健康和安全,家长和老师应及早教给他们一些必要的安全常识以及处理突发事件的方法,注意培养孩子的自我保护能力及良好的应急心态,减少危险事件的发生。也就是说学生的自我保护能力是孩子们快乐健康成长的必备能力。

本单元以"安全记心间"为主线,设计了针对不同年级的活动主题,分别是:一年级:我是快乐小交警;二年级:火眼金睛识骗局;三年级:小鬼当家话安全;四年级:安全连着你我他;五年级:红领巾救护我能行;六年级:争做知法懂法小公民。

这六个主题从低年级小学生掌握最基本的自我保护常识入手,如:交通安全的知识、居家的知识、普及避险的知识、警惕社会恶性事件;再到中高年级学生的自救互助,学法、懂法、依法办事。教育工作者除对班级学生进行爱国主义、社会主义、集体主义以及基本道德规范等思想政治教育和基础文化科学知识教育外,还要对学生进行安全教育和自护自救教育,让学生掌握一些基本的安全防范、安全自护和安全自救知识。不仅自己要牢固树立安全责任重如山、生命责任大如天的意识,还要努力使学生树立"安全第一"的观念。

它的设计体现出这样的思考:

第一,对学生进行安全教育时,首先要对其进行生命教育,因为生命教育是安全教育的核心。要让小学生懂得生命的意义,知道生命不只属于自己,还属于其父母、祖国和人民。

第二,让每一位学生不仅关心自己,还要关心他人及社会,并懂得生命的意义和价值。

第三,导之以行,规范学生不良的行为习惯,引导学生远离安全事故。

第四,利用各种机会去丰富学生的自我保护体验,创设各种情景增强学生的自我保护能力。

总之,安全无小事,安全教育更是一项系统工程,它需要我们从身边事入手,晓之以理,动之以情,坚持不懈地唤醒学生的安全意识,培养学生的防护技能,只有在学生的心中播下安全的种子,只有学生、教师都树立起安全责任重于泰山的意识,创新安全管理模式,才能收获祥和、幸福、安宁的果实。

1.活动要紧贴学生的生活实际,通过活动使学生不仅受到教育,增强自我保护意识,而且学会基本的自我保护方法。

2.要充分调动学生的参与积极性,让学生在活动前搜集资料、参观访问等,使学生在活动过程中得到启示,受到教育。

3.要以具体实例来对学生进行教育,不可只谈大道理,如果实例来自学生的真实体验或身边发生的事最好。

我是快乐小交警

(合肥市青年路小学　徐寒梅)

【背景分析】

世界卫生组织统计数据显示,中国每年有逾 20 万人因道路交通事故死亡,其中包括 1 万多名 15 岁以下儿童,而这些死亡是"完全可以避免的"。交通安全的形势比较严峻,交通安全意识要从娃娃抓起。

本课将以学生为本,从生活实际出发,引导学生认识社会,熟悉身边的环境,学习浅显的法律法规。因为当前学生的安全问题已引起全社会关注,学生的交通安全更是重中之重。学习交通法规的有关知识,是对学生进行生命教育的重要内容。

【队会目标】

1.通过学生的自我实践,知道一些常见的交通信号、交通标志的作用。

2.让学生熟知自己要遵守的有关交通法规。

3.学习交通指挥手势,教育学生从小服从交警指挥,注意交通安全。

4.使队员们进一步了解国家的交通规则;懂得自觉遵守交通规则对别人、对自己都有好处,从小养成遵守交通法规的良好习惯。

【前期准备】

1.课前查找资料或访问交警叔叔,认识常见的交通标志和标线。

2.了解一些小学生应该遵守的交通法规。

3.准备队旗,制作红、黄、绿灯道具(头饰)。

【队会过程】

(一)中队长宣布一(5)中队"我是快乐小交警"主题队会准备开始

1. 各小队整队、报数

(小队长:第一小队立正、报数!队员:1、2、3……)

2. 小队长向中队长报告人数

(小队长小跑面向中队长立正、敬礼:报告中队长,第一小队应到队员8人,实到队员8人,报告完毕!中队长面向小队长回礼:接受你的报告!各小队依次报告……)

3. 中队长向中队辅导员报告人数

(中队长转身面向中队辅导员立正、敬礼:报告中队辅导员一(5)中队应到队员50人,请假1人,实到队员49人,主题队会"我是快乐小交警"准备完毕,请您批准,并邀请您参加!中队辅导员佩戴红领巾面向小队长回礼:接受你的报告,批准你们召开"我是快乐小交警"主题中队会,并预祝此次队会活动圆满成功。)

(二)中队长讲话

少先队员们,你们知道我国的交通规则吗?为了使大家进一步了解我国的交通规则,能自觉遵守交通规则,今天,我们在这里召开"我是快乐小交警"主题队会。我希望这个主题队会开得成功,大家都能从中受到深刻的教育,我宣布一(5)中队"我是快乐小交警"主题队会现在开始,全体立正!

(三)出旗!敬礼

(礼毕,请坐下)

(四)齐唱《中国少年先锋队队歌》

(五)活动过程

小交通员(一少先队员扮):我是一名小交通员,今天来和同学们一起开展活动,你们欢迎吗?你们知道一些常见的交通标志是什么意思吗?你认识交警叔叔常用的手势吗?我们在马路上应该遵守哪些规则呢?今天就让我来告诉你们。

活动一 小品表演《三灯争功》

中队长:会前,部分小队的队员们排练了有关交通规则方面的小节目。少先队员们,你们在十字路口看到了什么标志?过马路时要看什么标志?

对,是红、黄、绿灯。现在,请看第一小队带来的小品《三灯争功》

  一队员戴红灯头饰上台表演:马路上,我最威风,人们看到我都要停下来。

  一队员戴黄灯头饰上台表演:我才是最威风的呢,人们看到我总要等一等。

  一队员戴绿灯头饰上台表演:好啦好啦,你们别争了,如果没有我,人们都停在那等着,马路都不知道堵成什么样了。

  小交通员说道:是啊,你们都很重要,缺一不可,只有你们合作起来,才能保证交通顺畅。

中队长:队员们,你们听了红、黄、绿灯的话,懂得了什么?(学生回答)

活动二　快板表演《交通规则要记牢》

先请看第二小队的快板表演《交通规则要记牢》。

第二小队:小朋友,你别跑,站稳脚步把灯瞧。红灯停,绿灯行,黄灯请你准备好,过路应走斑马线,交通规则要记牢。

活动三　小品《小小交通员》

中队长:下面请看第三小队表演的小品《小小交通员》。

小小交通员

  节目一　正值上班高峰期,一位小交通员在马路上指挥交通,看见一位大妈正在闯红灯,小交通员上前说:"大妈,现在是红灯,等绿灯亮起你才能过马路。"大妈:"什么红灯、绿灯?我要赶着去送小孙子上学呢。"小交通员说:"红灯停、绿灯行,这是交通规则啊!要是大家都乱走,那就会发生交通事故的。"大妈听了连连说:"对,对……"便停下了脚步。

  节目二　一位少先队员放学后在马路上骑共享单车。小交通员上前拦住他,问道:"小朋友,你今年多大了?"少先队员说:"我今年9岁。"小交通员教育他:"《中华人民共和国道路交通安全法实施条例》规定:未满12周岁的学生不能在马路上骑自行车。"少先队员不好意思地说:"我错了,今后再也不这样了。"

中队长：少先队员们，你们看了这两个小节目有什么想法？你打算今后怎样遵守交通规则？（指名几个同学回答）

中队长：希望大家做到在马路上注意交通安全，听从交通警察叔叔的指挥，做遵守交通规则的好少年。

活动四 学习交通指挥手势

1. 小交通员讲解

交通警察手势信号的种类：直行信号、快速通行信号、直行辅助信号、左转弯信号、左转弯辅助信号、停止信号、停止辅助信号、右转弯信号、减速慢行信号、前车避让后车信号、示意违章车辆靠边停信号。

2. 示范前四种交通手势（略）

3. 组织学习

（1）直行信号。右臂（左臂）向右（向左）平伸，掌心向前，准许左右两方直行的车辆通行；各方右转弯的车辆在不妨碍被放行的车辆通行的情况下，可以通行。

动作要领：右（左）臂向右（左）平伸，掌心向前。

（2）快速通行信号。左臂向左平伸，掌心向前。右臂向右平伸，掌心向前。右臂沿身前向左摆动两次。

（3）直行辅助信号（直行快速通过信号）。左臂向左平伸，掌心向前；右臂向右平伸，掌心向前，向左摆动，指挥右方直行的车辆快速通行；各方右转弯的车辆在不妨碍被放行的车辆通行的情况下，可以通行。

（4）左转弯信号。

①左大转弯信号：右臂向前平伸，掌心向前，准许左方左转弯和直行的车辆通行；各方右转弯的车辆和T形路口右边无横道的直行车辆，在不妨碍被放行的车辆通行的情况下，可以通行。

动作要领：右臂向前平伸，掌心向前。

②左小转弯信号：右臂向前平伸，掌心向前，准许左方左转弯和直行的车辆通行；左臂同时向右前方摆动时，准许车辆左小转弯；各方右转弯的车辆和T形路口右边无横道的直行车辆，在不妨碍被放行的车辆通行的情况下，可以通行。

动作要领：右臂向前平伸，掌心向前。左臂向前摆动45°，掌心向右。

(摆动两次)

4.前四种交通手势组合练习

活动五　交流交通安全法规及儿歌

中队长:《中华人民共和国道路交通安全法》是哪一年颁布的？对青少年有哪些要求？

小学生主要遵守以下交通规则:(1)不闯红灯。(2)不在马路上奔跑,打闹。(3)走路要走人行道,过马路要走人行横道线。(4)不满12周岁的儿童不骑自行车上街。(5)乘坐摩托车要戴好安全帽。

(六)中队辅导员总结

今天的实践活动课,同学们交流了很多交通安全方面的知识,学习了交通指挥手势,认识了这么多的交通信号、标志,知道了《中华人民共和国道路交通安全法》及常见儿歌。同学们,不管是在刺骨的寒风中,还是在炎炎烈日下,交警叔叔都坚守岗位维持交通秩序,保障车辆、行人的安全、畅通,他们的工作多么辛苦啊！所以,我们一定要尊重他们的辛勤劳动,服从交警的指挥,遵守交通规则。

(七)呼号

(八)退旗！敬礼！奏乐

(九)中队长宣布主题中队会结束

这次队会活动旨在丰富学生的课外交通知识,做遵守交通规则的好儿童。教学过程中,学生通过角色扮演等形式明白了遵守交通规则的重要性。学生学习交通指挥手势时,参与度高,因这些动作手势对于一年级学生来说还是比较复杂的,教学时应多给些时间,让学生相对熟练地掌握,时间太短有走过场的感觉。我们设置本次教学的目的并不单单是让我校的小交警受到教育,在活动中成长起来,最根本的目标是要以这些小交警作为一个点,带动学校整个面。让每一位同学谨记"交通法规记心中,人生安全在手中";让每一位学生时刻做到"跨入校园,好好学习;走出校园,好好走路"。在人生的旅途中,平安——是人们永恒的祝愿,大地苏醒,春风又绿。我们要把平安的种子撒播进自己的心田。当它发芽开花、长成参天大树时,我们必将收获更多的祥和、幸福和安宁。让我们点亮心中的红绿灯,人人争做小交警,才能让生命的轮渡一路欢歌,一路芬芳。

点评

"车祸猛于虎",每年有上万名儿童死于交通事故,这样的事实是触目惊心的,交通法制教育必须常抓不懈。这篇主题队会方案中心非常明确,就是教育儿童从小养成遵守交通法规的良好习惯。活动过程结构清晰,脉络分明,环节紧凑,内容丰富。最突出的特点是形式直观活泼,情境感强。比如,角色扮演、小品展示、儿歌朗诵,很适合低年级儿童。其次,学生的参与度也很高,几乎每个孩子都有表演展示的机会,跟交警学指挥手势环节更是将整个队会推向了高潮。最后,方案的导行意识也很强,积极进行拓展延伸,能将交通法规教育渗透到生活中。

(点评人:合肥市青年路小学　卫夙琪)

火眼金睛识骗局

(合肥市青年路小学 陆海慧)

【背景分析】

为了利益,不择手段的不法分子通常抓住学生年龄小、缺少防范心理、容易听信别人的特点,利用引诱、强行等手段实施犯罪。此类案件的频频发生,应引起教师和家长的足够警醒,并将提高学生安全意识作为一项重要的教育工作。中队辅导员更是责无旁贷,我们可以利用召开中队会的形式,把拐骗者的欺骗伎俩告诉学生,教育学生如何避免被拐骗,可以用什么办法来解脱。通过队会,让同学们在一定程度上掌握防拐骗安全知识,提高警惕和分辨是非的能力,防止拐骗事件的发生。

【队会目标】

1.提高自我保护意识。通过介绍实际发生的被拐骗案例,引起同学们对防拐骗、防盗的重视,提高警惕性,增强自我保护意识。

2.学会自我保护手段。通过班会活动,使同学们掌握"110"等求助和报警电话的使用,并且了解一些基本的防拐骗、防盗知识和被拐骗后的自我解救方法。

【前期准备】

(一)班主任(中队辅导员)策划和组织

1.召开中队委员会及各小队长会议,确定主题内容及形式。

2.全班动员,倡议人人参与。

(二)学生策划和准备

1.合作小组共同创编《不要上他们的当》情景剧。

2. 准备关于"社会上的骗术"的视频。

3. 准备"诈骗团伙的下场"的视频。

4. 与活动有关的课件制作。

【队会过程】

活动一　队会活动开始仪式

1. 全体立正、各小队整队

2. 各小队长向中队长报告人数

小队长小跑面向中队长立正、敬礼:"报告中队长,第一小队应到队员12人,实到队员12人,报告完毕!"

中队长:"接受你的报告!"

3. 中队长请示中队辅导员批准开会

中队长转身面向中队辅导员立正、敬礼:"报告中队辅导员,二(2)中队应到队员50人,请假1人,实到队员49人,'火眼金睛识骗局'主题中队会准备完毕,请您批准,并邀请您参加!"

中队辅导员佩戴红领巾,面向小队长回礼:"接受你们的邀请,参加你们的队会,并预祝此次队会圆满成功!"

4. 中队长宣布队会开始

出旗,奏乐！敬礼！

中队长:"下面我宣布合肥市青年路小学二(2)中队'火眼金睛识骗局'主题中队会现在开始!"

5. 齐唱队歌

(文娱委员到台前担任指挥)

中队长宣布:"请坐下。"

活动二　讲述故事,揭示活动主题

1. 主持人提示讲故事活动开始

主持人:同学们,你们喜欢听故事吗？现在请听我们班的故事大王吴丽同学带来的故事《狼和七只小山羊》。

2. 讲故事

在同学讲故事过程中,主持人适时提出问题,引出讨论。如,当讲到"没过多久,咚咚咚,有人敲门:'小山羊乖乖,我是妈妈,我回来了,带来好多好吃的东西。'"时,主持人问:"你们猜七只小山羊是怎么做的呢?现在假如你们就是这七只小山羊,以最快的速度讨论一下,你们会怎样做?"

3. 学生分组讨论

4. 主持人总结,并引出主题"火眼金睛识骗局"

活动三　情景模拟,了解骗术

1. 主持人提示活动开始

主持人:下面请看情景串烧——不要上他们的当。

2. 学生表演第一个情景剧

该情景剧将演示拐骗者的常用骗术"权威诱惑法",这类拐骗者一般伪装成孩子父母的熟人,向孩子表示"我是受你爸爸、妈妈委托,带你回家"。骗子之前做过一些"功课",他们甚至能叫出孩子的名字,取得他们的初步信任。

3. 学生就情景剧讨论汇报,中队长归纳总结

中队长:遇到这类情况,与不甚熟悉的人交往要保持戒心,遇到有陌生人佯称你家中有紧急事情,需带你离开或带你去找父母时,不可轻信他的话,要及时告知老师,由老师联系家长,在不能确认的情况下不要跟别人走。

4. 学生表演第二个情景剧

该情景剧将演示拐骗者的常用骗术"物资利诱法",这种诱骗方式主要利用了学生的好奇心。如:"小朋友,我有一样礼物要送给你,你跟我一起去看看吧。"

5. 学生就情景剧讨论汇报,中队长归纳总结

中队长:不搭陌生人的便车,不接受陌生人的钱财、玩具、礼物或食物,坚决拒绝他们的诱惑。

6. 学生表演第三个情景剧

该情景剧将演示拐骗者的常用骗术"带路引路法",诱骗者利用学生善良、乐于助人的品格引诱孩子。如:"小朋友,你知道去某某商场的路怎么走吗?能不能带我去啊?"

7. 学生就情景剧讨论汇报,中队长归纳总结

中队长:遇到这类情况,我们千万不能跟他(她)走,因为我们不认识他们,也不了解他们的情况。

8.学生表演第四个情景剧

该情景剧将演示拐骗者的常用骗术"跟踪拐骗法",诱骗者专门针对独自出行的孩子,尾随其后,伺机下手。

9.学生就情景剧讨论汇报,中队长归纳总结

中队长:上下学、外出游玩、购物时,最好与同学、朋友、家长等结伴同行。不独自通过狭窄的街巷、昏暗的地下道,不独自去偏远的公园、无人管理的公厕。看到有陌生人一直跟随,要跑到人多的地方,不要马上回家或者躲到人少的地方。

活动四 学习汇报,提高警惕

1.主持人引出讨论话题

主持人:在遇到以上问题时,我们要学会如何解决?

2.学生讨论汇报

3.为了避免此类事情发生,更好地保护自己,中队长强调几点

(1)在与不甚熟悉的人交往时要保持戒心,遇到有陌生人伪称你家中有紧急事情,需带你离开或带你去找父母时,不可轻信他的话,要及时告知老师,由老师联系家长,在不能确认的情况下不要跟别人走。

(2)驾车的陌生人问路,要与其保持一定距离,不可贴近车身。不搭陌生人的便车,不接受陌生人的钱财、玩具、礼物或食物,坚决拒绝他们的诱惑。

(3)应当熟记自己的家庭住址、电话号码以及家长姓名、工作单位名称、地址、电话号码等,以便在急需联系时与他们取得联系;不要把家中的钥匙挂在胸前;不要在外人或朋友面前炫耀父母的地位或财富。

(4)通过网络、书籍、电视等媒体,更多地了解其他欺骗方式。

活动五 快问快答,分辨是非

1.主持人分发问题卡片,学生认领自己感兴趣的问题

2.就卡片问题进行讨论

(1)有人跟踪你,怎么办?

中队长引导:有人跟踪你时,大声喊叫并往人多的地方跑,可打"110"或直接找路边的警察叔叔等。报警时应该注意说清地点及情况。但要切记:不要随便拨打"110"报警电话玩。

(2)当你一个人在家时,有人敲门说要给你家修水管,让你给他开门,你会怎么办?

中队长引导:当有陌生人敲门时,不能随便给陌生人开门。如果陌生人不走,要及时与家长、邻居或居委会取得联系,如果发现这个陌生人确实是坏人时,可以拨打"110"报警。这样才能避免上当受骗。

(3)陌生人向你问路,怎么办?

中队长引导:当有陌生人向你问路时,可以给他指路,但不带他去;或者干脆不理陌生人,赶快跑。

(4)如已被控制人身自由,怎么办?

中队长引导:如已被控制人身自由,不要放弃,想方设法,保持镇静,在确保安全的情况下,设法了解自己所处的地址及犯罪嫌疑人人数、口音等基本情况;寻找机会向公安机关报案(拨打"110"电话求助),用拨打电话、发送短信或通过网络等一切可与外界联系的方式尽快报警,说明你所在的位置、买主(雇主)姓名或联系电话等。

3. 主持人总结

4. 学习防骗儿歌(幻灯片展示)

> 屋外玩耍要结伴,
>
> 集市街头别留恋。
>
> 生人搭讪要防范,
>
> 小恩小惠莫贪占!

活动六　视听分享,防止拐骗

1. 观看视频节目《诈骗团伙的下场》并讨论

中队长总结:善有善报,恶有恶报。做坏事的人一定会受到法律的制裁,为他所做的事付出代价。

2. 学唱防骗歌曲《我不上你的当》《提防怪叔叔》(歌曲内容见附件)

活动七　总结队会精神

中队长:谢谢同学们今天出色的表现。是的,孩子是每个家庭的幸福源泉,一旦遇到孩子被拐卖的悲剧,孩子的父母、亲人就会痛不欲生,家庭就会经历破碎的巨大痛苦,希望大家时时提高警惕,牢固树立安全防范意识,不法分子就没有可乘之机了！让我们共同诵读"防骗拐七字诀"：屋外玩耍要结伴，集市街头别留恋。生人搭讪要防范，小恩小惠莫贪占！

活动八　队会活动结束仪式

1.呼号

中队辅导员：准备着，为共产主义事业而奋斗！

全体队员：时刻准备着！

2.中队长宣布队会结束，退旗

（奏乐！敬礼）

活动后，我对这一节课的教材认知、活动组织、活动效果等作了反思。课前布置学生准备表演防拐防骗的情景剧，对于表演情节，老师没有任何提示，学生表演的内容来自学生生活，让学生用感悟到的知识来解决日常生活中的问题，可达到教育无痕的效果。在"学习汇报，提高警惕"这一环节，让学生充分交流在遇到拐骗问题时，要学会如何解决？让学生充分了解、掌握防拐骗安全知识，提高警惕和分辨是非的能力，防止拐骗事件的发生，从而达到本次活动的目的。不足之处在于，对于学生的反馈信息，在评价、引导上做得还不够深入，有待进一步学习与提高。总之，组织好班队活动之路漫漫兮，吾将上下而求索！

陆老师的这节队会课内容新和形式新，有情景表演，有朗诵，有歌曲，有故事，有游戏，有欣赏，甚至还有小记者专访"快问快答"的环节，内容形式很丰富。整节课开展得有声有色，既锻炼了学生的听说能力、组织能力、编演能力，又体现了班级德育工作的思想性、知识性和趣味性。针对这次主题班会，我认为在以下几方面还值得研讨：

（1）要重视学生讨论的展开。队会课不只是才艺表演展示，并不是看学生的表演精彩与否，而是看队会应有的真实性和实效性，活动结束后学生是否深入开展了讨论，如果班主任没有将活动中学生得到的新认识挖掘出来、被激发的热情调动起来,学生接受的教育就不会深刻。

(2)班主任要有效扮演好点睛角色。在队会开展过程中,及时、正确的评价非常重要。班主任在评价时,缺少对整节课学生表现的总结,对学生思想上的启发稍欠火候。班主任应该抓住学生思想情感方面的变化,层层递进、步步引导,对队会的主题进行深化和提升,让每一次队会主题都能时刻陪伴着学生成长。

(点评人:合肥市青年路小学　陆嵘嵘)

小鬼当家话安全

(合肥市青年路小学 陆嵘嵘)

【背景分析】

孩子的居家安全始终是父母的一块心病,不少家长都有"百般操心,万般用心,一不小心,十分伤心"的体验。小学生还处于对任何事物都充满好奇的阶段,有时会让家长防不胜防,即使防范措施再严密,也难免顾此失彼。

针对孩子的居家安全问题,家长们所采取的措施效果有时并不明显,原因分析如下:居家安全教育形式单一,方法枯燥。单调的说教也容易使孩子出现"左耳进右耳出"的现象,对家长的话不感兴趣,不能达到预期的教育效果。

另外,家长的安全教育意识水平参差不齐。现在的孩子都是独苗,父母呵护有加,看管过度,把孩子保护在大人的"安全世界"里。有的家长是放任自由,等到孩子出现状况了,就怪孩子如何调皮、不听话。也有的家长虽会对孩子进行居家安全教育,但教育方式方法不为孩子所接受,往往只用语言直接告诫孩子或者采用威胁、恐吓等方式。以上现象引发了我们的思考:怎样以孩子们喜欢的方式让孩子掌握居家安全的方法呢?所以,教育活动生活化、情景化,我们把孩子带到真实的世界中,让他们真实地去感知世界、体验生活,通过开展一系列有关活动,丰富每一位学生的安全常识,重点是提高他们的安全自护意识和能力,同时培养他们良好的习惯,为他们的健康成长奠定坚实的基础。

【队会目标】

1.了解:懂得家庭安全的重要性,知道家庭生活中经常会发生的安全问题、事故及原因。了解有关家庭安全防火、防盗、防触电等方面的常识。

2.意识:懂得家庭安全的重要性,形成对家庭安全负责的意识,树立家庭安全防范意识和自我保护意识。

3.学习:初步具有家庭安全防范能力和自我保护能力。爱护自己的身体和生命。学习一些自救自护方法。

【前期准备】

1.每一位队员课前在家进行排查,是否存在一些安全隐患。

2.各小队进行居家安全常识资料的收集,并就收集资料作交流,由小队长带领队员提前学习相关常识。

3.各小队收集居家安全事故及相关数据。

4.制作队会PPT、布置教室。

【队会过程】

(一)中队长宣布三(6)中队"小鬼当家话安全"主题队会准备开始

中队长:全体起立,稍息、立正,各小队整队、报告人数。

1.各小队整队、报数

小队长:第一小队长跑到小队前面:

"稍息、立正,报数!队员:1、2、3……"

2.小队长向中队长报告人数

小队长跑步到中队长面前,互相敬队礼后"报告中队长,第一小队应到队员8名,实到队员8名,报告完毕!"

中队长:"接受你的报告,请回!"

第二小队……

第三小队……

第四小队……

第五小队……

第六小队……

3.中队长向中队辅导员报告人数

(中队长转身面向中队辅导员立正、敬礼:报告中队辅导员三(6)中队应到队员46人,因病请假1人,实到队员45人,"小鬼当家话安全"主题队会准备完毕,请您批准!并邀请您参加!中队辅导员佩戴红领巾面向中队长回礼:接受你的报告,批准你们召开"小鬼当家话安全"主题中队会,并预祝队会圆满成功!)

(二)宣布队会正式开始

中队长:下面我宣布合肥市青年路小学三(6)中队"小鬼当家话安全"主题队会现在开始!

(三)出旗! 敬礼

(全体立正! ——礼毕!)

(四)齐唱《中国少年先锋队队歌》

(文娱委员到台前担任指挥,唱完后,中队长宣布:请坐下!)

(五)队会主要内容

中队长:生命中什么最重要,安全最重要。有了安全,才有鲜活的生命,有了安全,才有健康的身心,有了安全才是福啊!让我们以热烈的掌声有请主持人上场。(主持人由男女两名队员担任,下文分别以甲、乙称呼)

活动一 居家安全很重要

甲:有一根弦它常响在我们身边。

乙:有一根弦它连着我们的生命线。

合:它的名字就叫"安全"!

甲:安全维系着我们每个人的生命与健康,安全维系着每个家庭的幸福与美满。

乙:可是,我们却经常听到这根弦绷断的声音,看到一些触目惊心、惨不忍睹的场面。

1. 看新闻,谈感受

(指名说一些家庭安全事故及损失数据)

甲:人们都说:"家是避风的港湾,是温暖的摇篮。"

乙:同学们生活在幸福、温暖的家庭里,受到父母和家人的关心、爱护,似乎并不存在什么危险。殊不知,家中也会有一些无端横祸向我们小学生飞来。

甲:刚才同学们诉说的一个个血的事实,让我们看到了那些飞向花季孩子的横祸,听到了亲人们撕心裂肺的哭喊。那一幕幕令人心痛、惨不忍睹的画面,让我们也是感受多多,哪位同学来说说自己的感想?

(学生自由谈感想)

活动二　安全隐患大搜索

甲:家充满温馨,家充满爱,爱在家中,家中有爱。

乙:那么当我们独自在家的时候,应该怎样注意安全呢?下面请看家庭情景剧《小鬼当家》。

(见附件1)

甲:看了这个表演后,你认为哪一个同学做的对呢?对在哪里?

乙:如果这样的情况发生在你身上,你会怎样做呢?

甲:(小结)独自在家时,陌生人敲门别理他,即便熟悉的人敲门也要多搭搭话,打电话请示过父母才能开门。刚才 A 剧中的小朋友就吃了这个亏。

乙:是啊。人的生命只有一次,生命是多么珍贵!

甲:所以,我们要懂得关爱生命,学会保护自己。

乙:也许大家觉得意想不到的灾难离我们很远,也许大家觉得自己永远不会碰上这倒霉的事情,但我要郑重地对你说:我们身边确实存在不安全的隐患!它可能是你的一时疏忽,它可能是你的大意贪玩!但它可能酿成无法挽回的灾难!

甲:就请大家说说你发现的平时家庭生活中存在的安全隐患吧!

学生1:不按操作规定使用电器。

学生2:一个人在家,随便给陌生人开门。

学生3:自行拆装电器。

学生4:玩火。

学生5:触摸电源。

学生6:窗户没有护栏。

学生7:地板很滑,容易摔倒等。

活动三　安全常识知多少

甲:真是"不找不知道,一找吓一跳",原来我们的身边存在这么多的安全隐患,而这么多的隐患都与我们的生活联系最为紧密。

乙:同学们知道的可真不少。"安全牢记心中"不光是对成年人而言,也给我们小学生敲响了警钟。

甲:我们小学生,也应知道一些居家的安全常识。下面我们就以小组为单位进行家庭安全知识竞赛。

（见附件2）

活动四　居家安全宣传员

甲：通过了解我们知道居家安全不仅对小学生很重要，对我们身边的每一个人都很重要。

乙：那么让我们一起动手设计一个居家安全提示卡，送给我们的爸爸、妈妈、爷爷、奶奶，让更多的人懂得居家的安全与保护。

（以小队为单位，设计并展示自己的安全提示卡）

活动五　居家安全记心间

甲：为了让同学们都掌握一定的家庭安全常识，我们搜集了一些资料，编成了《家庭安全教育十招》小快板，请欣赏。

家庭安全教育十招

（请大家仔细阅读，并牢牢记在心里。）

家用电器和煤气，阅读说明再使用。

发生火灾不要慌，断电呼救第一桩。

放学回家快快走，回家晚了爸妈愁。

遇上骗子多琢磨，抓住机会赶快溜。

一人在家关好门，与人说话要谨慎。

发现坏人来撬门，赶快拨打110。

安全隐患时时有，注意安全处处提。

安全常识牢牢记，快乐常伴我和你！

甲：他们说得可真棒。安全知识时时记，注意安全处处提。

乙：愿同学们乘上安全之舟，扬起生命之帆，在知识的海洋里乘风破浪。下面请辅导员老师讲话。

（六）辅导员讲话

同学们，这次主题队会开得很有意义，也很成功，大家都表现得很棒！从同学们积极投入的表现中，老师看出大家对安全问题非常重视。希望通过这次活动能进一步增强我们的安全意识和自我保护意识。让安全时时伴着你我他，愿我们的生活每天都充满阳光和鲜花，愿平安永远伴随我们大家！谢谢同学们！

（七）呼号

中队长：全体起立！右手握拳！请辅导员领呼！

辅导员：准备着，为共产主义事业而奋斗！

队　员：时刻准备着！

（八）退旗！敬礼！奏乐

（九）中队长宣布主题队会结束

中队长：我宣布三(6)中队"小鬼当家话安全"主题队会到此结束。

家庭生活是学生生活的重要方面，学生在家庭中可能遇到的安全隐患及防范责任可能也多于其他方面。这节队会课，主要引导学生关注家庭生活中的不安全因素，懂得一些防盗、防电、防煤气、不爬高等常识，提高防患意识和自护能力。在教学时，让学生对新闻进行讨论、交流，而且让学生通过列举一些自己生活中的例子，通过角色扮演、模拟情景等活动方式展开学习，提升学生的生活经验，提高自我防范和自我保护能力。情景剧是为了帮助学生进行辨别和分析，让学生一方面加强心理素质训练，另一方面提高自我防范和自我保护能力。作为一位教育工作者，我们都深深体会到安全责任重于泰山，所以在我们的日常教学中无时无刻不在强调安全教育，家长也是耳提面授，再加上学生以小队为单位课前进行梳理和归纳，因此安排了"安全知识竞赛"这一环节，让学生学习并再次巩固知识，力求达到学生在危机发生时能保持冷静、沉着。在日常生活中做每一件事情时，都能够自觉想到要注意安全，形成自我保护意识，懂得保护自己的身体和生命，提高自护自救能力。

本节队会课，符合当前思想道德教育主题，并结合学生学习生活实际，选择学生感兴趣的主题，使教育有的放矢，体现了学生的认识深度和理论水平。形式新颖，在队会课上，同学们自编自导自演，节目形式多样，有快板、小品等,表演生动活泼,富有新意,突出主题,受到学生欢迎。活动过程中,德育导向明确,富有思想性,能深入剖析学生面临的实际问题,并提出了解决问题的办法。能充分发挥多媒体手段的教育功能,素材收集丰富,课件制作精良,用多种形式展现,应用熟练,体现学生的素质教育成果。队会课气氛热烈,关系和谐,学生能积极主动参与到教育活动中,教育效果好。最后班主任的总结能结合实际,具有深度,言简意赅,并富有鼓舞性,让学生产生共鸣。

(点评人:合肥市青年路小学　张潇悦)

【附件】

1.情景剧

A剧

C:(独白)好大一个家,我独自一个人,爸爸妈妈都上班我自由啦!(高兴地跳)我打开电视机,唉,都不好看——(这时,传来敲门声)谁呀?

D:我,你李叔叔。

C:李叔叔,怎么没听爸爸说过呀!

D:奥,我是新来的,时间不长,是你爸爸让我拿东西的。

C:(开门,让D进来)

D:(左看右看)小朋友,你一个人在家呀?

C:(倒茶)叔叔请喝茶,我爸爸让你来拿什么东西?

D:(嘿嘿一笑)来……拿——钱。

C:(大吃一惊)

D:(拿出小刀,恐吓道)不准喊叫,不然的话,我要你的小命,动作快点!

C:(乖乖地到抽屉里拿钱)

(画外音)下面,我们再来看看B剧中另外一个同学是怎么做的?

B 剧

C:(独白)多么快乐的星期天,我独自一人在家,所有作业已做完。这可真开心呀!(打开电视机)唉,都不好看——(这时传来敲门声)谁呀?

D:我,你李叔叔。

C:李叔叔,怎么没听爸爸说过呀?

D:哦,我是新来的,时间不长,是你爸爸让我拿东西的。

C:(动脑筋想)既然是我爸爸让你来的,那你说说我爸爸是什么样儿。

D:嗯,嘴巴大大的,眼睛圆圆的,鼻子高高的。

C:有络腮胡子吗?

D:没有。

C:戴眼镜了吗?

D:戴了。

C:喔,你是来拿公文包的吧?

D:是的。

C:那你等着,我去拿。

D:哎,你开门哪!

C:(走到一边)哼,肯定是个冒牌的,我爸爸从不戴眼镜,而且,今天早上我明明看见他拿着公文包上班的,让他等着吧,他在叫呀,我就拨打110。(D被警察抓走)

2.家庭安全知识竞赛

必答题

(1)火警电话是多少?

(2)急救中心的电话是多少?

(3)遇到坏人应该拨打什么电话?

(4)当油锅起火时,最正确的灭火方法是什么?

(5)高压锅煮好食物后,怎样才能打开?

(6)使用人工点火的燃气灶具,在点火时,是先将火源凑近灶

具还是先开启气阀？

(7)灯泡脏了，能否直接用浸湿拧干的毛巾擦拭？

(8)发现有人触电，首先要做的事是什么？

抢答题

(一)选择题

(1)放学路上如果被陌生人跟踪，最不可取的做法是什么？

  A.跑到人多的地方 B.打110报警 C.赶紧跑回家

(2)当你独自在家，有陌生人敲门时，最好的做法是什么？

  A.始终不开门

  B.觉得对方的理由充分就开门

  C.把门打开问他有什么事

(3)如果你经常外出带着家门的钥匙，下面的哪种做法可能会有危险？

  A.把钥匙挂在脖子上

  B.把钥匙放在衣兜里

  C.把钥匙放在随身的包里

(4)家中常用的以下几种物品，哪些遇火可能爆炸？

  A.一次性打火机 B.洗发水 C.液化气罐

(5)电器起火时，要先_____。

  A.打家里电话报警

  B.切断电源

  C.用灭火器灭火

(6)点蚊香要在_____的地方点。

  A.窗口 B.桌子上 C.空地上

(7)火灾发生时应马上_____。

  A.沿防火通道朝楼下跑

  B.乘电梯逃走

  C.跳下窗

(二)判断题

(1)使用电灯时,灯泡不要接触或靠近可燃物。(　　)

(2)火灾逃跑时,遇到浓烟,应直立行走。(　　)

(3)用煤气时,火被吹灭,不要马上关煤气。(　　)

(4)如在室内发现煤气味,要立即开窗。(　　)

(5)起火时,可以往身上浇水,以免引火烧身。(　　)

(6)千万不要把陌生人带回家。(　　)

安全连着你我他

(合肥市青年路小学　杜娟)

【背景分析】

　　学生的安全工作是学校的重点工作,它关系着社会的稳定和千家万户的幸福。学校作为专门机构,对学生进行目的明确、组织严密、系统完善、计划性强的以影响学生身心发展为直接目标的社会实践活动,其中校内外活动是学校教育体系中的一个重要组成部分,是课堂教学的必要补充,是实现教育目的的重要途径。学校组织学生参加校内外活动时应对他们进行安全教育,增强学生的自我保护意识和能力,避免意外伤害事件的发生,培养学生遇到重大突发事件时安全撤离的能力,防止发生拥挤、踩踏事件,拥有保护自己和他人的智慧。

　　学生愉快地学习、健康地成长是学校、家庭、社会的共同祈愿。学校组织各项校内外实践活动,必须有针对性地对学生进行安全教育。

　　小学生因为年龄小,对事物充满好奇,对重大突发事件的发生缺乏警惕心、敏感度和自我保护意识,个体不具备安全撤离的能力。我班学生虽然了解基本的安全常识,但自我保护意识和能力不够强,因此,本节队会课着重让学生懂得校内外活动应注意的问题,避免意外伤害事件的发生,培养学生遇到重大突发事件时安全撤离的能力,防止发生拥挤、踩踏事件,拥有保护自己和他人的智慧。

【队会目标】

1. 通过小游戏,了解各种安全标志。
2. 搜集曾经发生的真实的校内外活动事故案例,强调开展活动的注意事项和安全常识,感受安全的重要性。

3.掌握拥挤、踩踏发生时的应对策略,培养学生遇到重大突发事件时安全撤离的能力,防止发生拥挤、踩踏事件,拥有保护自己和他人的智慧。

【前期准备】

(一)教师准备

1.召开班委会,商讨班会具体实施方案。

2.背景音乐《雨的印记》。

3.录制视频。

4.制作PPT课件。

(二)学生准备

1.制作安全标志。

2.从网上或报刊上搜集发生安全事故的报道或视频。

3.下载歌曲《如诗般宁静》。

4.分组排列。

5.准备诗歌、快板等素材。

【队会过程】

(一)中队长宣布四(4)中队"安全连着你我他"主题队会准备开始

1.各小队整队、报数

(小队长:第一小队立正、报数!队员:1、2、3……)

2.小队长向中队长报告人数

(小队长小跑面向中队长立正敬礼:报告中队长,第一小队应到队员8人,实到队员8人,报告完毕!中队长面向小队长回礼:接受你的报告!各小队依次报告。)

3.中队长向中队辅导员报告人数

(中队长转身面向中队辅导员立正、敬礼:报告中队辅导员,四(4)中队应到队员46人,实到队员46人,主题中队会"安全连着你我他"准备完毕,请您批准,并邀请您参加!中队辅导员佩戴红领巾面向小队长回礼:接受你的报告,批准你们召开"安全连着你我他"主题中队会,并预祝队会圆满成功!)

(二)中队长宣布中队会正式开始

中队长:我宣布四(4)中队"安全连着你我他"主题中队会现在开始,全体立正!

(三)出旗！敬礼

(礼毕,请坐下)

(四)齐唱《中国少年先锋队队歌》

(五)队会主要内容

甲:近年来,学校安全问题,受到社会、学校、家庭的积极关注。小学生的安全问题,牵动着每一位父母的心。

乙:做好安全防范工作是保障学校安全的重要环节,万事预则立,不预则废。

活动一 安全标志我知晓

甲:同学们,你们知道哪几种颜色是安全色吗？

队员:红、黄、蓝、绿四种颜色。红色表示禁止、停止的意思;黄色表示注意、警告的意思;蓝色表示指令、必须遵守的意思;绿色表示通行、安全和提供信息的意思。

乙:人们根据安全色和图形符号绘制出特定的图案,这些图案传递着安全信息,接下来我们进行"安全标志大竞猜"。

甲:我们请四小队分别展示四类安全标志。

第一小队:禁止标志表示不准或制止人们的某种行为。禁止人们不安全行为的图形标志基本形式为带斜杠的圆形框。圆环和斜杠为红色,图形符号为黑色,衬底为白色。

第二小队:警告标志提醒人们注意可能发生的危险。基本形式是正三角形边框。三角形边框及图形为黑色,衬底为黄色。

第三小队:指令标志表示必须遵守,用来强制或限制人们的行为。基本形式是圆形边框。图形符号为白色,衬底为蓝色。

第四小队:提示标志示意目标地点或方向。基本形式是正方形边框。图形符号为白色,衬底为绿色。

例举:

禁止标志:

	禁止吸烟 No smoking		禁止入内 No entering
	禁止带火种 No kindling		禁止游泳 No swimming
	禁止攀登 No climbing		禁止使用 无线通讯
	禁止合闸 No switching on		禁止通行 No thoroughfare
	禁止跨越 No striding		禁止放易燃物 No laying inflammable thing

警告标志：

	当心触电 Danger! electric shock （高压危险）		当心绊倒 Caution, stumbling
	当心车辆 Caution, vehicle		当心滑跌 Caution, slip
	当心火车 Caution, train		注意安全 Caution, danger
	当心中毒 Caution, poisoning		当心墨水 Caution, ink
	当心坑洼 Caution, hole		当心大火 Caution, fire
	当心腐蚀 Caution, corrosion		当心落物 Caution, falling objects

	当心坠落 Caution, drop down		当心烫伤 Caution, scald

指令标志：

⛑	必须戴安全帽 Must wear safety helmet	👢	必须穿防护鞋 Must wear protective shoes
🦺	必须系安全带 Must fastened safety belt	🧥	必须穿防护服 Must wear protective clothes
👓	必须戴防护眼镜 Must wear protective glasses	🦺	必须穿救生衣 Must wear life jacket
🌀	注意通风	😷	必须戴防尘口罩 Must wear dust mask
🧤	必须戴防护手套 Must wear protective gloves	🎧	必须戴护耳器 Must wear ear protector

提示标志：

	由此上下		在此工作

活动二 安全警钟时时鸣

甲：安全无小事，事事关安全。下面请第一小队展示搜集到的校内外活动时发生的安全事故，一桩桩一件件血的教训都提醒我们安全的重要性。（视频、图片）

第一小队举例谈

　　案例1 海南澄迈县一学校组织春游发生交通事故。2014年4月10日上午10点半左右，一辆载有海南澄迈县一小学学生前往文昌旅游的客车发生交通事故，造成8名小学生当场死亡、32人受伤。（《新华网》）

案例2　昆明学校发生踩踏事故,6名小学生遇难。2014年9月26日14时30分许,昆明市一小学发生踩踏事故,截至当日17时造成学生6人死亡、26人受伤。(《成都商报》)

案例3　2013年2月27日上午6时15分左右,湖北省老河口市一小学发生一起因拥挤引起的踩踏事件。事件造成11名学生受伤,其中4名重伤学生经抢救无效死亡。

案例4　2013年3月28日下午,西工大附小组织学生到曲江海洋极地馆进行社会实践活动。期间由于正在运行的自动扶梯上站立者稠密,导致小学生发生踩踏。

……

乙:这些事故带给我们的反思是什么?

甲:人人都要有安全意识,消除安全隐患,不抱侥幸态度,才能确保校内外活动时的安全。

活动三　校内外活动守秩序

甲:教育部曾发布紧急通知:严防各类校外活动事故。(视频1:《朝闻天下》)

乙:我们参加过哪些校内外活动?(播放活动剪影)

甲:校内:阳光大课间、升旗仪式、艺术节、读书节、科技节、运动会、"六一""元旦"等庆祝活动、防震防空演练等。

我们一起来看看大课间同学们的活动情况。(视频2)

甲:阳光大课间可是我们最喜欢的时刻,有哪些事项需要提醒大家注意呢?

请欣赏第二小队的情景剧《最爱大课间》。

一生拖着长长的跳绳整队;一生着装随意,牛仔裤、小皮鞋、红领巾斜戴,跳学校街舞操;一生不跟着节拍乱做;一生扮作故意逃避状:动来动去太累了,我向老师请个病假吧。

值日班干:服装:运动时必须穿舒适的衣服,佩戴好红领巾。

器材:带好器材,特别是跳绳,绳必须捆好握在右手,放的时候,右脚向前一步放下,解开绳子和收跳绳的速度要快。

音乐节奏：注意音乐的节奏，尽量让每个孩子都动起来。

纪律：在运动过程中，学生不得讲话和打闹。

甲：我们一起来欣赏一段防震防空演练。（视频3）

乙：我们学校组织过多次校外活动，（视频："森林课堂"感觉之旅）比如：春秋季研学之旅、各级各类比赛、展演活动。组织校内外活动时存在哪些安全隐患？我们的应对策略是什么？请两小队来谈。（指名谈）

队员1：我们小队认为组织校内外活动时存在的安全隐患是思想上麻痹所致：许多安全隐患就在我们身边，我们没认识到，这是发生拥挤踩踏事故的主要原因。

队员2：拥挤踩踏事故易发时间：排队或集体活动时，学生集中上下楼梯，心情急切。

队员3：拥挤踩踏事故易发事故地点：教学楼楼层之间的楼梯转角处或人员密集处。

队员4：易发事故的对象是小学生，因为我们年龄较小，自我控制和自我保护能力较差，遇事容易慌乱，使场面失控，造成伤亡。

队员5：易发事故的因素：集中上下楼梯，没有老师组织和维持秩序；个别学生搞恶作剧，在混乱情况下狂呼乱叫，推搡拥挤，致使惨剧发生。

队员6：平时没有对我们和老师进行事故防范教育、训练，无应急措施。

队员7：当拥挤踩踏发生时我们小队的应对策略：发觉拥挤的人群向自己行走的方向拥来时，应该马上避到一旁，千万不要有看热闹的心理，避开时不要奔跑，以免摔倒，要保持镇定。要听从指挥人员口令，发扬团队精神，服从大局是集体逃生的关键。

队员8：不要逆着人流前进，容易被推倒在地，不要采用体位前倾或者低重心的姿势，即便鞋子被踩掉，也不要弯腰提鞋或系鞋带。

队员9：发现前面有人突然摔倒，马上要停下脚步，同时大声呼救，告知后面的人不要向前靠近。

队员10：若被推倒，要设法靠近墙壁，面向墙壁，身体蜷成球状，双手在颈后紧扣，以保护身体最脆弱的部位。

请欣赏第三小队的快板《集体活动要牢记》。

小朋友要牢记,集体活动听指挥,不要急急来奔跑,人多的地方要走好。上下楼时靠右行,左边留下通行道;不要将手揣兜里,楼梯道里不拾物,更不能在此系鞋带。我的提醒请记牢,请记牢。

齐诵：

预防篇

别凑热闹	人多处	靠边站	别起哄
牢记出口	出入口	先看好	撤得快
踩踏信号	被推了	转向了	有尖叫

自救篇

不要逆行	不要跑	稳住脚	防摔倒
不要弯腰	鞋松了	包掉了	都别捡
找个依靠	靠墙壁	扶电杆	抓扶手

救命姿势

| 站立时 | 手握拳 | 肘撑开 | 架胸前 |
| 跌倒后 | 手抱头 | 膝前屈 | 要侧躺 |

活动四　活动安全人人记

甲：安全知识记心间,让我们拥有保护自己和他人的智慧,接下来欣赏第四小队关于安全的诗歌朗诵。

校园安全三字歌

上下楼	靠右行	慢步走	声要轻
楼梯口	险易生	见拥挤	莫前行
前不呼	后不拥	不围观	不起哄
若跌倒	即扶起	不推搡	不拥挤
偶发事	要冷静	稍不慎	灾祸生
上厕所	莫拥挤	把安全	放第一
体育课	要守纪	遵要领	方竞技
遇意外	定神看	找老师	作判断
人多停	人少行	讲文明	最光荣
好习惯	早养成	保安全	益终生

安全,是杆笔,只要你稳稳地把握,就能描绘出美丽的画面,人生画卷永远亮丽斑斓;

安全,是座钟,只要你时时敲响警钟,就能感受到生命的多彩,绚烂世界永远美丽多姿;

安全,更是一颗心,只要你时时保重自己,就能享受亲情的温暖,幸福美满永远为你奏响。

乙:罗曼·罗兰的一句话"世界上只有一种英雄主义,那就是了解生命而且热爱生命的人。"我们不仅要爱惜自己的生命,也要关爱他人的生命。下面请辅导员讲话。

(六)中队辅导员总结

同学们,安全是生命的基石,安全是欢乐的阶梯,增强自我保护能力,避免意外伤害发生。遇到重大突发事件时冷静不慌乱,有序安全撤离,防止发生拥挤、踩踏事件,拥有保护自己和他人的智慧。请记住:居安思危,思则有备,有备无患。

(七)呼号

中队辅导员站队旗下领呼:准备着,为共产主义事业而奋斗!

所有队员齐呼:时刻准备着!

(八)中队长宣布队会结束

退队旗(鼓号齐奏,敬队礼);仪式结束,散会。

安全对于个体、集体乃至国家、民族都至关重要。学校组织各项校内外活动应着重加强学生的安全教育,增强学生的安全意识。

本次主题队会上,学生通过参与安全标识的识别、制作,节目表演,诗歌朗诵等形式多样的活动,从网络等媒介中收集鲜活的案例,感受到安全的重要性,真正懂得安全无小事,事事关安全,不能有丝毫思想的麻痹。

安全不能仅存于意识,更应落实到行动中。每天的"阳光大课间"学生最熟悉不过,如何利用有限的空间有序运动,既让学生得到身体的锻炼,也增强他们的安全意识？老师采用视频记录的方法,呈现出大课间井然有序的场面,让学生感同身受。每年的春秋季研学、每月的应急疏散演练等大型校内外活动,安全是考虑的首要因素,守秩序讲规则,不拥挤听指挥等安全常识应尤为重视。同时强化学生的纪律意识,提高他们的防震防火防突发事件意识,培养他们应对突发灾害的能力等都具有重要意义。

点评

　　学校组织各项活动时"安全"这根弦要紧绷,"安全"警钟要长鸣,防微杜渐,努力消除各种影响学生安全的隐患。班主任以主题队会为手段,把学生安全工作抓紧、抓实、抓好。本节主题队会以"校内外活动安全"为主线,以搜集、整理资料,制作标识,情景表演,诗歌朗诵等方式将学生眼中的有关"安全"的信息提取出来,进而增强安全意识,形成保护自己和他人的智慧。

（点评人：合肥市青年路小学　徐寒梅）

红领巾救护我能行

(合肥市青年路小学 张潇悦)

【背景分析】

教育部制定的《中小学公共安全教育指导纲要》要求,要把安全教育纳入日常教学活动中,贯穿于学校教育各个环节。要突出安全教育重点,加强防溺水、交通安全、消防安全、应对自然灾害、防范校园伤害等方面教育,让安全知识入脑入心。少先队员是祖国的未来,通过开展自救自护安全教育,培养他们的安全意识、知识和技能,提高他们面临突发安全事件时自救自护的应变能力,对于提高我国国民的安全意识和自救、救护能力必将产生深远的积极影响。

当前,绝大多数少先队员为独生子女,他们在家里过着"小皇帝""小公主"的生活,家庭过多的保护,使得许多儿童的应变能力、承受挫折能力和行为能力相对较弱,特别是在应对突发意外事件、面对危险时惊慌失措、束手无策,所以让少先队员掌握一定的自救互救常识,提高危险发生时躲避危险、自救互救的能力是非常必要的。

【队会目标】

1.让孩子们在思想上认识到生活中的危险无处不在,意外伤害时时都有,意识到生命的宝贵。

2.让队员掌握一定的自护、自救知识和紧急处理办法,引导队员将头脑中的意识与方法转化为自身的应变能力,增强自护自救意识和互助互救技能,从容面对危险和灾难。

3.通过情景模拟训练,掌握一些基本的自助自救技能,机智处理突发伤害事故,形成自我保护意识,学会互帮互助,关爱他人,健康成长。

【前期准备】

1. 分组自学有关的安全知识和自护技能材料。

2. 印好自救自护知识测试卷,每人一份。

3. 收集有关自护自救事例。

4. 编排小品,课上表演。

5. 制作PPT,布置教室。

【队会过程】

(一)中队长宣布五(6)中队"红领巾救护我能行"主题队会准备开始

中队长:全体起立,稍息、立正,各小队整队、报告人数。

1. 各小队整队、报数

小队长:第一小队长跑到小队前面:

"稍息、立正、报数!队员:1、2、3……"

2. 小队长向中队长报告人数

小队长跑步到中队长面前,互相敬队礼后"报告中队长,第一小队应到队员8名,实到队员8名,报告完毕!"

中队长:"接受你的报告,请回!"

第二小队……

第三小队……

第四小队……

第五小队……

第六小队……

3. 中队长向中队辅导员报告人数

(中队长转身面向中队辅导员立正、敬礼:报告中队辅导员,五(6)中队应到队员46人,因病请假1人,实到队员45人,主题中队会"红领巾救护我能行"准备完毕,请您批准!并邀请您参加!中队辅导员佩戴红领巾面向中队长回礼:接受你的报告,批准你们召开"红领巾救护我能行"主题中队会,并预祝队会圆满成功!)

(二)宣布队会正式开始

中队长:我宣布合肥市青年路小学五(6)中队"红领巾救护我能行"主题

中队会现在开始!

(三)出旗! 敬礼

(全体立正!——礼毕)

(四)齐唱《中国少年先锋队队歌》

(文娱委员到台前担任指挥,唱完,中队长宣布:请坐下)

(五)队会主要内容

中队长:人最宝贵的是生命,生命属于我们仅有一次。我们是21世纪的主人,是祖国的未来,民族的希望,是充满生机的新一代。让我们以热烈的掌声有请主持人上场。(主持人由男女两名队员担任,下文以甲、乙称呼)

活动一　危险就在身边

甲:在我们的日常生活中,意外灾害很有可能不期而至。

乙:我们不愿意受到伤害,祈求平安健康是我们每个人的愿望。请大家来看看身边的安全事故。

(播放某小学组织学生秋游时的安全事故视频)

甲:多么触目惊心的一幕!在各种活动中,我们都应该注意安全,我们应该学会保护自己,让安全与我们同行。

乙:作为新世纪的小学生,我们是否有强烈的安全意识,是否有足够的自我防护、自救能力呢?

甲:请同学们展示搜集的资料,告诉大家:危险,究竟离我们有多远?

(学生分组展示搜集到的危险事故,如触电、溺水、煤气中毒、火灾等损伤情况)

甲:面对一幕幕惨剧,我们想到了什么?

(指名谈谈自己的感受,小组交流分析事故发生的原因)

乙:据统计,近年来,我国每年有1.6万名左右的中小学生因食物中毒、溺水、交通事故等导致非正常死亡。同学们,面对危险和困难,我们该怎么办?

甲:让我们行动起来,学习和掌握自护自救的知识,团结起来,互帮互助,从容面对危险和挑战。

合:让我们与自护相伴,与平安同行!

活动二　救护知识我来学

1. 烫伤知识我知晓

甲：烫伤是生活中常常遇到的事故。请大家看一组图片。

（出示一组被烫伤的图片）

乙：看了图片后同学们有什么想说的？

（学生自由畅谈）

甲：那么谁有过烫伤的经历？

（学生自由交流）

乙：烫伤是学生中经常发生的意外伤害事故，严重时甚至会危及生命，了解一些预防和处置烫伤的方法是十分必要的。

甲：在家庭生活中，最常见的是被热水、热油等烫伤。如何防止烫伤呢？万一被烫伤该怎么办？请第一小组同学带我们来学习烫伤的安全指南。

学生1：从炉火上移动开水壶、热油锅时，应该戴上手套用布衬垫，防止直接烫伤；端下的开水壶要放在人不易碰到的地方。

学生2：家长在炒菜、煎炸食品时，不要在周围玩耍、打扰，以防被溅出的热油烫伤；在学习做菜时，注意力要集中，不要把水滴到热油中，否则热油遇水会飞溅起来，将人烫伤。

学生3：油是易燃的，在高温下会燃烧，做菜时要防止油温过高而起火。万一锅中的油起火，千万不要惊慌失措，应尽快用锅盖盖在锅上，并且将油锅迅速从炉火上移开或者熄灭炉火。

学生4：家里的电熨斗、电暖器等发热的器具会使人烫伤，在使用时应当特别小心，不要随便去触摸。

2. 煤气中毒知识我知晓

乙：的确，生活中得特别小心，避免烫伤。接下来，请大家再来观看一则实例。

　　3个在校外租房准备考研的女生煤气中毒。所幸其中一女生及时打开门，3人才幸免于难。小李是原西师文学院的自考生。7月份毕业后，她和另外两个同样准备考研的校友合租了一套三室一厅的房子。下午4时许，3人在有空调的客厅里看书，厨房在烧

开水。"不知过了多久,我们都觉得头晕,全身没力气。"小郭说,她和另一个同学渐渐没了力气,趴在书桌上动不了;小李则用虚弱的声音问是不是煤气中毒了,刚说完,她也瘫倒在地。但小李并没放弃希望,她慢慢往门边爬去,两米不到的距离,爬了很久。她终于站了起来,门被打开了,新鲜空气进来。"我当时只有一个念头,不打开门大家都要完蛋。"小李说。大约过了10分钟,小李体力有所恢复,打电话叫来同学,她们被送往校医院。事后发现,因当时大风将窗户关死,并将炉火吹熄,造成屋中3人中毒。

甲:看了这个案例,大家分小组讨论一下,这个实例说明了什么现象?

乙:没错,就是煤气中毒。你知道煤气中毒的季节和原因吗?

学生1:每年的冬天,人们烤火或用热水器洗澡时稍不注意,就会发生煤气中毒的现象。

学生2:因为天气原因,关闭所有窗户,导致空气不流通引发煤气中毒。

学生3:由于用户的忽略,导致煤气瓶的阀门没有关闭,从而引发煤气中毒。

甲:请第二小组同学给大家播放视频,详细介绍煤气中毒的过程和症状。

一氧化碳气体能与人体的血红蛋白结合,使血红蛋白丧失携带氧气的能力而使人发生中毒。中毒前期出现的症状:头昏头痛,眼花心慌,恶心呕吐,紧接着上述症状加剧,眩晕昏睡,脉搏细快而弱,血压下降。最后常常因为严重缺氧而窒息死亡。

乙:假如事例中的这种现象发生在你身上,你怎么处理?谁愿意来模拟一下急救的方法?

甲:是的,如果发现煤气中毒的患者,首先应立即打开门窗,将患者移到空气新鲜、通风透气的地方,紧接着通知医院派车和医生前来抢救。

3. 火灾知识我知晓

乙:接下来,我们来说一说火。大家知道火有哪些用途吗?

学生:做饭、取暖、照明等。

甲：看来，火对于我们的确很重要，但有时火却给我们带来另一幅画面。请大家看大屏幕。

2002年6月9日，昆明寻甸县一小学发生火灾。火灾发生后，当地消防官兵赶到现场扑救，但由于起火房屋为土木结构，扑救难度较大，次日凌晨2时半大火才扑灭。经调查，8名男队员在大火中丧生。

乙：从这个故事中，大家认识到什么？
甲：血淋淋的事故一次次给我们敲响警钟：防火安全，重于泰山。
甲：如果着火了，怎么办？

（生自由畅谈）

乙：发生火情，同学们一定要保持镇静。这就需要我们认识灭火设备，牢记灭火方法。请欣赏第三小组同学给我们带来的模拟灭火表演。

（学生制作道具、学生扮演火魔和灭火英雄）

甲：当大家遇到火灾时应如何逃生呢？

学生1：迅速疏散逃生，披上浸湿的衣服或裹上湿毛毯、湿被褥勇敢地冲出去。

学生2：如身上着火，可就地打滚，或用厚重衣物覆盖压灭火苗。

学生3：如需要在浓烟中避难逃生，应尽量放低身体，并用湿毛巾捂住嘴鼻。

学生4：可用绳子或把床单撕成条状连起来，紧拴在门窗框和重物上，顺势滑下。

乙：对了，大家还要牢记火警电话"119"，拨打"119"电话时，要讲清楚火灾地点、火势，还要讲清什么物品着火，千万不要惊慌，要冷静。

甲：下面我们一起来学习《防火歌》。

防火歌
火场逃生要镇定，急寻出口保性命。
浸湿毛巾捂口鼻，弯腰靠近墙边行。
困在屋内求救援，临窗挥物大声喊。

床单结绳拴得牢,顺绳垂下亦能逃。

遇火电梯难运转,高层跳楼更危险。

生命第一记心间,已离火场勿再返。

4.地震知识我知晓

乙:其实生活中的危险远不止这些。大家还记得吗?2008年5月12日就这样写入了历史,突如其来的汶川8.0级地震,震动了亿万国人的心。一个美丽的县城顷刻间天崩地裂,断壁残垣。沉痛的瞬间、心痛的数字、染血的孩子、受伤的脸庞……久久萦绕在我们心中。

甲:假如地震真的来了,亲爱的同学们,你做好战胜地震的准备了么?请第四小组同学带领大家学习演唱《地震自护三字歌》。

地震自护三字歌

在家中,忙开门,厨卫间,躲墙角,最安全。

听指挥,不拥挤,找空地,悬挂物,要远离。

在户外,不乱跑,趴地上,危险物,要避开。

在班级,不吵闹,避窗台,速抱头,躲桌下。

乙:我们来现场模拟一下避震自救演练。

(哨响发出地震警报,学生迅速躲藏在桌子下面;然后教师哨响表示强烈晃动结束,组织学生有秩序地快速撤出教室。)

活动三 救护技能大比拼

甲:大家了解了这些安全小常识,下面我们就分组来进行安全知识竞赛,看看谁的知识最丰富。

(1)在饮食安全方面做的不妥当的是(　　)

A.购买包装食品时,要查看有无生产日期、保质期、生产单位。

B.餐具要卫生,要有自己的专用餐具。

C.在外就餐时,选择较为便宜的、无证无照的"路边摊"。

D.养成良好的个人卫生。

(2)乘车时较为安全的行为是(　　)

A.在道路中间拦车。

B.上车时争先恐后。

C. 车辆行驶时,头、手不伸出窗外。

D. 不乘坐无牌、无证车。

(3)使用呼救电话时,必须要用最精练、准确、清楚的语言说明病人目前的情况及严重程度,伤病人的人数及存在的危险,需要何类急救。(　　)

(4)在对病人进行心肺复苏时,应一直进行,直到病人苏醒或有反应。(　　)

(5)在搬运护送伤者时,应先搬运再止血、包扎、固定。(　　)

(6)火灾发生时应尽快打"119"电话报警,以减少火灾的损失。(　　)

(7)每年的哪一天被定为"全国中小学生安全教育日"?(　　)

(8)如果因不慎,你身上被火燃着,你是顺风跑,还是逆风跑?(　　)

(9)如果你在炒菜时,油锅突然起火,在你面前放有三种东西:锅盖、灭火器和水,你采用哪种方法处理?(　　)

(10)刚吃过晚饭,亮亮就吵着要爸爸带他去游泳,这样对吗?为什么?(　　)

乙:通过了解,我们知道了怎么处理这些意外伤害,这对我们每一个人都很重要。那么接下来的表演《我们去郊游》就请大家来实践操作,现场学习紧急处理办法和应采取的有效措施,看看谁的方法最管用。

我们去郊游

(1)郊游途中,一位同学不小心擦伤了,怎么办呢?——现场请同学提出解决办法。

(处理方法:先用盐水冲洗创面,再用消毒棉球擦干,而后用碘酒涂擦伤面,再用酒精球涂擦。轻者不必包扎,重者盖上消毒纱布包扎。)

(2)郊游途中,一位队员不小心被马蜂蜇伤了,怎么办呢?——现场请队员提出解决办法。

(3)发现前方有人不小心碰到一根带电的电线,怎么办呢?

(急救办法:用木棍将电线挑开。要注意,不能用手直接去拉触电者的身体,以免传电;木棍一定要用干燥的。)

(4)午餐时,一个队员不小心烫伤了手……

(处理方法:对轻度的烫伤,可用清洁的油类、酱油或牙膏,涂抹在伤面上。对加热的东西不要贸然用手去端,要垫上手帕或戴上手套小心操作,还要注意周围的人,别被冲撞到。)

(5)天气太炎热了,在回家的路上,一位同学发生中暑。

(救护方法:立即将病人抬到阴凉的地方,让患者仰卧,解开衣扣,可同时用扇子扇风,帮助散热。可用清凉油擦患者的太阳穴,也可用凉水轻轻地喷洒。)

(6)在回家的路上,发现小区旁一家商店着火了,壮壮拎起旁边的水桶就去参与救火……(强调:小学生是未成年人,禁止参加扑灭火灾的行动。)

(7)回到家中,亮亮发现奶奶因煤气中毒而躺在地上,他该怎么操作?

(抢救方法:将病人立即移到空气流通的地方,同时打开门窗,解开衣服的扣子,再给病人喝点醋,最后拨打急救电话"120"。)

甲:大家表现得都很棒,在每一个危急关头,都用自己的聪明智慧解决了问题,保护了自己。

乙:是的,遇见事情一定要保持冷静,以做到自我保护为目的,正确运用自己的智慧寻找解决问题的方法。

甲:多掌握一些知识,做到科学施救,才能防止盲目操作造成更大的伤害。

活动四　拓展活动我尝试

甲:学了这么多的知识,大家课后也可以翻阅更多的资料,课下请大家尝试,以小组为单位制作简易的防毒面具,下节课带来展示。

乙:对于我们每个人来说,安全是如此的重要,美好的明天,期待着我们,请同学们时时刻刻把安全牢记在心,让文明常伴左右。

(六)辅导员讲话

同学们,这次主题队会开展得很有意义,也很成功,每一个同学都积极投入表现,足以看出大家对安全问题的关注。生活中的意外伤害无处不在,而人的生命是可贵的,希望通过这次活动能进一步增强我们的安全意识和自我保护意识。只要我们处处小心,注意安全,掌握自救自护知识,提高自护自救能力,机智勇敢地处理各种异常的情况或危险,就能健康成长。让安全系着你我他,愿我们的生活每天都充满阳光和鲜花,愿平安永远伴随我们大家。

(七)呼号

中队长:全体起立! 右手握拳! 请辅导员领呼!

辅导员:准备着,为共产主义事业而奋斗!

队　员:时刻准备着!

(八)退旗! 敬礼! 奏乐

(九)中队长宣布队会结束

中队长:我宣布五(6)中队"红领巾救护我能行"主题中队会到此结束。

本节队会课是通过播放近年来发生在孩子们身边的安全事故的视频,进而总结事故发生的重要原因,来引起学生对学习安全防卫知识,提高自我保护意识和能力的重视。接着从烫伤、煤气中毒、火灾、地震等方面让学生掌握一定的预防与自救知识。通过列举生活中的安全隐患事例,以图片的形式展现,让学生多说多思。之后以知识竞赛和模拟训练的形式,来加强孩子们"珍爱生命,安全第一"的意识,做到警钟长鸣!最后还贴近生活,设计了学生们感兴趣的制作防毒面具的拓展活动。整个教学流程顺畅,孩子们的劲头很足,也深受触动。

但整节课下来,也有一些感触:大部分环节都是主持人在传达信息,孩子们在接收,缺乏主动性。应对这种情况加以改进,让队会课真正成为孩子们的活动课。孩子们对防毒面具的制作很感兴趣,后续可以多设计一些此类动手做的活动,让孩子们在做中学,在学中感悟。安全教育不是一两节课就能达到预期效果的,在教育教学工作中,要将安全工作细致化、常态化,要动员各方力量积极拓展教育资源,如家庭、社区等。生命安全,警钟长鸣!

本节课主题明确,有现实意义,以小见大,朴实无华,贴近队员的日常生活。整节队会课注重课前准备工作,以活动为载体,以各种活动贯穿始终。队员参与面广,环节流畅。让队员体验的过程,加强队员对安全知识的认识,丰富了队员的救护经验积累,营造了一个浓郁的主题氛围,且活动过程具有针对性和实效性,整个活动创设的氛围使每个队员全身心投入,有目的地参与各小队的活动,参与意识强,兴致高。此外,队员的表演能力和组织能力强。通过表演,队员们献计献策,解决了一个个突发事故,展示了自护自救能力。小主持人组织和协调能力特别好,表现出色,整场活动组织得非常紧凑有序。建议:在展现突出学校安全的图片时应配有事例而且更具体些,让学生通过此过程对安全有更清楚的理解,效果会更好。另外,还可以引导学生多说多交流,充分体现以学生为本的理念。

(点评人:合肥市青年路小学　陆嵘嵘)

争做知法懂法小公民

(合肥市青年路小学 卫凤琪)

【背景分析】

(一)青少年法制教育刻不容缓

伴随整个社会开放程度越来越高、竞争日益激烈和人们生活条件的不断改善,青少年生理发育超前和心理成熟滞后的矛盾越来越突出。近年来,由于各种消极因素和不良环境的影响,我国青少年违法犯罪,无论是在数量上还是比例上都呈现不断上升的趋势。青少年犯罪问题已经成为一个受到全社会普遍关注的问题,给家庭、学校、社会敲响了警钟。青少年能否健康成长,是关系国家存亡、民族兴衰的大事,加强对青少年的法制教育、有效地预防青少年犯罪已是刻不容缓。

(二)当前青少年法制教育存在的问题

1. 学校对青少年的法制教育尚待深化。大多数学校的法制教育比较滞后,且教学方法简单。个别学校仍然片面追求升学率、轻视青少年综合素质的培养,甚至将法制教育排除在素质教育内容之外,这就导致青少年将大部分时间都投入到文化课学习中,法制教育的时间和质量都难以保证。

2. 家庭对青少年进行法制教育滞后。很多家长只重视学习成绩,对孩子思想品德、心理成长和行为规范方面的问题不够重视。有的家长自身法律知识欠缺、法律意识不强,导致本应列为第一位的家庭法制教育严重缺失。这种缺失一方面容易养成孩子凡事以自我为中心、心胸狭窄、好逸恶劳、任性执拗、缺乏责任感、自控能力差的不良习惯;另一方面一旦孩子出了事,家长教育方法简单粗暴,使孩子产生逆反心理,形成消极情绪。

3.社会对青少年法制教育的重要性认识不够充分。社会上有个普遍的认识误区,觉得教育只是学校的事情,因此,开展法制宣传、法制教育也仅仅是教育工作者的工作。这种认识导致相关部门对法制教育宣传不够、开展不够。即使是开展了法制教育,也没有真正达到教育效果,甚至使大众曲解法制教育的内涵与外延,将预防青少年犯罪当作法制教育的主要甚至唯一目的。实际上培养青少年的权利意识、法律意识等才是法制教育的根本目的,预防犯罪只是基本目的。

学法、知法、守法、用法,是每一个公民的责任和义务,"法律"一词看起来似乎离孩子的生活遥远,实则息息相关。法制教育一方面要让孩子知道应该做什么,可以做什么,不应该做什么;什么行为是对的,什么行为是错的,另一方面是要通过学法、用法引导孩子保护自己。

(三)从校情、班情看法制教育的必要性

小学高年级孩子虽说已经接近少年,但仍然处于懵懂时期,对各种法律条文只有模糊的了解。另外,年龄尚小,好玩好闹,比较冲动,自我约束力差,所以常会在玩闹中造成意外伤害的发生。针对这一情况,有必要设计一场以普法教育为主要内容、以防止学生意外伤害为重点的法制教育活动,旨在通过教育,帮助学生学习法律知识,形成基本的法律意识,培养他们对法律规范的内在信仰,从而做到自觉用法律规范自己的行为。

【队会目标】

1.懂得:教育学生懂得什么是犯罪,什么是违法,养成学法、懂法、依法办事的好习惯。

2.遵守:鼓励学生遵守道德规范,争做合格小公民,使学生素质不断提高。

3.了解:引导学生了解一些基本的、与青少年权利和义务相关的法律。

4.维权:培养学生的权利意识,学会用法律武器保护自己,保护亲人与同伴。

【前期准备】

(一)班主任(中队辅导员)策划队会过程

1.召开中队委会及各小队长会议,确定主题内容及形式。

2.邀请法律顾问,了解相关法律知识。

3.动员全中队,倡议人人参与。

(二)各小队分头策划和准备队会各个环节

1. 编排快板《我们快乐来学法》。

2. 准备法律知识竞赛题目。

3. 准备关于"学生意外伤害"的视频。

【队会过程】

(一)遵照仪式,秩序开场

1. 全体立正、各小队整队

2. 各小队长向中队长报告人数,中队长向中队辅导员报告人数

3. 中队长请示中队辅导员批准开会

中队长:"报告辅导员老师:六(4)中队原有少先队员58人,出席58人,本次活动一切准备就绪,邀请辅导员老师参加,报告完毕。"

中队辅导员:"接受你们的邀请,参加你们的队会,并预祝此次队会圆满成功!"

4. 中队长宣布队会开始,出旗(奏乐、敬礼)

5. 齐唱队歌

(二)倡议导入,明确意义

1. 中队长致辞

中队长:亲爱的同学们,伴随着整个社会开放程度越来越高,我们的生活也在一天天地发生改变。然而有真、善、美,就有假、恶、丑。在面对复杂的世界时,我们怎样才能知道应该做什么,不应该做什么;什么行为是对的,什么行为是错的? 我想,法律应该是一种标准。我们要通过学法,用法保护自己、保护亲人,保护和创造真、善、美。

今天,我们特地准备了这次以"争做知法懂法小公民"为主题的队会。在这次队会上,我们将通过各种形式来了解、掌握法律法规常识,更重要的是要学会用法律武器保护自己! 让我们一起预祝本次队会圆满成功!

2. 主持人宣布班会开始

主持人:我宣布"争做知法懂法小公民"主题队会现在开始!

(三)竞赛答题,了解法律

1. 主持人介绍法律知识竞赛的意义与规则

主持人:亲爱的同学们,为了保证我们每个公民能在平安、祥和的环境

中学习、工作和生活,国家制定了许多既能保护我们又能防止我们"犯错误"的规定,这就是我们需要学习、了解的法律和法规,法律法规涉及生活的方方面面。为了自己和他人的安全,为了每个人的幸福和欢乐,让我们多掌握一些法律知识吧!首先,我们以小组为单位进行法律知识竞答,法律知识竞答分抽签必答和小组抢答两部分,必答题20分,抢答题答对加10分,答错扣10分,最后得分最多的小队就是优胜小队。

2.组织开展竞赛

(法律知识竞赛问题及答案见附件1)

3.主持人总结竞赛情况

主持人:通过刚才的知识竞答,可以看出同学们善于动脑,积极思考,不仅懂得了法律对我们每个人的意义,而且掌握了许多法律常识。

主题队会上知识竞赛场景

(四)快板表演,活泼晓畅

1.表演快板《我们快乐来学法》

(快板内容见附件2)

主持人:刚才的比赛的确让人紧张,大家也都有了不少收获,下面我们一起轻松一下,来听一段快板。

2.主持人组织讨论

主持人:通过刚才的快板表演,你有什么收获,你今后打算怎么做?下面我采访几个同学,说一说你们自己的看法。

(五)案例分析,深入明理

1.主持人为同学们播放一个小学生意外伤害的案例视频

  6月17日下午3:00,连江县东岱镇某小学六年级(1)班,孩子们正聚精会神地听语文老师讲解和布置各种复习统考的题目。当语文老师讲到汉字的"笔画笔顺"时,有的同学交头接耳地发出哄笑。原来,这个班学生小东的姑丈的名字与"笔顺"谐音,一些知道情况的同学便把这个当成玩笑。下课后,不明情况而又十分好奇的同学小明便向同学们打听,为什么说到"笔顺"大家就会笑,小东顿时不高兴了,觉得丢了面子,便与小明争吵起来。刚吵几句,上课铃响了,争吵暂时中止,课堂又恢复了平静。也许是小东、小明都年少好胜,下午5点半放学后,大多数同学都已回家,但小东、小明这两个12岁的孩子留在教室,继续围绕下午的话题争吵起来,你说一句我顶一句,两人越吵越凶。争吵中,小东伸手打了小明一个耳光,小明不甘示弱,扑了过去,两人抱成一团扭打起来。不知什么时候,小明将小东顶在墙壁上,前臂卡住小东的脖子,五秒钟,十秒钟……看到小东、小明打起来了,正在打扫教室卫生的林某等4名同学连忙上前劝架,4名同学费了九牛二虎之力,花了一分多钟才将两人掰开。然而,悲剧发生了,因小东的脖子被卡得太久,拉开时小东就瘫倒在地,脸色发青,小便失禁……经了解,小东与小明同窗六年时间,平时还挺好的。然而,因为一个小小的玩笑,却酿成了这样的悲剧。

2.主持人组织同学谈感想

3.主持人小结

  同学们谈得非常好!是的,我们都是活泼好动的少年,爱玩是我们的天性,但我们在玩笑时,千万要注意安全,不要因为一时冲动伤害了别人,也不能因为一时大意让别人伤害到自己,这样的后果是既触犯了法律,又造成了双方一辈子的痛苦。那将是多么惨痛的事啊!希望同学们从今天开始注意与同学和睦相处,玩笑时注意分寸,课间注意文明休息,别让那冲动的一瞬间成为悲剧的开始。另外,我们要多学法,时刻用法律约束自己的行为,做一个知法、守法的好公民!

(六)总结精神,拓展延伸

中队辅导员对队会内容进行总结。

中队辅导员:今天的队会对我们大家来说都非常有意义。让我们多学法,多知法,多守法,让法律指导我们的言行,让伤害远离我们,让我们都拥有一个美好的未来!请同学们就班会写一篇感想,再利用多媒体找一些有关青少年违法犯罪的案例,为我们下次普法队会做准备。

(七)队会结束,秩序退场

1. 呼号

中队辅导员:准备着,为共产主义事业而奋斗!

全体队员:时刻准备着!

2. 中队长宣布队会结束,退旗(奏乐、敬礼)

本次主题队会,通过竞赛形式鼓励学生学习法律常识,通过对案例的讨论与分析,让学生知道不懂法、不守法的后果,从正面和负面两个角度,使学生对法律有了直观的了解,也认识到知法、守法的重要性。队会主题明确、形式丰富,实施也较为成功,但仍有一些不足之处,比如对于较为枯燥的法律条文,在调动学生学习兴趣上还不够到位;队会内容主要是鼓励学生学习法律、遵守法律,有时失之空泛,在具体操作上没有给出具体意见。

在今后的队会活动中,应以更为丰富的案例来说明问题;在教导学生知法、守法的同时,还应拓展内容,如教导学生在遇到他人有违法犯罪行为时该如何处理,让他们在面对危险时,避免和减轻伤害,更好地保护自己和他人的合法权益,达到预防犯罪和维护青少年自身权益的双重目的。此外,也可邀请公检法领域的专业人士参与队会,给学生提供更为专业的意见。

提高青少年法律意识,增强青少年法制观念,提升青少年法制素养,是学校德育工作的重要内容。这篇主题队会方案结合学生的年龄特点,寓教于乐,摒弃枯燥的说教,取得了较好的效果。

活动以知识竞赛的形式调动了学生的积极性,每个学生都有自己的角色,参与感强、气氛活跃。同时,通过听、说、看等不同形式的信息流动,让空泛的法律概念变得具体可感。学生不仅了解了与生活密切相关的法律常识,还学会自觉运用这些法律、法规来规范自己的行为和维护自己的合法权益,达到了学法、知法、懂法、用法的教育目的。活动内容丰富,形式生动,收到了预期的效果。

此次队会活动也有一些不足之处,比如法律知识不够贴近学生的生活实际;有关案例不够多样;形式不够丰富等。在今后的队会活动中应针对这些不足,不断加以改进和完善。法制教育需要持续坚持才能达到累积效果。应经常开展类似的法制教育活动,时刻关注学生的思想动态,设计更有针对性的主题,保证学生在法律的阳光下健康成长和全面发展。

(点评人:合肥市青年路小学　陆海慧)

【附件】

法律知识竞赛问题及答案

必答题

(1)在我国现有的法律法规中,涉及学校和学生的相关法律法规有哪些?(至少说出两条)

(《中华人民共和国义务教育法》《中华人民共和国未成年人保护法》《中华人民共和国预防未成年犯罪法》。)

(2)制定《中华人民共和国未成年人保护法》的目的是什么?

(保护未成年人的身心健康,保障未成年人的合法权益,促进未成年人在品德、智力、体质等方面全面发展,把他们培养成为有理想、有道德、有文化、有纪律的社会主义事业接班人。)

(3)对未成年人教育的范围是什么?

(《中华人民共和国未成年人保护法》第三条规定:国家、社会、学校和家庭对未成年人进行理想教育、道德教育、文化教育、纪律和法制教育,进行爱国主义、集体主义和国际主义、共产主义的教育,提倡爱祖国、爱人民、爱劳动、爱科学、爱社会主义的公德,反对资本主义的、封建主义的和其他的腐朽思想的侵蚀。)

(4)保护未成年人的工作应当遵循哪些原则?

(保证未成年人的合法权益;尊重未成年人的人格尊严;适应未成年人身心发展的特点;教育与保护相结合。)

抢答题

(1)什么是未成年人?

(指未满十八周岁的公民。)

(2)《中华人民共和国未成年人保护法》对父母或其他监护人在未成年人接受教育方面作了哪些规定?

(尊重未成年人接受教育的权利,必须使适龄未成年人按照规定接受义务教育,不得使之辍学。)

(3)《中华人民共和国未成年人保护法》对父母不履行法定职责作了哪些规定?

(对不履行职责或侵权的,应当依法承担责任;经教育不改的,撤销其监护人的资格,另行确定监护人。)

(4)《中华人民共和国未成年人保护法》对未成年人招用有哪些规定?

(任何组织和个人不得招用未满十六周岁的未成年人,组织及个人非法招用的,处以罚款、吊销营业执照。)

(5)《中华人民共和国教育法》是何时公布和实行的?

(1995年3月18日通过并公布,1995年9月1日实行。)

(6)《中华人民共和国义务教育法》是何时公布和施行的?

(1986年4月12日通过并公布,自1986年7月1日起施行。)

 童眼看未来

主题一　我是"科学小眼睛"
主题二　亮眼笑脸看科技
主题三　我是实验小能手
主题四　变废为美巧手秀
主题五　点赞创意小发明
主题六　互联网＋你我他

单元目标

1. 了解自然生活、家庭生活、学校生活中的科学现象,培养小学生的好奇心和想象力。

2. 在动手操作、实验、创意发明中,调动小学生积极探究的热情和勇于求真的科学态度,在自然界、生活、校园中了解科学的作用,体验成功与失败,获得情感态度教育并培养学生严谨的科学观。

3. 在科技场馆、校内外科技阵地的观摩体验中,探索科学的奥秘,获取科学知识,在学校的读书节、科技节、创意周中培养小学生科技发明、乐于实践的求真精神。

4. 倡导环保与美的生活方式。了解生活中被污染的景象,保护环境做力所能及的事情。信息时代与科技为伴,发挥互联网高效、快捷的特点,帮助学生增长知识、开阔视野、启迪智慧,做阳光博彩的少年儿童。

单元设计构想

"童眼"借指小学生,"未来"是将来的光景。响应号召实施科技强国战略,引导青少年儿童在科技体验活动中锻炼意志、陶冶情操、提高能力。

21世纪,是一个"互联网+"的时代,互联网的广泛应用给传统社会行业注入了新的活力。这是一个万众创新的时代,人民的创造力将会为国家的未来书写新的辉煌。科技强国是现代化强国的主要标志。建设世界科技强国,是党中央在新的历史起点上作出的重大决策,科技创新与中华民族伟大复兴紧紧相连。建设科技强国的关键是要有强大的人才队伍,要培育一批立足世界科技前沿的科学家、科技领军人才和高水平创新团队,这是教育的责任与重任所在。

创新型人才需要从小培养,对少年儿童的好奇心、少年儿童的实践精神等予以关注和扶植,都是培养创新人才的必备素质。开展主题班队会活动,引导小学生预知未来社会,感受科技魅力,学习科学改变生活,科技是动手、动脑、手脑合一的杰作。

本单元版块以"科技"为主线,以年级为经,以生本体验为纬,分别设置的六个主题对应一年级至六年级:

一年级:我是"科学小眼睛"。立足于观察,感受科技带来的奇妙、乐趣。

二年级:亮眼笑脸看科技。立足于发现,比较科技发展给社会生活带来的进步。

三年级:我是实验小能手。立足于操作,初步体验科学实验的魅力。

四年级:变废为美巧手秀。立足于科技与环保的创意结合,进一步感受劳动创造美。

五年级:点赞创意小发明。立足于分享"创意金点子"的基础上,对科技带来的变化感同身受,立志做创意小达人。

六年级:互联网＋你我他。立足于互联网、信息时代给人们生活带来的便捷,愿意在这样的环境下学习、实践,做创美少年。

六个主题着眼于科技元素和儿童视野,呈现梯度设计,切合儿童的年龄特征和发展特点,力求通过主题班队会设计达成"观察—体验—创新"的认知实践路径。

它的设计体现出这样的思考:

1. 与学校办学特色"环境教育"相契合,是学校校训"崇尚美、发现美、实践美"的落地。

2. 活动是一切创意、创新的土壤。通过科学观察和调查活动,在场馆体验和校内科技阵地的观摩中,帮助学生寻找和了解自然生活、家庭生活、学校生活的科学现象,激发学生的好奇心和想象力,调动他们的科学兴趣和探究热情。

3. 开展科学实验游戏,了解科学的作用,体验成功与失败,在探索科学奥秘的同时,将科技元素嫁接在手工作品中,倡导环保与美的生活方式。

4. 举办科技小能手、实验小能人、创新小点子等活动,通过了解信息技术对当下生活的变革,寻找互联网技术在方方面面的运用,畅想未来因科技而精彩。与此同时,了解科技也是一把双刃剑,它既可以造福人类,也会给人类带来灾难。

童眼看未来

"童眼看未来"各版块活动均可以与国家课程、地方教材进行有机整合，如《品德与生活》《品德与社会》《中小学生人文和科学素养读本》等；与"森林课堂""快乐研学""四周五节"（读书节、科技节、创意周等）学校主题德育活动有机融合；与"小手牵大手"校外亲子实践活动、城市场馆体验活动有机联合。以主题班队会的形式来开展，既深化了活动主题，又有效聚合学校、家庭、社会各方面教育力量，实现育人的合力。

为了落实班队会活动的实效性，各版块活动应充分发挥每位同学，甚至每个家庭的主观能动性，进行科学观察和调查访问，寻找与自然生活、家庭生活、学校生活有关的科学现象，寻找互联网技术在方方面面的运用，畅想未来因科技而精彩。通过参观、走访城市科学岛、科技馆、大学城、实验室、气象站等，丰富场馆体验，切实感受科技的趣味与魅力，并为主题班队会的召开积累素材。还可以借助丰富的书籍、网络资源，学做科学小实验、创意金点子、科技小手工，在动手又动脑中，将科技元素与生活嫁接。立足今天，面向未来；把握今天，赢在未来。在孩子幼小的心里种下创意的种子，为科技创新播下动手实践的幼苗。

我是"科学小·眼睛"

（合肥市青年路小学 刘芳芳）

【背景分析】

习近平主席曾提出："坚持创新发展，必须把创新摆在国家发展全局的核心位置，不断推进理论创新、制度创新、科技创新、文化创新等各方面创新，让创新贯穿党和国家一切工作，让创新在全社会蔚然成风。"无论是在推进改革中强调"把科技创新摆在国家发展全局的核心位置"，还是在经济转型中提出"科技发展的方向就是创新、创新、再创新"，在习主席的执政思路中，"创新"始终占据重要位置。针对小学一年级学生，我以了解科技资讯为主，配合展示科技产品，引导学生想象未来科技等方式开展本次主题班会。

【班会目标】

通过科学观察和调查活动，寻找和了解自然生活、家庭生活、学校生活中的科学现象，激发低年级学生的好奇心和想象力。

【前期准备】

1.各小组通过拍照记录、上网查询等方式调查了解身边的科技产品，在爸妈的帮助下搜集有关的最新科技资讯。

2.制作班队会 PPT、布置教室。

【班会过程】

主持人（班长）：同学们，今天我们要开展一次我是"科学小眼睛"的主题班会，下面先看一个微课。

活动一　观看微课

1.微课的内容

(1)科技点亮生活。

①空调的发明:美国人威利斯·开利是现代空调系统的发明者,被后人誉为"空调之父"。

②电话的发明:亚历山大·格拉汉姆·贝尔是一位美国发明家和企业家,他创建了贝尔电话公司。

③手机的发明:最先研制出大哥大的是美国摩托罗拉公司的马丁·库帕博士。当时,库帕还是美国著名的摩托罗拉公司的工程技术人员。

④电脑的发明:第一台计算机在美国诞生,那是1946年由毛克利制造出来的被称为埃尼阿克的机器。

(2)认识大科学家们。

①回顾学生已经知道的一些科学家。

②了解中外科学家。

了解爱迪生、居里夫人和霍金等外国科学家。了解中国的4位科学家:张衡、袁隆平、邓稼先和钱学森。

(此微课从古今中外不同方面来展示7位科学家的不同风采,展示4位中国科学家更是希望学生从小了解祖国、立志做祖国的栋梁之材。)

(3)了解奥运会中的火炬。由暑假的里约奥运会引出北京2008年奥运会。那次火炬造型的设计灵感来自中国传统的纸卷轴。纸是中国四大发明之一。祥云图案和立体浮雕式的工艺设计使整个火炬高雅华丽。技术特点:能在强风和大雨情况下保持燃烧,十分轻盈。

(4)知道合肥市科技馆。合肥市科技馆位于合肥市黄山路中段,外观酷似一只巨大的飞碟,象征着科技的无穷奥秘。馆内设有14个展区,共计400多件展品。周三至周日9:00~16:30免费开放。

(教师录制好微课放到班级QQ群里,让家长带着孩子一起观看,并告知家长我班准备开展这次班会,让家长带着孩子把自己身边的高科技产品拍下来。)

2.学生自由发言,谈谈看过的感受

活动二 展示你身边的高科技

1. 展示学生所拍摄的照片让他们自己上台讲解

现在的孩子很早就会使用手机了,让他们自己或在父母的帮助下拍摄身边的高科技产品,既增加了这次班会同学们的参与性,又培养了学生用心观察的习惯,上台讲解也提高了低年级学生口语交际的能力。

主持人(班长):这几位同学用手机拍下了身边的高科技产品,说得也很精彩,下面我们有请小组代表发言。

2. 小组代表相机补充

(1)现在流行的儿童通话手表。

(2)日常使用的平板电脑,进而联系青年路小学开展的电子书包课程。

(3)了解合肥南站运行的"和谐号"动车。

3. 小组代表上台发言

(1)王同学介绍:扫地机器人。

(他拍摄了自家的扫地机器人,家长帮忙上传照片,搜集资料。)

王同学简介:扫地机器人又称自动打扫机、智能吸尘器、机器人吸尘器等,能自动在房间内完成地板清理工作。在室内反复行走,如:沿边清扫、集中清扫、随机清扫、直线清扫等路径打扫。但是在使用过程中如果操作不慎,也会引发火灾。在此,提醒大家在使用扫地机器人过程中要注意防火。

(2)张同学介绍:无人机。

(他在自己参加的科技社团中见到老师示范了无人机,很感兴趣便在家长的帮忙下搜集了资料。)

张同学简介:无人驾驶飞机简称"无人机",是利用无线电遥控设备和自备的程序控制装置操纵的不载人飞机。无人机按应用领域,可分为军用与民用两种。

(3)戴同学简介:合肥的科大讯飞。

(她的妈妈在科大讯飞工作,事先让家长拍摄一些自己单位的照片,戴同学主要是回顾自己2015年参加妈妈单位家庭日的所见所闻,从而让孩子们了解到现代科技人员的工作环境。)

(针对低年级学生的教学,教师不应该一直采用灌输的方式,要不断地引导学生主动去说,认真倾听。教师作了一些示范来引导学生去表达自己的看法。)

主持人(班长):这些科技正为我们的生活带来便捷,出示课件"科技点亮生活",那么未来的生活中还会出现哪些新的高科技产品呢?

活动三　了解我校的科技节

1. 副班长简介青年路小学的科技节

小组成员展示实地采访的具有特色的科技班、电子书包班和机器人社团等的照片和展品。

(通过图片和学生们的自己讲解鼓励同学们积极加入,在学习和生活中留心观察,积极创新。)

2. 一起讨论未来的学校、未来的学习方式

(1)学生自由发言,谈谈未来的教室会是什么样子的,大家又会如何学习。

(2)主持人(班长):未来的学生不需要背很重的书包了,就像青年路小学开设的电子书包课程一样,一个平板电脑就包含了所有的课程内容,上课的时候教师可以和大家一起在网络上互动。遇到雨雪等天气,学生可以在家通过空中课堂继续学习。

活动四　想象未来的高科技

1. 小组讨论未来的生活中还会有哪些高科技?可以从吃穿住用等方面去想象

2.每个小组派一名代表发言

3.其他同学出示图片相机补充

小组代表1发言:未来的食物可以是每种都有不同的口味,比如汉堡味、烤肉味、蔬菜味、水果味等。每天吃一粒就可以了。

小组代表2发言:未来的衣服可以是透明的,在夜间发光的;可以根据每天的气温改变薄厚度,天气冷的时候变得厚且暖和,天气热的时候变得轻薄透气;颜色也可以随意设置,你喜欢红色变成红色,喜欢蓝色就变成蓝色。

小组代表3发言:未来的房子可以随意变形,随意移动,里面的布置可以随意变换,气温和光线都可以设置等。

小组代表4发言:未来的城市里不再堵车,汽车也不再烧汽油,都是使用太阳能等环保能源。

小组代表5发言:未来的机器人服务有机器人救援,机器人医生可以在地震中发挥特长,拯救病人。还有机器人管家,可以在我们到家前做好饭菜,打扫卫生,照顾宠物,接送小孩等。

4.观看VR视频

主持人(班长):高科技让我们戴着一幅这样的眼镜就能看到神奇的海底世界,高科技不仅可以让我们模拟入地,还可以让我们真的上天!

5.了解登月

(1)出示"嫦娥三号"探测器。

组长简介:它于2013年12月2日在西昌卫星发射中心由"长征三号"运载火箭送入太空,是中国第一个月球软着陆的无人登月探测器。简称巡视器,又称玉兔号月球车。

(2)了解"神舟十一号"。

副组长简介:"神舟十一号"飞船是指中国于2016年10月17日在酒泉卫星发射中心发射的载人飞船。飞行乘组由两名男性航天员景海鹏和陈冬组成,总飞行时间长达33天。

6.背诵课文《人有两个宝》

副班长带领大家拍手齐背诵学过的课文《人有两个宝》:"人有两个宝,双手和大脑。双手会做工,大脑会思考。用手又用脑,才能有创造。"(苏教版语文一年级上册第一课)

(结合学过的课文,引导学生们明白科技创新离不开他们现在的学习和努力。)

7.班主任小结

未来世界里会充满各种高科技,同学们要想生活变得更便捷,世界变得更美好,就要贡献一份力量,从小好好学习。

科技兴国的理念是我们一直倡导的,如今我们正是从娃娃抓起,从一年级的小学生抓起,利用主题班会这一形式开展了本次教育,培养和发挥少年儿童的积极性、主动性、进取心和创造性。鼓励孩子们用自己的奇思妙想去改变世界。

此次班会,班主任能结合低年级学生的年龄及认知特点,借助微课、VR视频等新媒体、新技术引导学生了解科技资讯;通过展示科技产品,让学生感受到科学就在自己身边,浓浓的科技氛围,让学生能主动参与搜集资料、介绍身边的高科技。在多种形式的学习中,鼓励学生想象未来的高科技。班会设计层次鲜明,循序渐进,巧用媒体,兴趣引路,效果显著,定能达到育人之目的。

(点评人:合肥市青年路小学 刘让宏)

亮眼笑脸看科技

(合肥市青年路小学 徐红菊)

【背景分析】

习近平总书记说过"科技兴则民族兴,科技强则国家强"。是的,我们的生活越来越离不开"科技"了,衣、食、住、行,都是与科技密切相关的。随便一个人身上都会有手机、各类IC卡……哪怕是一颗最普通不过的纽扣,也会闪现最新的科技影子来。通过开展以"亮眼笑脸看科技"为主题的中队会活动,让科技创新的种子扎根于素质教育的沃土,唤醒每个队员的科学潜能,激发队员们的好奇、好问、好学兴趣,培养队员们的科学素养、创新能力和实践能力。

【队会目标】

1. 了解中国古代、现代的科技成果,以及中外科学家的伟大贡献,教育学生从小爱科学、学科学、用科学。

2. 通过活动强化队员的科学意识,更好地培养队员从小树立爱科学、学科学、用科学的思想,同时展示我校"科技创新"之机器人、科技节、科技班、电子书包,激发队员们的兴趣,培养他们主动参与活动的主体意识和动手创造能力。

3. 通过前往科技馆体验,获取相关的资料,然后通过自编自导自演,用快板、演唱、诗朗诵等方式,培养少先队员的科技意识,激发他们对现代科技的兴趣。

【前期准备】

1. 通过参观科技场馆、阅读科学书籍等,了解或收集中国古代、现代的科技成果以及科学家的故事。

2.准备歌曲、诗歌、快板、故事等。

【队会过程】

(一)中队长宣布二(3)中队"亮眼笑脸看科技"主题队会准备开始

1.各小队整队、报数

(小队长:第一小队立正、报数！队员:1、2、3……)

2.小队长向中队长报告人数

(小队长小跑面向中队长立正、敬礼:报告中队长,第一小队应到队员12人,实到队员12人,报告完毕！中队长面向小队长回礼:接受你的报告！各小队依次报告。)

3.中队长向中队辅导员报告人数

(中队长转身面向中队辅导员立正、敬礼:报告中队辅导员,二(3)中队应到队员51人,实到队员51人,主题中队会"亮眼笑脸看科技"准备完毕,请您批准,并邀请您参加！中队辅导员佩戴红领巾面向小队长回礼:接受你的报告,批准你们召开"亮眼笑脸看科技"主题中队会,并预祝队会圆满成功！)

(二)中队长宣布主题队会开始

中队长:我宣布二(3)中队"亮眼笑脸看科技"主题队会现在开始,全体立正！

(三)出旗！敬礼

(旗手进场奏乐)(礼毕,请坐下)

(四)齐唱《中国少年先锋队队歌》

(五)队会主要内容

活动一 科学魅力大

(课件出示:活动一 科学魅力大)

主持人甲(以下简称甲):迎着灿烂的朝阳,迈开轻快的步伐,跨世纪的我们,将插上科学的翅膀飞翔。

主持人乙(以下简称乙):科学为人类撒下了充满希望的种子,科学为人类创造了前所未有的辉煌。

甲:科技正以崭新的步伐向我们走来,让我们在歌声中寻找科技的足迹,在创新中收获喜悦吧！

请听大合唱《天地之间的歌》。

甲:在辉煌的科技成果背后,有一批伟大的科学家,在他们身上都发生过有趣的故事。

乙:下面有请咱们班级的诗语同学为大家讲一讲科学家的故事。

在讲故事的同时,我们班里的小小书法家逸宇还将为本次主题班会现场展示书法作品一幅,请大家稍后观赏。

诗语:《爱问为什么的孩子爱迪生》(见附件)

乙:讲完故事,咱们的小书法家逸宇已经现场写好了作品,大家请看。(举着作品走一圈)(书法作品内容 "科技兴则民族兴,科技强则国家强")

乙:穿过时间的隧道,我们相约在灿烂的明天,拜访爱迪生,叩开牛顿的大门,我们心里装满了"珍宝",小伙伴们变成了科学家,把世界装扮得分外美好!

活动二 科技在腾飞

(课件出示:活动二 科技在腾飞)

甲:前人们的代代努力,迎来了科学的春天。

乙:一项项新的发明创造正在孕育而生。

甲:它凝聚着最先进的科学技术。

乙:体现着现代文明的光辉。

1. 知识抢答

甲:下面进行知识抢答赛:我国古代有著名的四大发明,哪位队员知道这四大发明是什么?(抢答,颁发小礼品)

2. 快板表演

甲:我们班的同学有不少都利用休息时间去参观了科技馆,有一位"小科学迷"还带来了一小段快板呢,请听于××的快板表演《游玩科技馆》。

游玩科技馆

星期天,没事干,

科技馆里转一转。

有操作,有观看,

各种各样开眼界。

把火灭,把车开,

操作区内真好玩。

看电影,走世界,

观看区内真精彩。

科技馆,真神奇,

先进技术数第一。

3. 参观感受

乙:还有哪些同学也参观了科技馆呢?请大家用最简单的话,说说自己的感受。

队员1:科学给我们插上了想象的翅膀。

队员2:科学为我们开辟了理想的天地。

队员3:科技是第一生产力。

队员4:科技创造未来!

队员5:科技打开了国门。

队员6:科技谱写辉煌的诗篇。

4. 诗歌朗诵

乙:看来同学们参观科技馆的收获挺大的,感谢大家的分享,希望我们都能成为爱科学的好孩子!请听诗歌朗诵《我们爱科学》。

我们爱科学

男:我们爱科学,

爱科学使我们学会观察、学会思考;

女:我们爱科学,

爱科学使我们学会实践、学会创造!

男:我们爱科学,

爱科学使我们变得更聪明;

女:我们爱科学,

爱科学使我们变成小精灵,

再高的山峰我们也敢攀登,

再难的宫殿我们也敢探寻。

合:让我们用智慧的头脑,

让我们用科技的本领,

勇挑新时代的重任，

去创造更加美好的明天。

甲：说到我们身边的科技，那就不得不提到我们青年路小学了。

活动三　科技在青小

(课件展示：活动三　科技在青小)

乙：是的，我们学校历来十分重视科技教育，每年通过科技节、电子书包班、科技班、机器人社团，激发学生学科学、爱科学、用科学的意识，培养大家动手动脑、开拓创新的能力。

甲：我校同学参加全国机器人大赛还获得了优异的成绩呢！（播放曾经获得全国计算机比赛一等奖的齐佳莉同学的获奖感言）

甲：原来科学就在我们身边啊！

乙：从天到地，从地到天，万事万物，多么神奇！

甲：假如你想把世界看清，就请睁大你的眼睛。

乙：这世界千姿百态，五彩缤纷。

甲：这世界一日千里，面貌常新。

乙：是啊，在我们的生活中也常常会有一些司空见惯的科学现象，你们能发现其中的奥秘吗？下面我们来做几个小实验，注意仔细观察哟！

(1)土电话；(2)鸡蛋浮出水面；(3)小口玻璃瓶吞鸡蛋。

甲：实验真有趣，让我们携起手来，努力学习科学知识，掌握科学方法，提高科学素养，使自己成为爱科学、用科学的小科学家、小发明家和小能手！

乙：号角声声，队旗飘扬，队鼓咚咚，歌声嘹亮。在灿烂的阳光里，在明媚的蓝天下，我们少先队员行走在金色的大道上。相信通过这次活动，热爱科学、勇于探索的美好种子一定会播撒在我们心中。

(六)中队辅导员讲话

甲：下面请中队辅导员老师讲话。

辅导员讲话：同学们，今天的"亮眼笑脸看科技"主题队会开展得十分成功，同学们积极参加活动，锻炼了组织能力，老师还欣喜地发现同学们增强了科技意识。是啊，是科学为我们拨开重重的迷雾，是科学为我们开启了智能之窗。因为科学带给了我们全新的创造性思维，因为科学教给我们最先进的思想方法。崇尚科学，让我们更冷静、客观地面对这日新月异的世界，让我们亮眼笑脸看科技,迎接美好的明天!

(七)呼号

(八)退旗! 敬礼! 奏乐

(九)中队长宣布主题中队会结束

活动前,队员们谈构思,讲设想,碰撞思维的火花;活动中,所有队员积极参与,体验活动的紧张和快乐;活动后,组织队员谈体会,写感想,进一步深化活动精神。这次活动,不仅让队员们动了手,动了脑,学到了知识,锻炼了能力,还培养了他们积极进取、不断创新的理念,也调动了他们全方位参与班级少先队活动的热情。

通过一系列活动,使科技知识以队员们喜欢的故事、儿歌、快板等形式呈现,让科技教育内容儿童化、趣味化。这些活动使孩子们充分地观察、思考、动手操作,且活动符合他们的年龄特点,从而获得良好的教育效果。

主持人合作不够自然融洽,这可能是课前准备不足所致,也可能是年龄较小的原因。如果能够脱稿的话,让小主持人即兴主持,对于课堂上出现的小状况,他们可能会处理得更好。

本节队会课设计很契合低年级学生的心理特征和认知水平。首先,内容新颖,形式多样。精彩的快板表演和有趣的小实验,有效地调动了同学们的积极性。其次,时间安排巧妙。把讲故事和现场书法相结合,同步进行有创意。再次,体现了榜样在身边。播放齐佳莉同学的获奖感言对同学们有很好的激励作用,也体现了"科技在青小"的篇章主题。

(点评人:合肥市青年路小学 刘芳芳)

【附件】

第二届"区长奖"获得者代表齐佳莉同学发言稿

合肥市青年路小学六(2)班

尊敬的各位领导、各位老师、亲爱的同学们：

大家好！

我是合肥市青年路小学六(2)班的齐佳莉，站在今天的领奖台上，接受尊敬的区长，为我们颁发科技创新区长奖，心情无比激动，在这个隆重的场合获得这份沉甸甸的大奖，我要衷心地感谢许多帮助、指导和关心过我的人。

首先，我要感谢我的学校——青年路小学，在我们学校每周五下午有一个"魅力周末，美丽课堂"的社团活动，在许多的社团课里就有一个"电脑机器人"社团，我就是在这个社团里对学习电脑机器人产生了兴趣，认识了许多伙伴，有了参加机器人项目竞赛的机会。

我要感谢我的指导老师——吴智武和范晓燃两位老师。在学习过程中，老师们为我们制订学习计划，培养了我们学习机器人的良好习惯，让我们逐步成为操作机器人的小能手，可以说：我的每一点进步，都离不开老师的悉心教导。

我还要感谢我的班主任——徐红菊老师，是她的支持和鼓励给予了我失败时的信心。

我要感谢我的爸爸和妈妈，是他们始终如一的默默支持和帮助，我才能走到今天，一直坚持着电脑机器人的学习。

最后，我要特别感谢我的搭档——朱禾佳，没有她的默契配合，我们也取得不了今天的成绩，与她合作是一件非常快乐的事情。

机器人的训练是艰苦的，甚至是枯燥的，一次次重复训练，一次次尝试和体验，同样伴随着成功的喜悦和失败的沮丧，在训练中，我们遇到了种种困难，有时候，我们问老师，有时候，我们自己琢磨、推敲……在这个过程中，我们始终没有退却，就这样，我们的水平有了长足的进步，在第十四届安徽省中小学"讯飞杯"电脑制

童眼看未来

作活动竞赛类项目比赛中,我们一举拿到了第一名,取得了参加国赛的资格。参加全国性比赛,这是件多么令人羡慕的事啊!有了参加省赛的经历,我和搭档朱禾佳暗下决心,一定要在全国的比赛中捧一个大奖回来,为学校争光,为包河区争光!

在备战"国赛"的日子里,我们放弃了所有能玩的时间,投入紧张的集训中。终于,功夫不负有心人,在第十五届全国中小学电脑制作活动比赛中,我们捧得了小学组"纳英特智能挑战赛"一等奖的好成绩。这个成绩给我们整个社团同学带来了极大鼓励,现在大家对机器人训练更有兴趣了,学校机器人室已经成了我们的乐园。

各位同学,虽然今天我们站在科技创新区长奖的领奖台上,但是它并不是优秀的全部。我要把这份荣誉好好珍藏,把从一次次大赛中积累的经验转化为继续前进的动力,把今天的获奖当作一个新的起点。今后,我想,我们在踏踏实实学好各门功课的同时,多读科普读物,多参加科技实践活动,细心观察生活,乐于动手体验,坚持自己的目标,做一个创新少年!

最后,再次感谢关心帮助我们成长的各位领导和老师们!

我是实验小能手

(合肥市青年路小学　范丽娟)

主题班队会

【背景分析】

21世纪是科技的时代,建设科技强国的关键是要有强大的人才队伍,要培育一批立足世界科技前沿的科学家、科技领军人才和高水平创新团队,这是教育的责任与重任所在。通过主题队会,让科技兴趣培养从小学生抓起,强化队员的科学意识,培养少先队员具有科学的头脑和实践能力,培养队员主动参与活动的主体意识和动手创造能力。

当前,科技热已经融入社会方方面面,智能产品走进生活,机器人、无人机等纷纷亮相校园科技节。小学生对科技产品充满向往,对科学探索充满热情,但学生的实际动手操作能力还有待开发、提高。此外,置于全社会对科技人才尊重和对科技发明推崇这样的情境下,开展此次中队会是非常必要的。

【队会目标】

1.榜样示范:了解享誉世界的诸多科学家和他们的伟大发明,感受科技推动人类文明的发展与进步。

2.实践体验:开展科学探索小游戏活动,体验科学的魅力。

3.探索求真:结合具体的科学小实验,观察现象、揭秘原因、多多提问"到底是什么""究竟为什么""应该怎么办",培养科学求真的态度。

4.科学意识:通过活动强化队员的科学意识,更好地培养队员从小树立爱科学、学科学、用科学的思想,培养队员主动参与活动的主体意识和动手创造能力。

【前期准备】

1. 各小队就收集的世界上的发明大王、诺贝尔奖获得者的资料作交流,由中队长分工做好队会资料展示的汇报排练。

2. 各小队成员借助丰富的书籍、网络资源,学做科学小实验,在动手又动脑中,体验成功与失败,相互鼓励,共同进步。

3. 布置教室,营造氛围。

【队会过程】

(一)中队长宣布三(1)中队"我是实验小能手"主题队会准备开始

1. 各小队整队、报数

(小队长:第一小队立正、报数！队员:1、2、3……)

2. 小队长向中队长报告人数

(小队长小跑面向中队长立正、敬礼:报告中队长,第一小队应到队员8人,实到队员8人,报告完毕！中队长面向小队长回礼:接受你的报告！各小队依次报告。)

3. 中队长向中队辅导员报告人数

(中队长转身面向中队辅导员立正、敬礼:报告中队辅导员三(1)中队应到队员48人,实到队员48人,主题中队会"我是实验小能手"准备完毕,请您批准,并邀请您参加！中队辅导员佩戴红领巾面向小队长回礼:接受你的报告,批准你们召开"我是实验小能手"主题中队会,并预祝队会圆满成功！)

(二)中队长宣布主题队会开始

中队长:我宣布三(1)中队"我是实验小能手"主题队会现在开始,全体立正！

(三)出旗！敬礼

(礼毕,请坐下)

(四)齐唱《中国少年先锋队队歌》

(五)队会主要内容

活动一　实验大王面对面

甲:在漫长的人类历史进程中,是无数科学家和普通人用他们的智慧和双手发明创造,推动了人类的发展、科学的进步。一部近代科学史,在某种意义上说,也是一部科学实验史,你知道最早进行科学实验的人是谁吗？

乙:这可难不倒我,当然是英国科学家培根！他通过实验方法,扩大了科学王国的领域,他凭借锐利的武器——实验,对许多观点都敢于质疑。

甲:是的,培根坚持"实验,实验,永远地实验下去"这一光辉思想,对世界科学的发展、昌盛产生了极为深远的影响。

乙:让我也来考考你,科学实验究竟有什么神奇之处?

甲:科学实验被称为"试金石"。科学家借助于科学仪器、设备,可以验证自己的猜测、设想,揭示事物的本来面目。

乙:一个小小的科学实验往往可以改变人类历史的进程,下面我们有请"科技小队"的代表们为我们介绍中外闻名遐迩的实验大王们!

小睿:我为大家介绍的是发明大王爱迪生。他通过科学实验发明了会说话的机器——留声机,给黑夜带来光明的使者——电灯!为了研制一种电池,他用了3年时间,使用了几千种材料,做了4万多次实验,终于取得了成功。爱迪生75岁高龄仍然坚持到实验室上班,有记者问他什么时候退休?爱迪生装出十分为难的样子:"这个问题我到现在还没来得及考虑。"

小可:钱学森是中国著名的物理学家,世界著名的火箭专家。曾在美国留学,最终回到祖国。钱学森担任火箭导弹和航天器研制的技术指导,为新中国火箭、导弹的研究发展作出了卓越贡献。"我只是沧海一粟!"钱学森在与别人的书信中反复强调,实验是几千名科学技术专家通力合作的成果,不是哪一个科学家独立的创造。

小冉:通过实验,发现神秘放射线的是德国物理学家伦琴,1901年伦琴获得诺贝尔物理学奖。由于当时对这种射线属性了解得很少,所以人们称它为X射线,表示未知的意思。这种射线是人类发现的第一种"穿透性射线",后被应用于临床医学。现在,身体任何部位、组织器官都可用X射线显示并发现异常。

小军:英国细菌学家弗莱明在实验中偶然发现了青霉素,从而挽救了千百万人的生命,开创了医学史上的新纪元。

活动二 我是小小实验家

甲:世界上许多惊人的发现,许多重要的发明创造,都是在实验室中完成的。感谢"科学小队"的分享,从科学技术史的长河中,撷取这几个有代表性的实验大王介绍给大家,这些科学家所进行的科学实验,带给我们无尽的遐想和智慧的启迪。

乙:从天到地,从地到天,万事万物,多么神奇! 我们的生活中也会有一些常见的科学现象,今天,它们走出实验室,成为同学们喜欢的趣味游戏,你们能发现其中的奥秘吗?下面有请各小队代表来做科学小实验,注意仔细观察哦!

梦想小队:水上漂

新希望小队:筷子的神力

小神龙小队:蜡烛吹不灭

探索小队:有孔纸片托水

科技小队:制作"彩虹"

奥秘小队:会跳远的乒乓球

活动三　刨根问底"小问号"

甲:看了各小队精彩的实验操作,你一定充满好奇或是满腹疑问,下面进入刨根问底"小问号"环节,请各小队就大屏幕上的话题任意选择,积极展开讨论。

刨根问底"小问号"		
	选择话题	我们的揭秘(或究竟为什么)
1	最有趣的实验(　)	
2	最不可思议的实验(　)	
3	最想尝试的实验(　)	
	……	

(学生讨论)

乙:听了同学们的奇思妙想,真为大家的聪明才智点赞喝彩!小小科学家就在我们身边。

甲:是呀,从小爱科学、学科学、用科学,将来我们也会成为实验大王、发明大王。

活动四　获奖感言启示录

乙:科技领域的最高荣誉,莫过于诺贝尔奖了。中国第一位获得诺贝尔医学奖的女科学家是——屠呦呦!屠奶奶献身科学的辉煌事迹享誉全世界,她在瑞典领奖时发表的获奖感言感人至深,下面请小佳同学为我们配乐朗读。

(学生朗读)

甲:接下来让我们一起朗读众多杰出人士的诺贝尔奖获奖感言,从中感悟真理,汲取力量。

莫言:我是一个讲故事的人,因为讲故事我获得了诺贝尔文学奖。我获奖后发生了很多精彩的故事,这些故事,让我坚信真理和正义是存在的。今后的岁月里,我将继续讲我的故事。

赫什科:(以色列科学家)我为我的家庭、我的研究所和我的祖国感到高兴。对那些有志做科研的人们,而不是为了摘取诺贝尔奖的人们。我希望他们能够用独特的新奇的眼光发掘真正重要的问题,尽管这些问题并不一定是该学科当前的热点。然后就需要坚持不懈地努力。

切哈诺沃:(以色列科学家)我真诚地希望这件事对我将来的科研毫无影响。我热爱我的实验室、我的学生和我的科学事业。

乙:我们要像科学家那样不仅敢想而且要敢做,希望将来为科学多创作、多发明,成为一个对社会文明进步有用的人!

甲:下面请中队辅导员老师讲话。

(六)中队辅导员讲话

队员们,俗话说,只有亲身体验才能刻骨铭心。今天通过"我是实验小能手"的主题队会,以举世瞩目的科学明星们为榜样,各小队从生活入手,从兴趣着手,熟练掌握了一系列科学实验的方法。我们兴致勃勃地亲眼观察了科学实验的过程,探究其中的奥秘;还取长补短,发现自身认知的不足。队员们,只要爱思考,勤动手,一定会成为爱科学、用科学的小专家、小能手!

(七)呼号

中队长:全体起立! 右手握拳! 请辅导员领呼!

辅导员:准备着,为共产主义事业而奋斗!

队　员:时刻准备着!

(八)退旗! 敬礼! 奏乐

(九)中队长宣布主题中队会结束

中队长:我宣布三(1)中队"我是实验小能手"主题中队会到此结束,欢送各位领导和嘉宾。

主题中队会要对学生做人、学习等方面加以正确引导,让学生形成正确

的价值观,在学生心灵的白纸上绘出最美的理想画卷。此次队会中呈现的几个篇章,均是以享誉世界的科学家为引领榜样,帮助学生丰富人生智慧,启迪科学素养,建立人生价值追求,以科学家的人格魅力感召每位学生。

此次队会抓住儿童科学素养教育的"机会窗口",即敏感期,打破常规队会教学模式,采用开放式教学方法,学生在玩中动手动脑,可谓玩中学,学中玩。让他们在自主学习、动手实验中体会发现与探索的快乐,体验自我成功或失败的感受,并不断启发,鼓励学生提出奇思妙想,充分挖掘学生潜能。

这次队会课展示中,辅导员能以现代教育理念、现代德育新理念为指导,积极探索,努力创新,队会的内容和形式总体上呈现三大亮点:

(1)主题鲜明,切入点贴近少先队员实际。本次队会课的设计紧紧围绕"我是实验小能手"展开,主题突出。辅导员选择一些伟大科学家的实例为切入点,让队员充分感受科技推动人类文明的发展与进步,从而激发队员对科技产品充满向往,对科技探索充满热情,这样的设计契合少先队员的年龄实际,有较强的针对性和实效性。

(2)内容丰富,条理清晰。整节队会课的设计采用篇章的方式,把队会教案变成剧本,把教室变成舞台,而队员是舞台上的表演者,真正做到了辅导员是倾听者、点拨者,队员是主体。整个过程是学生主持、全员参与的过程,是学生真实的思想内化与生成的过程。此次队会课以四个篇章活动潜移默化地培养少先队员具有科学的头脑和实践能力。整节课开展得有声有色,既锻炼了队员主动参与活动的主体意识和动手创造能力,又体现了班级德育工作的思想性、知识性和趣味性。

(3)辅导员有效地扮演好点睛角色。在队会开展过程中,及时、正确的评价非常重要,本节队会课辅导员能及时地掌握来自学生的信息反馈,抓住了学生思想情感方面的变化,层层递进,步步引导,对队会的主题进行深化和提升,对整节课中少先队员表现的总结起到了点睛作用。

(点评人:合肥市青年路小学 谢晓萍)

变废为美巧手秀

(合肥市青年路小学 刘让宏)

【背景分析】

罗丹说过:"生活中不是缺少美,而是缺少发现美的眼睛。"美不是空谈,而是要去体验、去感受、去欣赏。四年级的同学们完全可以通过自己的眼睛去发现美,用自己的双手和智慧去创造美。"变废为美巧手秀"主题队会就是倡导环保与美的生活方式,鼓励同学们动手又动脑,将科技元素嫁接在手工作品中,通过作品展示、介绍,让大家感受到科技会使生活更美好。

【队会目标】

1. 倡导环保与美的生活方式,了解科学的作用,探索科学的奥秘。

2. 让同学们了解校园里、生活中,还有哪些废旧物品能通过科学的方法,变废为美。

【前期准备】

安排同学们查找资料,制作PPT,确定班会时间、地点、主持人。

【队会过程】

活动一 队会仪式

(一)中队长宣布四(3)中队"变废为美巧手秀"主题队会准备开始

1. 各小队整队、报数

(小队长:第一小队立正、报数!队员:1、2、3……)

2. 小队长向中队长报告人数

(小队长小跑面向中队长立正、敬礼:报告中队长,第一小队应到队员8人,实到队员8人,报告完毕!中队长面向小队长回礼:接受你的报告!各小队依次报告。)

　　3.中队长向中队辅导员报告人数

　　(中队长转身面向中队辅导员立正、敬礼:报告中队辅导员,四(3)中队应到队员46人,实到队员46人,主题中队会"变废为美巧手秀"准备完毕,请您批准,并邀请您参加!中队辅导员佩戴红领巾面向小队长回礼:接受你的报告,批准你们召开"变废为美巧手秀"主题中队会,并预祝队会圆满成功!)

　　(二)中队长宣布主题队会开始

　　中队长:我宣布四(3)中队"变废为美巧手秀"主题队会现在开始,全体立正!

　　(三)出旗!敬礼

　　(礼毕,请坐下)

　　(四)齐唱《中国少年先锋队队歌》

活动二　主持人致辞

　　甲:废物利用、资源再造、减少资源浪费,是保护生态环境的重要方法。

　　乙:今天,我们要通过实际行动来倡导环保与美的生活方式,我宣布四(3)中队主题队会"变废为美巧手秀"正式开始。

活动三　了解当前的环境状况

　　甲:同学们,你们知道吗?17棵大树＝1吨废纸＝800千克再生纸,1棵生长了20年的大树＝1万余双筷子,木材的有效利用率只有60%左右。

　　乙:每家饭店平均一天要消耗150双左右的一次性筷子,这意味着每家饭店平均两个多月就要"吃掉"一棵生长了20年的大树,这无疑是一个惊人的浪费漏洞。

　　甲:因此,今天我们的教科书开始循环使用。那我们的身边还有哪些物品在被悄悄浪费呢?请看大屏幕。(看视频)

活动四　谈谈自己应该如何做

　　甲:看了视频,大家有什么想说的呢?

　　学生1:我们感受到生态失去平衡,后代就失去生存的空间,环保势在必行。我来给大家讲个环保小故事《神奇的纸巾》。(出示视频)

神奇的纸巾

　　从前,有个小男孩,他每天要用好多纸巾。吃过东西,他用纸巾擦擦嘴,再用纸巾擦擦手,还用纸巾擦擦衣服。这天,爸爸买回一筒纸巾。爸爸说这是"神奇牌"纸巾,跟以前的不一样哦。小男孩想看看,纸巾究竟神奇在哪里。他拉出一截,没什么神奇;他把纸巾拉到阳台上,也没什么神奇;再把纸巾拉到楼梯上,还是没什么神奇;纸巾被拉得长长的,一直拉到小区外面;再拉到市民广场,绕过一棵棵粗粗的树。小男孩跑呀跑,拉呀拉,纸巾怎么也拉不完……跑呀跑,拉呀拉,小男孩回头一看,树林不见了!他扔了纸巾,惊叫着跑回家:"爸爸,爸爸,树林没有啦——"爸爸说:"制造纸巾要用树木做原料。你用掉了这么多纸巾,树林当然就没有啦!"为了让树林回到市民广场,小男孩又跑回去,一边跑,一边卷……跑呀跑,卷呀卷,纸巾全都卷了回来,市民广场的树林又回来了。小男孩真高兴呀! 小朋友们,木材是制造纸巾的原料,纸巾用得越多,耗费的树木就越多。所以我们在家的时候,应该尽可能多用毛巾,节约纸巾。

学生2:我了解了纸巾与树木的关系,树木与我们生活环境的关系,我想对同学们说,平时要注意使用环保材料,以实际行动来践行环保理念。我请同学们行动起来,变废为美。我们分成三组给大家展示,请欣赏:

一组:环保服装表演。(同学们利用废旧报纸、废旧挂历、塑料袋等材料设计服装,走秀)

二组:手工展示。(学生们将生活中随处可见的易拉罐、矿泉水瓶、一次性水杯、报纸纸板等,经过简单的裁剪拼贴、彩纸包装、彩笔描绘,变成烟灰盒、笔筒、小桌椅等生活用品和装饰品。课件出示图片)

三组:制订倡议,由小组长领读。

心动不如行动,让我们携手努力,从现在做起,从身边一点一滴的小事做起,积极行动,保护环境,珍惜生命,让绿色永驻地球!我们发出如下倡议:

  节约用水,一水多用,别让生命之泉空流;
  节约用纸,珍惜森林资源;
  节约用电,不过早开灯,人走灯熄;

童眼看未来

推动垃圾分类回收,让垃圾变成资源;

旧物巧利用,让有限的资源延长寿命;

爱护绿化,不摧残花草树木。

学生3:人类只有一个地球,它是生命的摇篮,是人类共有的家园。爱护环境,崇尚文明,无疑是人类自身的道义和责任。为了牢固树立同学们的环境保护新思想、新道德、新风尚,保护我们美好的家园,下面我们将一首小诗献给大家。配乐诗朗诵《呼唤》。

学生1:大地上有清清的河吗?大海是蓝色的吗?

学生2:为什么听不到小鸟在唱歌呢?什么时候能听到叮咚泉水的声音呢?

学生3:是呀,大地上有清清的河水在流淌,蔚蓝的大海也是碧波荡漾,可是要懂得珍惜它们,我们的生活才会幸福永远哦。

学生4:是呀,那个时候山间的泉水叮咚作响,林间的小鸟也随心歌唱,但是我们要懂得保护它们,我们的家园才会和谐自然。

学生1:还记得,树的翠绿向山间伸展,我知道,我们的家园和谐自然。

学生2:还记得,美丽的天空蔚蓝一片,我感叹,我们的幸福将会永远。

学生3:还记得,山泉叮咚百林鸟歌唱,我骄傲,我们生活在人间天堂.。还记得,宽阔的海洋碧波荡漾,我自豪,我们的地球风华正旺。

合:听……大地呼唤的声音,何时才能够散发青春,每天都是轻松的心情。

合:问……正在沉睡的人们,可想过失去生态平衡,就会失去后代的生存。

合:听……大地哭泣的声音,是在诉说受伤的爱情,渴望久违的纯洁心灵。

学生4:看……整天忙碌的人们,游走在尘世的眼神,竟然忽略了母亲的愁容。

学生1:我看到,蓝天已褪色不如从前;也听到,城市汽笛声响彻昼夜。

学生2:我看到,闪烁的霓虹炫染上空;也听到,大地急促的呼吸声音。

学生3:我看到,河流不再像从前透明;也听到,溪水天天呼喊着母亲。

学生4:我看到,小鸟搬起旅行的行囊;也听到,枝头上歌声充满迷茫。

合:听……大地呼唤的声音,何时才能够散发青春,每天都是轻松的心情。

合:问……正在沉睡的人们,可想过失去生态平衡,就会失去后代的生存。

合:听……大地哭泣的声音,是在诉说受伤的爱情,渴望久违的纯洁心灵。

合:看……整天忙碌的人们,游走在尘世的眼神,竟然忽略了母亲的愁容。

合:听……大地呼唤的声音,何时才能够散发青春,每天都是轻松的心情。

合:问……正在沉睡的人们,可想过失去生态平衡,就会失去后代的生存。

合:听……大地哭泣的声音,是在诉说受伤的爱情,渴望久违的纯洁心灵。

合:看……整天忙碌的人们,游走在尘世的眼神,竟然忽略了母亲的愁容。

乙:通过大家的讨论与汇报演出,可以看出大家的环保意识和废物回收利用意识增强了。下面请辅导员讲话。

活动五　辅导员讲话,呼号

辅导员:今天的队会召开得非常成功。你们能利用生活中的各种废旧物品作为原材料,充分发挥自己的想象力和创造力,结合生活和科技知识,进行小发明、小创作。不仅通过自己的眼睛去发现美,而且能用自己的双手和智慧去创造美,每一位同学都表现得非常出色。希望你们在日常生活中能将环保进行到底。

呼号:

(中队辅导员领呼:准备着,为共产主义事业而奋斗!所有队员齐呼:时刻准备着!)

活动六　主持人宣布队会结束

退队旗;仪式结束,散会。

(鼓号齐奏,敬队礼)

　　本次队会是倡导环保与美的生活方式,因此需要把握重点,重点是让学生明白如何用自己的双手去创造美的生活。当然其主旨是变废为美,即倡导绿色环保,不可以脱离它而去追求所谓的美。"变废为美巧手秀"主题队会活动,通过同学们表演、演讲、制作展示等环节,不仅锻炼了孩子们的动手实践能力,而且激发了他们热爱科学、乐于创造的热情,培养了他们的环保意识,丰富了其课余生活。

　　这次主题队会让同学们更加清楚地认识到地球生态环境的现状,激发学生对地球的保护之情,配乐诗朗诵《呼唤》更是升华了孩子们的情感。活动中,分组展示是亮点,"环保服装表演""手工展示""倡议书"等形式,适合学生的年龄特点和要求,易于为学生所接受,他们乐于参加,达到了较好的效果。整个队会的呈现,以学生为主体,辅导员为主导,使学生成为班会的主人,学生参与的积极性非常高,他们的组织能力、表达能力、应变能力、团队协作能力都得到了培养。

(点评人:合肥市青年路小学　徐红菊)

点赞创意小·发明

(合肥市青年路小学 谢晓萍)

【背景分析】

创意小发明是指学生在日常学习、生活、工作中,对那些感觉用起来不称心、不方便的物品,运用学过的科学知识或者通过自己的联想和创新,设计、制造出目前还没有的更称心、更方便的新物品。当前,创意小发明已经融入人们的生活,少先队员对创意小发明充满向往,他们掌握基本的自然科学知识,并具备一定的科学探究能力,为进一步激发他们的求知欲和对创意小发明的热爱之情,培养队员自主探究与合作交流的能力,我们组织了"点赞创意小发明"主题队会。通过本次主题队会活动的开展,开阔少先队员的视野,增强他们的动手能力,使他们了解创意小发明具有为人类造福的无穷力量,从而进一步培养他们科技发明、乐于实践的求真乐学精神。

【队会目标】

1.通过网络、书籍查找资料,培养队员获取信息的能力。

2.引导队员从生活实践中发现小发明的方法技巧,激发队员探索创新的兴趣。

3.通过开展开放、自由的小发明活动,培养队员自主探究与合作交流的能力。

4.通过展示交流队员们的小发明,让队员体验创造的成就感,进一步培养他们的创新能力。

【前期准备】

1.活动前,中队组织了筹委会,人员由中队辅导员、少先队小干部组成,对"点赞创意小发明"队会的形式、程序、活动场地、器材的安排等制订计划,大家商定后按计划筹备。

2.动员全体少先队员通过各种媒体,如报刊资料、电视、网络等收集有关科普知识、科学趣闻、最新科技成果等,并分门别类做好笔记,以便活动中与同学交流使用。

3.确定队会地点(阶梯教室),准备课件及其他资料。

4.挑选主持人。从中队挑选合适人员担当队会主持人,主持人要对"点赞创意小发明"感兴趣,并且对创意小发明比较了解,同时还要落落大方,具有当主持人的基本技能。

【队会过程】

(一)中队长宣布五(1)中队"点赞创意小发明"主题队会准备开始

1.各小队整队、报数

(小队长:第一小队立正、报数!队员:1、2、3……)

2.小队长向中队长报告人数

(小队长小跑面向中队长立正、敬礼:报告中队长,第一小队应到队员8人,实到队员8人,报告完毕!中队长面向小队长回礼:接受你的报告!各小队依次报告……)

3.中队长向中队辅导员报告人数

(中队长转身面向中队辅导员立正、敬礼:报告中队辅导员,五(1)中队应到队员46人,因病请假1人,实到队员45人,主题中队会"点赞创意小发明"准备完毕,请您批准,并邀请您参加!中队辅导员佩戴红领巾面向小队长回礼:接受你的报告,批准你们召开"点赞创意小发明"主题中队会,并预祝队会圆满成功!)

(二)中队长宣布主题队会开始

中队长:我宣布五(1)中队"点赞创意小发明"主题队会现在开始,全体立正!

(三)出旗!敬礼

(礼毕,请坐下)

(四)齐唱《中国少年先锋队队歌》

(五)队会主要内容

活动一 创意小发明交流会

主持人:队员们,科技创意小发明无处不在,我们的学习、生活处处离不开科技创新。今天,我们就一起来聊聊学习生活中的科技创意小发明吧!看谁准备的科技创意小发明资料丰富,看谁的科技创意小发明更加独特,让我们一起来开动脑筋、动手实践,大胆发挥想象力。

学生1:我设计的科技创意小发明是轻巧自动拉杆书包,它结合了拉杆书包的优点,同时集成了电动控制的优点,附加了其他一些特殊功能,成为轻巧的自动拉杆书包,主要解决书包太重及上下楼不方便等问题,同时设置紧急安全报警按钮。其中,提拉把手:与正常的书包、拉杆书包一样。内置雨伞口:内置小型自动雨伞。雨伞控制按钮:按下时,雨伞自动打开;再按上时,雨伞自动收起。支架升降按钮:按下时,升降支架自动下降;再按上时,自动收起。紧急报警按钮:按下时,向设定的手机发送报警信号并开启定位功能。六轮机构:保证上下楼梯的安全性与平稳性。

(课件展示创意小发明实例)

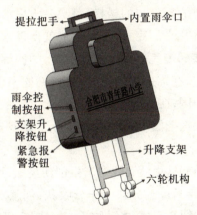

中队辅导员:队员们的小发明还真挺有意思,只要我们做生活的有心人,勤动脑、多动手,就会创造出更多的小发明。

活动二 创意小发明展示会

主持人:创意无处不在,大家只要大胆设想和创造,就一定能产生小发明成果。下面我们一起来看看队员们的创设小点子并分享其创造成果。对于上台展示的队员,我们将分发一张"笑脸卡"作为奖励,看看谁表现的最棒!请队员们从作品名称、工作原理、具体结构、使用方法、创意亮点、灵感来源几个方面交流学习。

学生2:我的创意小发明是真空储水拖把,它的工作原理:利用真空和大气压原理,借鉴钢笔吸墨器的原理,对学校的普通拖把进行改进,增加了拖把储水的功能,大大减少拖把在水房和清洁区的取水次数,实现一边拖地一边给水,提高工作效率,减轻劳动强度。

具体结构:将拖把内部上端改为可滑动拉杆,下端为真空塑料管,并内置一枚塑料小球。真空塑料管和拖把布条的连接处,是柔软的海绵,既便于进水,又避免漏水。

使用方法:开始拖地前,先按下按钮,外壳会弹开,这时将海绵放到水池或龙头下,拉动拉手,在大气压的作用下,拉杆会带动推杆把水吸上来,实现储水功能。当拖地时,海绵受到挤压,水通过塑料管传到海绵,又传到布条,最后被拖到地上,实现给水。

创意亮点:对普通拖把的这一创意改进,能减少在水龙头和清洁区域间来回取水,同时也减少路途中间的渗漏。取材简易常见且工艺简单,对其进一步完善后,预想可以实现规模化应用。

灵感来源:我负责清扫学校的楼梯,每次在水房清洗拖把后,再拿到楼梯处,拖把布条上的水几乎滴完了,拖几下地就得再跑回水房蘸水,来来回回跑好多趟,才能把楼梯拖完。我一直在思考,如何解决这个问题,让拖把既能储存水,又不漏水,在需要的时候,一挤压就能出水。当我用钢笔吸墨水的时候,突然灵光一闪,在拖把上,加装一个"大号"的钢笔吸墨器,利用大气压的原理,就能解决拖把储水和出水问题了,于是我对这一创意进行了设想和完善。

中队辅导员:队员们从生活实践中产生创新灵感,可以看出你们能大胆想象,敢于动手,成果丰富。一分耕耘一分收获,创意发明并不是一件很难的事情,只要在生活中留心观察,多动脑子,就一定会想出许多的创意亮点。

活动三 创意小发明实例台

主持人:队员们的小发明都很有创意,相信大家只要做生活的有心人,就会创造出更多的小发明。艺术源于生活,又高于生活,其实创意小发明也是这样,下面我们一起来欣赏几个很有创意的小发明实例,希望队员们能从中得到一些启发和思考。

(课件展示小发明实例)

不倒翁牙刷:牙刷刚放置时,会摇摇摆摆,直到达到一个平衡状态——就像不倒翁,既好玩又卫生。

无线USB:电脑USB插口不够用。无线USB解决了这个问题,创新的USB插头设计,插进接口的同时还作为一个USB集线器,既美观又实用。

多功能环保路灯:它利用的是太阳能和风能,起到净化空气和照明的作用。把它放到花园、路边或者街道,既可以利用储存的能量制造出新鲜空气,又可以在夜晚用来照明,非常环保。

VR翻译器:是通过VR眼镜和手机中配套的应用软件形成的。本款产品适用于听力较差的人群,使用VR眼镜就跟普通近视、远视眼镜的外形相似,不同的是镜片可以显示文字。而翻译APP则利用现在较为成熟的手机和互联网功能。在眼镜架上有一个开关按钮,使用方法:(1)在手机上安装翻译APP。(2)戴上眼镜,打开翻译器,别人说话的内容会录入APP,并转化成文字传接到你的镜片上。

自动记分球:它的外层有一层薄如纸的薄膜,它坚韧无比。记分球的内层有一些很小的记分感应器,扔到固定的地方就可以记一分,在记分球上有一个电子显示屏,它可以显示获得的分数。当犯规时,它可以发出警报声,犯规的一方就会被扣分。

(队员们举手交流自己的感受……以上这些趣味创意不仅开阔了大家的视野,而且提高了人们的生活质量。)

(六)辅导员讲话

同学们,今天的"点赞创意小发明"队会大家表现得积极踊跃。这次活动丰富了我们的科技知识,激发了我们学科学的热情。大家对创意小发明表现出来的热情让我很感动,希望同学们在课外继续爱科学、学科学、用科学。为了把这次成功的活动记载下来,也为了让更多的同学有表现的机会,建议大家课后以"点赞创意小发明"为主题制作一期手抄报。创意小发明是一件人人能做的事,也是一项趣味无穷的实践活动。只要大家用心观察周围的事物,善于发现问题,提出问题,大胆探索,动手实践,勇于突破条条框框的束缚,就会有所创新,有所发明。

(七)呼号
(八)退旗!敬礼!奏乐
(九)中队长宣布主题中队会结束

本次队会以"点赞创意小发明"为主题,引导队员观察发现身边生活的不便,从找缺点入手开拓思路,进行创新改进。在活动中,队员们自主探究、合作交流,充分感受创新的乐趣。但活动结合主题的情境创设不够丰富,只是课件逐一展示不倒翁牙刷、无线 USB、多功能环保路灯等小发明物品,队员们未能得到真实的情感体验。创意小发明无极限,一节队课,只会让队员们初步形成创新意识。他们对创新的方法技巧领会还不足,需要不断实践和体验。

本次队会,辅导员带领学生精心策划,积极准备,做到以生为本,鼓励学生运用学过的科学知识或者通过自己的联想和创新,设计、制造出目前还没有的更称心、更方便的新物品,充分培养学生的动手动脑能力。队会中的"创意小发明交流会""创意小发明展示会""创意小发明实例台",层次鲜明,每一个环节都取得显著效果。学生在活动中互相合作、探究,发现了小发明的方法技巧,激发了他们探索创新的兴趣。他们的创新意识增强了,创新能力提高了,队会取得圆满成功。

（点评人：合肥市青年路小学　刘让宏）

互联网+你我他

(合肥市青年路小学 范晓燃)

【背景分析】

信息化技术已经渗透到社会的各个方面。教育领域中,一场信息化的颠覆性变革正在悄悄发生。互联网具有高效、快捷、方便传播的特点,在现今中小学生的学习和生活中发挥着不可替代的重要作用,并成为中小学生们学习的好帮手。互联网不仅有利于提高中小学生上网学习和交流的能力,帮助孩子们增长知识、开阔视野、启迪智慧,而且能更有效地激发孩子们的求知欲和好奇心,更能促使他们养成独立思考、勇于探索的良好行为习惯。

互联网给我们带来很多的新鲜事物:E-mail、微信、QQ等新鲜名词都出现在我们日常的生活中,网上冲浪成为许多学生课余的一大爱好。网络给我们的生活带来了新的变化,这个世界的信息传播更快了,人们的生活更丰富多彩了。可网络在给我们带来便利的同时,也带来了许多值得全社会共同关注的问题,比如学生沉溺于网络游戏、留恋于网吧等问题。六年级学生正值世界观、人生观形成的关键时期,面对五彩纷呈的网络世界,如何引导学生正确利用网络资源,以发挥网络的积极作用显得至关重要。今天就让我们以主题队会的形式,一起探讨如何利用网络这把双刃剑。

【队会目标】

1. 认知目标:通过主题队会,使同学们清楚网络的利与弊,健康浏览网上信息,自觉避开不健康的信息。

2. 情感目标:加强中队内学生网络管理、网络引导,利用网络对学生进行德育教育,正确引导青少年。

3.行为目标:学生能够独立构思,积极参与,使此次队会活动切实起到宣传作用。

【前期准备】

视频《小学生互联网使用行为调研报告》。

【队会过程】

(一)中队长宣布六(1)中队"互联网+你我他"主题队会准备开始

1.各小队整队、报数

(小队长:第一小队立正、报数!队员:1、2、3……)

2.小队长向中队长报告人数

(小队长小跑面向中队长立正、敬礼:报告中队长,第一小队应到队员8人,实到队员8人,报告完毕!中队长面向小队长回礼:接受你的报告!各小队依次报告……)

3.中队长向中队辅导员报告人数

(中队长转身面向中队辅导员立正、敬礼:报告中队辅导员,六(1)中队应到队员46人,因病请假1人,实到队员45人,主题中队会"互联网+你我他"准备完毕,请您批准,并邀请您参加!中队辅导员佩戴红领巾面向中队长回礼:接受你的报告,批准你们召开"互联网+你我他"主题中队会,并预祝队会圆满成功!)

(二)中队长宣布主题队会开始

中队长:我宣布六(1)中队"互联网+你我他"主题队会现在开始,全体立正!

(三)出旗!敬礼

(礼毕,请坐下)

(四)齐唱《中国少年先锋队队歌》

(五)队会主要内容

主持人:在本学期开始的时候,我听说了这样一件事,某学校的一名六年级学生由于假期玩网络游戏上瘾,以至于开学后几次逃学上网,为了满足上网所需费用,他去别人家里偷盗。再后来他又联合几个和他一起上网的网友实施抢劫。这位学生虽最终未得逞,但这件事情也反映出学生上网的

一些问题。现在请大家观看视频《小学生互联网使用行为调研报告》。(大屏幕出示)

主持人:互联网为我们提供了丰富的信息资源,创造了精彩的娱乐时空,成为学生学习知识、交流思想、休闲娱乐的重要平台。它增进了我们与外界的沟通和交流,但互联网犹如一把双刃剑,其中一些不良内容也极易对学生造成伤害。那么学生上网到底是利大于弊还是弊大于利?网络究竟带给了我们什么,我们应该如何对待网络呢?今天就让我们一起睁开慧眼看网络。

活动一　辩论上网的利与弊

同学们对学生上网利弊问题各持己见,那么大家的理由又分别是什么呢?我们就此举行一个小型的辩论赛,请同学们根据自己的观点选择座位。(同学各就各位)

主持人:很好,哪几位同学愿意代表自己方同学来辩论呢?(安排辩手)辩论赛现在开始,今天的辩题是学生上网是利大于弊还是弊大于利?正方观点:学生上网利大于弊;反方观点:学生上网弊大于利。现在有请正方辩友发言。(进入双方辩论阶段,将两方辩论的关键词板书)辩论时间到,请双方作最后的总结陈词。

主持人:感谢双方辩友给大家呈现了这么精彩的辩论,大家都为自己的观点作了充分的论证,论据充足。21世纪是一个网络高速发展的时代,的确它带给我们学生的有利也有弊。

那么对学生而言到底是利大于弊,还是弊大于利呢?刚才双方辩友有个一致的观点,就是关键看我们如何利用网络,如果我们增强自控力,趋利避害,充分利用网上真正健康有利的资源,拒绝迷恋网聊和网络游戏等,就能将网络的"利"真正发挥出来。

活动二　讨论网络的危害

主持人:像刚才正方同学所说的那样,我们学生上网可以做这么多有意义的事情,可从调查报告中不难看出我们有相当一部分同学沉溺于网络聊天和网络游戏。刚才反方同学也提到这两件事情确实给我们带来了一些危害。那么我们学生应该怎样趋利避害呢?

同学1:互联网是虚拟的,有多少人因迷恋互联网而不能自拔啊!互联网游戏吞噬了多少青少年的美好年华！多少青少年因为互联网而去偷、去抢,获取金钱！互联网上随处可见的不健康东西,使多少幼小、稚嫩的心灵扭曲!

同学2:互联网使我的课余生活变得丰富多彩！我希望所有的人都能与互联网交朋友,让它造福于人类,让我们的生活变得更加充实!

同学3:互联网是神奇的,是有益的。它为我们的生活带来了极大的便利。当你有什么烦恼的时候,可千万别忘了它。试试让互联网来帮助你。

同学4:电视上常常会出现这样的镜头,许多小学生在网吧里玩游戏、聊天,还有大点的孩子在浏览不健康的信息,这些孩子明显没到18岁,网吧老板明知道18岁以下的未成年人不准进网吧,可为了赚钱,他们置法律于不顾。有些孩子通宵玩游戏,甚至因此出现精神失常或是被坏人利用。

同学5:互联网游戏,也是一个不容忽视的问题。多少青少年因互联网游戏耗费了青春,又有多少青少年因之误入歧途,甚至走上犯罪道路。我觉得应该抵制不良游戏,拒绝盗版游戏;注意自我保护,谨防上当受骗;适度游戏益脑,沉迷游戏伤身;合理安排时间,享受健康生活。

……

活动三　知识竞答《互联网知识知多少》

主持人:在听取同学们个人观点之后,下面让我们来轻松片刻。接下来,我们开展知识竞答。竞答规则是,当主持人念完题,知道答案的同学,请马上高举起你的手,看谁答得又快又准。

主持人:互联网就在我们身边,同学们,对于互联网,你了解多少？请认真听好以下题目。

1. 计算机互联网的主要目的是实现(B)

　A. 数据通信　　　　　B. 资源共享

　C. 远程登录　　　　　D. 分布式处理

2. 目前,Internet上IP地址约有多少个？(B)

　A. 14万　　　B. 40亿　　　C. 50　　　D. 32万

3. 防火墙有什么作用？(B)

　A. 防止发生火灾　　　　　B. 防止黑客入侵

4."灌水"是什么意思？（ C ）

  A.不断地喝很多水　　　　　　B.给互联网植物浇水

  C.发表没有实际阅读意义的文章

主持人：我们还根据《青少年上网守则》编写了一段誓词作为我们初中生上网公约。下面请同学们站起来，举起右手一起宣誓：

  要善于上网学习，不浏览不良信息。

  要诚实友好交流，不侮辱欺诈他人。

  要增强自护意识，不随意约会网友。

  要维护网络安全，不破坏网络秩序。

活动四　总结

主持人：通过刚才的讨论，我们同学有没有信心遵守学生上网公约呢？很好，但是口说无凭，同学们想不想在老师起草的这张绿色上网承诺书上郑重地签字，向在场的老师和同学承诺我们今后要绿色上网呢？那就请我们的同学来签字吧！（学生过来签字，播放音乐）

（六）中队辅导员讲话

同学们，今天的队会让我们认识到网络给我们的生活带来了新的变化，这个世界的信息传播更快了，这个世界上的人们生活更加丰富多彩了。可网络在给我们带来便利的同时，也带来了许多值得全社会共同关注的问题。可见，网络是把双刃剑，希望大家能正确利用网络，让它更好地服务于我们，服务于我们的生活。

（七）呼号

（八）退旗！敬礼！奏乐

（九）中队长宣布主题中队会结束

(1)通过让学生积极准备主题队会，锻炼了学生的组织能力、创作能力和解决问题的能力，增强了他们的自信心。

(2)本次主题队会在形式上还可以更加灵活，让更多的学生参与。

(1)这是一节主题队会,教师应注重倾听,注重同感,注重学生心灵的碰撞、情感的体验。

(2)教师不应该对学生作强制的说理和武断的解释,必要时采用的暗示、忠告、说服等手段也力求"随风潜入夜,润物细无声",注重引导,而不要教诲、下指令等。

(3)师生之间的交流应建立在相互信任、关心、了解的基础上,教师应注重接纳,而不要批评指责。

(4)领悟是学生克服心理不适应、促进自身发展的关键,它往往伴有深刻的认识飞跃。即使学生的自我升华还比较幼稚,教师也不可越俎代庖,不可断然地概括总结。

(点评人:合肥市青年路小学　刘让宏)